中國文化通史

民國卷·上冊

中國文化源遠流長，欲理解中國文化，捨其歷史無由。而欲理解中國文化史，界定文化的概念，梳理中國文化史的發展脈絡、特質及其研究狀況，又是十分必要的。爰作是序。

一、文化概念的界定

文化問題是世界關注的熱門話題，但是，國內外學術界對於文化的概念，迄無統一的界定。聯合國教科文組織曾邀請各國學者討論什麼是「文化」，也未取得共識。據統計，有關文化的概念，多達數百種，人們見智見仁，莫衷一是。

從西方的歷史上看，人們對於文化的理解，大致經歷了四個時期。

第一個時期是古代。最具代表性也是最古老的文化概念，是由約兩千年前古羅馬哲學家西塞羅提出來的，它從拉丁文譯成英文是「culture is the philosophy-or cultivation-of the mind」。漢譯為「文化是心靈的哲學（修養）」。其中 cultivation 本義是耕種，引申意為耕種—栽培—培養—修養，這可謂哲學的文化概念。它強調文化是人類心靈的創造物，並視文化是一個趨向品德修養終極目標的動態的創造過程。

第二個時期是中世紀。有代表性的是藝術的文化概念：「文化是藝術的總稱。」它是文藝復興時代的藝術家們提出來的，強調文化是人類對美的追求和自由的創造。

第三個時期是十九世紀。其間出現了兩種有代表性的文化概念。一是英國著名學者阿諾德在一八六九年出版的《文化和無政府狀態》一書中提出的：

文化就是追求我們的整體完美，追求的手段是通過了解世人在與我們最有關的一切問題上所曾有過的最好思想和言論……引導我們把真正的人類完美看成是為一種和諧的完美，發展我們人類的所有方面；而且看成是一種普遍的完美，發展我們社會的所有部分。[1]

這是心理學的文化概念。它強調文化是人們藉助於自然科學和人文科學包括文學藝術中一切真、善、美的東西，陶冶心靈，追求社會完美與和諧的過程；二是另一個英國著名學者泰勒一八七一年在《文化的起源》中提出的人類學的文化定義。他說：

文化或文明，就其廣泛的民族學意義來說，乃是包括知識、信仰、藝術、道德、法律、習俗和任何人作為一名社會成員而獲得的能力和習慣在內的複雜整體。[2]

泰勒的定義第一次強調文化是「複雜的整體」和「文化是整個的生活方式」。

第四個時期是二十世紀。二十世紀初社會學家提出了社會學的文化概念：

文化是一個多義詞，我們這裡是在包容較廣的社會學含義上使用它，即它是指人造物品、貨物、技術過程、思想、習慣和價值觀念，它們是一個民族的社會遺產。這文化包括所有習得的行為、智力知識、社會組織和語言、經濟的、道德的或精神的價值系統。一種特定文化的基礎是它的法律、經濟結構、巫術、宗教、藝術、知識和教育。[3]

此一定義第一次強調價值觀念和價值系統，是文化內涵的核心。

---

1 轉引自〔英〕雷蒙德·威廉斯：《文化與社會》，160-161頁，北京，北京大學出版社，1991。
2 轉引自莊錫昌等編：《多維視野中的文化理論》，99-100頁，杭州，浙江人民出版社，1987。
3 轉引自閔家胤：《西方文化概念面面觀》，《國外社會科學》，1995年第2期。上述參考了該文的內容。

二十世紀中期以後，隨著科學的進步和視野的拓展，人們進而在生物學乃至在整個宇宙的範圍之內，探討文化問題。例如，生物學的文化定義為：「文化是不同物種的組織結構和行為規範。」聯合國教科文組織「世界文化項目」主持人、加拿大學者謝弗，則進而提出了宇宙學的文化概念：「文化一般是指物種，特殊地是指人類觀察和感知世界，把自己組織起來，處理自身事務，提高和豐富生活，以及把自己安置在世界上的那種方式。」[4]

由上可知，西方文化概念的內涵是隨著時代的發展而逐漸拓展與深化的。據統計，一九二〇年前只有數種不同的文化定義；但是到一九五六年，就已多達一百五十餘種，也集中說明了這一點。其中，如果說阿諾德的定義是對古代以來文化認識的集大成的話；那麼泰勒的定義強調文化是一種「複雜的整體」和「整個的生活方式」，以及社會學家強調文化內涵的核心是價值觀念與價值系統，則更具有開創性和劃時代的意義，構成了今人理解文化的現代基礎。這說明，十九世紀末二十世紀初是西方現代文化觀念形成的重要時期。至於其後新說迭起，尤其是生物學的、生態學的、宇宙學的概念的出現，固然反映了人們視野的開拓，但是文化的概念既囊括了物種與宇宙，實漸泛化了，以至於無從把握。

從中國歷史上看，「文明」一詞的出現要早於「文化」。《易‧乾》：「見龍在田，天下文明。」《易明夷》：「內文明而外柔順，以蒙大難，文王以之。」「文化」一詞雖然也是古已有之，但它被作為一個完整的辭彙和概念加以使用，有一個演化的過程。在秦漢時期，儒生編輯的《易‧賁卦》的《彖》中有「觀乎天文，以察時變；觀乎人文，以化成天下」之說，但「文化」尚未構成一個完整的詞。西漢的劉向在《說苑‧指武》中將「文」與「化」聯用：「聖人之治天下也，先文德而後武力。凡武之興，為不服也，文化不改，然後加誅。夫下愚不移，純德之所不能化，而後武力加焉。」不過，這裡的「文化」仍非一個完整的詞，而各有獨立的意義，「文」指文德，「化」指教化，即借文德行教化。其後，晉人的詩文中出現了完整的「文化」一詞。如束皙的《補亡詩》有「文化內輯，武功

4　同上。

外悠」句；王融在《曲水詩序》中則說：「設神理以景俗，敷文化以柔遠。」至此，「文化」顯然已作為一個完整的辭彙和概念，開始為人們所廣泛使用。其含義包括文治、教化和禮樂典章制度。這與西方古代哲人強調「文化」的內涵在於趨向品德修養終極的目標，是相通的。

語彙是隨著社會生活和時代的變動而變動的。在西方，文化的概念所以於近代以後發生了日益深刻的變動，是與西方資本主義的發生發展、科學的進步以及世界聯繫的日益密切分不開的。反觀中國，封建社會綿延兩千餘年，沉沉一線，「天不變，道亦不變」。與此相應，已有的「文化」一詞，古色古香，其內涵也無甚變化。鴉片戰爭後，中國封建社會因受西方資本主義的衝擊而解體，且日益走向世界，語彙便漸生變動。在一些新的語彙出現的同時，更多的語彙增加了新的內涵。就「文化」一詞來說，其新義的增加尤其是人們自覺重新探究其內涵，界定其概念，則要晚到二十世紀初。梁啟超諸人的觀點具有代表性。梁啟超在《什麼是文化》中說：「文化者，人類心能所開積出來之有價值的共業也。」[5]梁漱溟則謂：「文化並非別的，乃是人類生活的樣法。」[6]胡適也指出：「文化（culture）是一種文明所形成的生活的方式。」[7]他們都強調文化是人類創造的一種複雜的整體（「共業」）和「生活的方式」，這顯然是接受了泰勒關於文化的定義。

所以，儘管國際上對文化迄今未能形成統一的界定，但泰勒的定義實已構成了人們進一步探討文化問題的現代基礎。同時，在此基礎上，除主張文化泛化者外，人們也畢竟形成了相對的共識，即認為文化可分作廣義與狹義兩種概念來理解。梁啟超曾說：「文化這個名詞有廣義狹義二種，廣義的包括政治經濟；狹義的僅指語言、文字、宗教、文學、美術、科學、史學、哲學而言。」[8]就已經有了此種見解。今天我們可以作進一步表述：廣義的文化就是人化，即人類所創造的一切東西構成了文化。具體講，它包括三個層面：物質文化、制度文化、精神

5　梁啟超：《飲冰室文集》之三十九。
6　梁漱溟：《東西文化及其哲學》第 2 章，北京，商務印書館，1935。
7　胡適：《我們對於西洋近代文明的態度》，《胡適文存》三集，卷一。
8　梁啟超：《中國歷史研究法補編》，《飲冰室專集》之九十九。

文化。其中，精神文化是文化結構中最深層的部分。狹義的文化就是指精神文化，即觀念形態的文化，包括思想、觀念、意識、情感、意志、價值、信仰、知識、能力等等人的主觀世界的活動及其物化的形態或外鑠的成果，如典籍、語言、文字、科技、文學、藝術、哲學、宗教、道德、風習，等等。

對於「文化」與「文明」的關係，人們也頗存異議，但從總體上看，大致有三種理解：一是學術界一般將「文明」一詞用來指一個社會已由氏族進入國家組織的階級社會的階段，即是與「文化」並無直接瓜葛的學術上的專有名詞；二是「文化」與「文明」同義。美國學者亨廷頓說：「當談論文明的時候，我們指的是什麼呢？一種文明就是一種文化存在。」[9]他顯然是將「文化」與「文明」視作同義詞，等量齊觀。故所謂「物質文化」、「制度文化」和「精神文化」，人們通常也稱作「物質文明」、「制度文明」和「精神文明」；三是「文化」與「文明」都是人類創造的一切成果的總稱，但前者是動態的，後者則是靜態的。陳安仁說：「文明是指靜的狀態而說，文化是指動的狀態而說。」[10]張崧年也曾指出：「文化是活動，文明是結果，也不過一事的兩看法。」[11]

本書對文化的界定，取狹義文化。對「文明」一詞的使用，則據行文的需要，兼顧三義。

二、中國文化史研究的回顧

文化史是古老的史學的一個分支學科，但它真正的確立，在歐洲要晚到十八世紀的啟蒙運動時期。西方「文化史之父」、法國啟蒙思想家伏爾泰的名著《路易十四時代》，實為文化史研究的開山之作。其後，西方關於文化史的著述日多，漸漸蔚為大觀。

9　〔美〕亨廷頓：《文明的衝突》，《國外社會科學》，1993 年第 10 期。
10　陳安仁：《中國文化演進史觀》，據文通書局 1942 年版影印，6 頁，上海，上海書店，1992。
11　張崧年：《文明與文化》，《東方雜誌》第 24 卷第 24 號。

在中國，文化史學科的確立更要晚到二十世紀二〇至三〇年代。梁啟超於此有創榛闢莽之功，他曾擬撰多卷本《中國文化史》，遺憾的是僅成《社會組織篇》計八章，壯志未酬。但是，進入二十世紀二〇年代後，有關文化史的研究成果已是連翩出現。一九二四年《史地學報》有文報導學界消息說：「近來研究歷史者，日新月異，內容大加刷新，多趨重文化史方面。」[12]足見中國文化史的研究和編纂，是時已開始浸成風氣。其中較重要的通史性著作有：顧康伯的《中國文化史》、常乃德的《中國文化小史》、陳國強的《物觀中國文化史》、柳詒徵的《中國文化史》、楊東蓴的《本國文化史大綱》、陳登原的《中國文化史》、王德華的《中國文化史略》、繆鳳林的《中國民族之文化史》、陳安仁的《中國文化演進史觀》、王治心的《中國文化史類編》、陳竺同的《中國文化史略》、錢穆的《中國文化史導論》，等等。此外，涉及斷代的、區域的和專題性的有關文化史著作也相繼出版。其中，專題性的著作，尤以王雲五主編的大型《中國文化史叢書》為代表。叢書仿效一九二〇年法國出版的《人類演進史叢書》及一九二五年英國劍橋大學主編的《文化史叢書》的體例，共分八十個專題，每冊一專題，於一九三七年後相繼推出，產生了很大的社會影響。該叢書的出版，標誌著中國文化史的研究發展到了一個新的階段。

中國文化史的研究之所以於二十世紀二〇年代後蔚為風氣，並非偶然，至少可以指出以下的原因：

其一，是近代中西文化問題論爭深化的必然結果。經五四後，中西文化問題的論爭不僅日益激烈，且愈趨深化。歐戰慘絕人寰，創深痛巨，引發了世界範圍內的反省西方文化的思潮。與此相應，國人相信西方文化必有所短，中國文化自有所長，因而要求重新審視固有文化。為此，探討中國文化的發生發展史自然便成了當務之急。張蔭麟說：「文化是一發展的歷程。它的個性表現在它的全部『發生史』裡。所以比較兩個文化，應當就是比較兩個文化的發生史。」[13]柳詒徵的《中國文化史·緒論》則強調該書的旨趣，即在於回答：「中國文化為何？中

---

12 《史地界消息·歷史類（一）〈研求國史方法之倡導〉》，《史地學報》第 3 卷第 1、第 2 合期，1924。
13 《論中西文化的差異》，參見張雲台編：《張蔭麟文集》，北京，教育科學出版社，1993。

國文化何在？中國文化異於印、歐者何在？」而錢穆在《中國文化導論・弁言》中，說得更加明確：

中國文化，表現在中國已往全部歷史過程中，除卻歷史，無從談文化。……我們應在歷史進程之全時期中，求其體段，尋其態勢，看他如何配搭組織，再看他如何動進向前，庶乎對於整個文化精神有較客觀，較平允之估計與認識。[14]

很顯然，這就是明確地提出了，要正確認識中西文化，必須重視中國文化史的研究。

其二，借文化史振奮民族精神，謀國家復興。二十世紀三〇至四〇年代正是中國遭受日本帝國主義的野蠻侵略，民族危亡喚醒全民抗戰和謀國家復興的慷慨悲壯的時代。愈來愈多的國人意識到了文化復興與民族復興的內在聯繫。康敬軒在《中國文化演進史觀・跋》中說：「念一年秋，予歸自歐洲，默察大勢，知欲救國家危亡，必先求民族之復興，而求民族之復興，必先求文化復興。」陳安仁《中國文化演進史觀・自序》也說，近世治國家學說者，皆謂土地、人民、主權是國家三要素，必得三者安全獨立，才是名副其實的國家。實則，即便三者盡得，「而文化不能獨立，亦遂足以當國家之名實乎」？帝國主義侵略弱國，不僅占有其土地、人民與主權，「尤且汲汲皇皇，以消滅弱小國家民族之文化，吁！可怖哉」。[15]需要指出的是，近代最早的中國文化史著述雖是出自日人之手，它們對於國人著述不乏借鑑的作用，但如一九〇三年出版的白河次郎、國府種德的《支那文明史》和一九二六年出版的高桑駒吉的《中國文化史》，其有意歪曲歷史和貶損中國文化，也是人所共見的。因此，編纂中國文化史，給國人以正確的民族文化教育，以振奮民族精神，史家責無旁貸。王德華《中國文化史略・敘例》因之強調說：

中國文化之評價各有不同，有謂為落後者，有謂為優美者，然不論其評價如何，中國人之應當了解中國文化，則無疑問，否則，吾族艱難奮鬥、努力創造之

---

14 錢穆：《中國文化導論・弁言》，北京，商務印書館，1994。
15 陳安仁：《中國文化演進史觀・自序》。

歷史，無由明了，而吾人之民族意識，即無由發生，民族精神即無由振起，晚近中國國勢不振，即由於文化教育之失敗所至。茲者國脈益危，不言復興則已，言復興，則非著重文化教育，振起民族精神不可。本書之作，意即在此。[16]

其三，新史學思潮影響的結果。十九世紀末二十世紀初，是西方史學新陳代謝的重要時期。傳統史學重政治史，而新史學思潮則要求擴大史學範圍，注意經濟、社會、思想、文化等領域的研究。巴勒克拉夫在《當代史學主要趨勢》一書中指出，「從蘭克時代到阿克頓時代，歷史學家們對於歷史學的主線是政治史這一點極少懷疑」，而經二十世紀二〇年代後馬克思主義唯物論和以狄爾泰為代表的相對主義史學思潮的衝擊，「歷史學的重點轉移到經濟、社會、文化、思想和心理等方面，歷史學家的工作範圍也相應地擴大了」。[17]西方史學思潮的此種變動，也強烈地影響到了中國。二十世紀二〇年代後馬克思主義唯物論在中國日益傳播，與此同時，作為歐洲相對主義史學衍生物的美國「新史學」，也傳入了中國。新史學派主要人物的代表作，如魯濱遜的《新史學》、巴恩斯的《史學史》、紹特威爾的《西洋史學史》等，於二十世紀二〇年代也相繼被譯成中文出版。新史學派同樣主張擴大史學範圍，加強對於經濟、社會及文化等領域的研究。何炳松在《新史學導言》中說：「舊日歷史家，又有偏重政治史的毛病。實則政治一端，哪能概括人類活動的全部呢？」[18]由於新史學派的理論是被當作代表了西方史學發展的最新趨勢的新理論，而加以宣傳與介紹的，故在當時的中國史學界產生了廣泛的影響。梁啟超、章太炎等人雖在二十世紀初即有研究文化史的初步主張，但僅是少數人的先知先覺；二十世紀二〇年代後，因受新史學思潮的廣泛影響，中國史學家要求擴大治史範圍，注重經濟、社會和文化史研究實已成為時尚。所以柳詒徵《中國文化史·緒論》指出：

世恒病吾國史書為皇帝家譜，不能表示民族社會變遷進步之狀況，實則民族社會之史料，觸處皆是，徒以浩穰無紀，讀者不能博觀而約取，遂疑吾國所謂史

---

16 王德華：《中國文化史略·敘例》，南京，正中書局，1942。
17 〔英〕巴勒克拉夫：《當代史學主要趨勢》，13、14頁，上海，上海譯文出版社，1987。
18 何炳松：《何炳松論文集》，51頁，北京，商務印書館，1990。

者，不過如坊肆《綱鑒》之類，止有帝王嬗代及武人相斫之事，舉凡教學、文藝、社會、風俗以至經濟、生活、物產、建築、圖畫、雕刻之類，舉無可稽。吾書欲去此惑，故於帝王朝代，國家戰伐，多從刪略，惟就民族全體之精神所表現者，廣搜而列舉之。[19]

顧康伯《中國文化史·自序》同樣強調說：

歷史之功用，在考究其文化耳。顧吾國所謂歷史，不外記歷朝之治亂興亡，而於文化進退之際，概不注意，致外人動譏吾為無史。二十四史者，二十四姓之家譜，斯言雖或過當，然吾國史家專為一朝一姓之奴隸，未始非缺憾也。[20]

此期的文化史研究不僅出版了一批成果，而且對文化史研究的方法論問題作了探索，提出了某些有益的見解：

（1）**分類與綜合**。以梁啟超為代表的一些學者主張文化史當分類研究。梁啟超的《中國歷史研究法補編》中有「文化專史及其做法」一章，其中說：「狹義的文化，譬如人體的精神，可依精神系發展的次第以求分類的方法。」文化是人類思想的結晶。思想的表現有宗教、哲學、史學、科學、文學、美學等等，「我們可一件一件的講下去」。[21]王雲五在《編纂中國文化史之研究》中也提出，以綜合方法編纂文化史，「其難益甚」，宜「就文化之全範圍」，區分若干科目，作系統詳盡敘述。如此，「分之為各科之專史，合之則為文化之全史」。[22]王治心的書即取名為《中國文化史類編》，內分經濟、風俗、學術思想、宗教倫理和藝術器物五類。作者在「緒論」中說：「這五個大綱，或者可以把整個的文化大約地包括起來。……合起來可以成全部的文化史，分開來也可以成為各自獨立的五種小史。」[23]但是，柳詒徵諸人不贊成分類而主綜合的研究方法。柳詒徵以為，分類的方法難以說明文化發展中複雜的歷史因果關係和表現「民族全體之精

---

19 柳詒徵：《中國文化史》上冊，7頁，北京，中國大百科全書出版社，1988。
20 顧康伯：《中國文化史·自序》，上海，泰東圖書局，1924。
21 梁啟超：《飲冰室專集》之九十九，134頁。
22 王雲五：《編纂中國文化史之研究》，北京，商務印書館，1937。
23 王治心：《中國文化史類編·緒論》，上海，作者書店，1943。

神」，「此縱斷之病也」。[24] 何炳松則指出，分類縱斷的研究無法表現「某一時代中整個的文化狀況」，由此組合成的所謂文化史，「不是整個的；是死的，不是活的」。[25] 應當說，柳詒徵等人主綜合的研究方法是對的，因為文化專史固然是必要的，但是中國文化史不應是各種專門史的簡單組合。

（2）文化史的分期。此期的研究者都將進化的觀點引入了文化史，強調要「注意動的研究方法，從歷史進化變遷的法則，說明社會演變，人類活動行為的影響」[26]。他們普遍注意到了中國文化史的分期問題，也反映了這一點。梁啟超不愧是文化史研究的創始者，他看到了文化史自身的發展規律，明確地提出了文化史的分期不應與政治史劃一的重要思想。[27] 從宏觀上看，此期的研究者多以上古、中古、近世對中國文化史作長時段的區分；從微觀上看，則是超越王朝界限，力圖以文化發展的自身特點作中時段的區分。前者可以柳詒徵的《中國文化史》為例，它以遠古至兩漢為上古；魏晉至宋、元為中古；明至當代為近世，並依此分為三編，構建全書體例。柳詒徵寫道：

> 吾書凡分三編：第一編，自邃古以迄兩漢，是為吾國民族本其造之力，由部落而建設國家，構成獨立之文化之時期；第二編，自東漢以迄明季，是為印度文化輸入吾國，與吾國固有文化由牴牾而融合之時期；第三編，自明季迄今日，是為中印兩種文化已就衰，而遠西之學術、思想、宗教、政法以次輸入，相激相蕩而卒相合之時期。此三期者，初無截然劃分之界限，特就其蟬聯蛻化之際，略分吟畔，以便尋繹。[28]

後者可以常乃德的《中國文化小史》為例，它分中國文化史為八期：

> 自太古至西周的宗法時期；春秋戰國時代的宗法社會破裂後文化自由發展的時期；秦漢兩代統一安定的向外發展的時期；魏晉朝民族移徙印度新文化輸入的

---

24 柳詒徵：《中國文化史》上冊，「弁言」及「緒論」。
25 何炳松：《何炳松論文集》，148頁。
26 陳安仁：《中國文化演進史觀·緒論》。
27 梁啟超：《飲冰室專集》之九十九，172頁。
28 柳詒徵：《中國文化史》上冊，1頁。

時期；隋唐兩代民族同化成功新文化出現的時期；晚唐五代宋朝民族能力萎縮保守思想成熟的時期；元明清三朝與西方文化接觸逐漸蛻化的時期；晚清以至今日大革新的時期。[29]

他們的上述分期是否科學，可不置論；重要在於，他們都力圖從中外文化融合和中國文化發展變化的大勢上，考量中國文化史的分期，無疑都表現出了可貴的新思維。

（3）唯物史觀的運用。儘管此期的多數研究者並未接受唯物史觀，但是畢竟有部分學者已開始嘗試和倡導運用唯物史觀研究中國文化史。例如，陳竺同的《中國文化史略》說：「社會生產，包含著生產力與生產關係。這本小冊子是著重於生產力去分析文化的進程。」[30]陳安仁的《中國文化演進史觀》也強調，一國的經濟「與一國的文化進程，有密切的關係，重大的影響」。作者進而引德國學者的話說：「無論如何，唯物史論包含一個大真理，植物賴其所生地的肥料而生長，繁殖開發，同樣道理，可知食物根源的擴張（如由農業），生產方法的進步（如因資本主義的制度），工藝上的文明（如鐵路、省勞動的機器等等），對於文化發達發生的影響，遠勝於道德教訓、宣講書籍、藝術品、哲學系統。」儘管經濟並非影響文化發展的唯一因素，「但就一切社會學的現象看起來，經濟唯是有大影響於文化發達的」。[31]固然，這些研究者對於唯物史觀的理解與把握，尚屬粗淺，故其於文化史現象的分析一時也難以避免簡單化的傾向。

二十世紀上半葉的中國文化史研究儘管取得了明顯的成就，但終究屬於發軔期，粗獷有餘而精密不足。二十世紀三〇年代初，朱謙之著《文化哲學》一書，以為已有文化史研究的不足，在於普遍缺乏理論基礎；與此同時，陳寅恪也指出，「以往研究文化史有二失」：舊派「其缺點是只有死材料而沒有解釋」，失之在「滯」；新派多留學生，喜歡照搬外國理論，其書有解釋，「看上去似很有條

---

29 常乃德：《中國文化小史》第 1 章，上海，中華書局，1928。
30 陳竺同：《中國文化史略》，144 頁，上海，文光書店，1948。
31 陳安仁：《中國文化演進史觀》，61 頁。

理，然甚危險」，失之在「誣」。[32]二者的批評有相通之處，頗能中其肯綮。

遺憾的是，新中國成立後，除了如文學、藝術、史學、哲學等具體的部門文化史的研究還在繼續外，文化史作為一個獨立的學科，在長達近三十年的時間裡，實陷於中斷。這主要是受「左」的思潮影響，視文化史為資產階級唯心論的淵藪而加以簡單否定的結果。

中國文化史研究枯木逢春，其根本轉機在二十世紀七〇年代末。一九七八年黨的十一屆三中全會確立了改革開放的路線後，國人得脫「左」的羈靮，百業發抒。與此相應，中國文化史研究與「文化熱」同時升溫，尤其是進入八〇年代後，更似春潮勃發，迅速蔚為大觀：報刊上就中國傳統文化的優劣展開長時間激烈的爭論；文化史研究的專門機構在許多高校和科研單位先後建立了起來；專門的學術團體、期刊出現了；國際國內的或地方的相關學術討論會，每年都在舉行；文化史不僅進入了高校的課堂，而且成為研究生培養的重要研究方向。這場文化和文化史「熱」，其持續時間之長，影響範圍之廣，為新中國成立以來所僅見，以至於我們迄今都可以感受到它。

自二十世紀七〇年代末以來，文化史研究取得了豐碩的成果，已出版的著作為數十分可觀。馮天瑜等的《中華文化史》、陰法魯等的《中國古代文化史》、劉蕙孫的《中國文化史稿》等，是有影響的通史性的著作；萬繩楠的《魏晉南北朝文化史》、龔書鐸主編的《中國近代文化概論》、史全生主編的《中華民國文化史》等，則是斷代史方面有代表性的著作。此外，有關區域文化史、專題文化史、少數民族文化史、中外文化交流史等方面的著作，為數最多，更不乏精品佳構。此期的中國文化史研究，無論從品質與數量上看，還是從涉及領域的廣度與深度上看，均非二十世紀上半葉的研究所能同日而語。

一定的文化是一定社會的政治和經濟的反映，又給予偉大影響和作用於一定社會的政治和經濟。二十世紀七〇年代末以來，文化及文化史的研究之所以得以

---

32 蔣天樞：《陳寅恪先生編年事輯》，222 頁，上海，上海古籍出版社，1997。

復蘇乃至於勃興，歸根結柢，是中國揭出了實現現代化的時代主題和社會醞釀著轉型的產物。所謂現代化，不是孤立的社會目標，對於一個國家和民族來說，它意味著自身整個文化的現代化。就中國而言，文化的現代化不應也不可能是全盤西化，它只能是傳統文化的現代化。為此，去除糟粕，繼承和弘揚中華民族優秀的文化傳統，實現傳統文化的內在超越，便成了中國現代化課題中的應有之義。「中國文化，表現在中國已往全部歷史過程中，除卻歷史，無從談文化。」也因是之故，欲解答現實中的文化問題，便不能不去請教歷史。不僅如此，中國的現代化事業任重道遠，它需要不斷增強民族的凝聚力、認同感，中國文化史研究恰恰可以高揚愛國主義，為之提供無可替代的民族精神的支柱。很顯然，二十世紀末，國人重新發現了中國文化史的價值，這是完全合乎邏輯的。當然，思想既經解放，學術研究無禁區，文化史這塊長期荒蕪卻又遼闊而肥沃的學術園地，自然會吸引來眾多拓荒者。這即是說，中國文化史學科自身發展的強勁內驅力，也是不容忽視的。要言之，此期中國文化史研究復蘇的原因與二十世紀二〇至三〇年代肇端的原因，一脈相承，只是因時代條件的差異而表現出愈加斑爛的特色罷了。

同時，也應當看到，此期的中國文化史研究雖然成就斐然，超過了前期，但它在更高的層面上並沒有完全解決前期業已提出的問題，而且面臨著新的分歧。例如，柳詒徵等人早已提出，中國文化史應是綜合的，不應是專門史的組合，這在今天雖成共識，但究竟應怎樣實現綜合，當年的柳詒徵等人在實踐上並未解決，今天我們也仍然處於摸索的過程中。文化概念的界定依然莫衷一是，此不待言；但是，如今文化史的界定本身也成了爭論的問題。此外，朱謙之曾提出文化史研究的理論基礎問題，應當說，迄今足以表現中國氣派的文化學理論，尚未見之。從西方引入的各種文化學理論為數雖多，但有經久生命力的學說也不多見。陳寅恪所說的失之於「滯」的舊派學者固然不存在了，但他對於失之於「誣」的新派學風的批評，卻不能說已無現實的意義。

學術的本質在於發現問題，追求真理。從這個意義上說，上述的現象是正常的，它反映了學術研究無止境和學術研究的艱辛。但是，重要的一點是，不應沉湎於概念的爭論而停止了實踐的探索。蘇聯的學者說得對：「如果只集中注意力

去制定一個什麼是文化，什麼是它的研究對象的準確的、完善無缺的定義，再開始研究俄國文化史未必是合適的。」[33]唯其如此，我們以為在學術界已有的研究基礎上，編纂一部多卷本的《中國文化通史》，不僅已具備了必要的條件，而且其本身即是一種有益的探索。

三、中國文化史發展脈絡

任何事物的發展過程，都因受其根本矛盾在不同發展階段上的具體展開形式的制約，從而顯現出階段性來。「如果人們不去注意事物發展過程中的階段性，人們就不能適當地處理事物的矛盾。」[34]因之，注意事物發展過程中的階段性，對於正確認識事物具有十分重要的意義。實則，馬克思主義唯物史觀從來便重視人類社會歷史的階段性發展，馬克思曾指出，生產關係是隨著生產力的發展變化而變化和改變的。生產關係的總和構成了「一定歷史發展階段上」和「具有獨特的特徵」的所謂社會。「古代社會、封建社會和資產階級社會都是這樣的生產關係的總和，而其中每一個生產關係的總和同時又標誌著人類歷史發展中的一個特殊階段。」[35]

緣是可知，欲理解中國文化史，注意其發展過程中的階段性，同樣是十分重要的。

中國文化史是中國通史的一部分，但其分期應有其自身的根據，而不能強求與政治史或經濟史相一致。固然，一定的文化是一定社會的政治與經濟在觀念形態上的反映，但是，此種反映絕非徑情直遂的，而是通過複雜的中介層面實現的。因之，二者的關係不能等同於物質與精神的關係，以為政治經濟是第一性的，文化是第二性，是政治經濟的派生物。事實上，文化自身有很強的傳承性和

---

33 轉引自莊錫昌等編：《多維視野中的文化理論》，383 頁。
34 《毛澤東選集》第 1 卷，314 頁，北京，人民出版社，1991。
35 《馬克思恩格斯選集》第 1 卷，345 頁，北京，人民出版社，1995。

相對的獨立性。從人類歷史上看，精神文明並不總是與物質文明同步。如古希臘的生產力並不發達，但卻創造了燦爛的古希臘文明；在歐洲歷史上，德國曾長期是經濟上落後的國家，但這並不影響它時常占據歐洲文化交響樂團中第一提琴手的位置。同樣，春秋戰國時代是中國歷史的童年，物質文明水準不高，但它卻是中國文化發展史上的一個巨人輩出的黃金時代；宋代國勢屢弱，但人多公認宋代是中國古代文化發展史上的又一個高峰期。陳寅恪甚至這樣說：「華夏民族之文化，歷數千載之演進，造極於趙宋之世。」[36]

中國文化史的分期，當考慮到以下幾種因素：

其一，中外文化的關係。中國文化的發展不是孤立的，在歷史上中國文化曾廣泛吸納了域外文化，其中尤其是東漢後傳入的印度佛教，深刻地影響了中國文化的發展。而鴉片戰爭以後，西學東漸更是有力地衝擊了中國文化，促使其解紐、轉型和近代化。中國文化的發展包含著外來文化的基因，後者提供了重要的內驅力，這是不容忽視的歷史現象。

其二，民族與文化的關係。中國文化的起源是多元的。漢唐之際中國文化進入了發抒的重要時期，其間以漢族為主體的多民族的大融合，同樣深刻地影響了中國文化的發展。故陳寅恪曾反覆強調指出：必須明白民族與文化的關係，「始可與言吾國中古文化史」[37]。實則，與言中國中古以後的文化史，也依然不容忽視民族與文化的關係。這只須指出蒙古族與滿族曾先後入主中原，分別建立了元朝與清朝，有力地影響了中國文化的發展，就足以說明這一點。正是從這個意義上說，中華民族的形成與發展和中國文化的源起與發展是互為表裡、相輔相成的。

其三，社會形態與文化形態的關係。馬克思主義指出，一定生產關係的總和構成了人類社會發展一定階段上具有獨特特徵的所謂社會，即形成了一定的社會形態，如古代社會、封建社會和資本主義社會等。文化的發展雖然並不總是與政

---

36 陳寅恪：《鄧廣銘宋史職官志考證序》，《金明館叢稿二編》，上海，上海古籍出版社，1980。
37 陳寅恪：《寒柳堂集》，33 頁，上海，上海古籍出版社，1980。

治經濟的發展亦步亦趨，但是，歸根結柢，文化的發展又總是與一定的生產方式所構成的社會經濟基礎相適應的，即一定的文化形態適應於所由產生的一定的社會形態。所以，有所謂古代社會文化、封建社會文化和資本主義社會文化等的分際。這是具有普遍意義的唯物論的觀點。

緣此，從文化的性質和中外文化關係的發展態勢上，學術界對中國文化史曾有以下兩種長時段的分期：

（1）**自遠古迄西周**[38]，屬古代社會的文化；自西周迄明清，屬封建社會的文化；自鴉片戰爭以降迄新中國建立，屬半殖民地半封建社會時期的近代文化。

（2）**自遠古迄漢代**，是為中國文化獨立形成與發展的時期；自漢代迄明末，是為中國文化積極吸納域外文化，尤其是印度佛教，從而使自身得到不斷豐富與發展的時期；自明末迄新中國建立前，是為西方文化漸次傳入，中西文化相激相盪終相融合和中國傳統文化向近代文化轉型的時期。[39]

上述兩種分期，視角不同，實質是一致的，即都注意到了中國文化的階段性發展，但略顯疏闊。依上述理路，中國文化史的發展大勢，還可以進一步大致分成六個時期：先秦；秦漢；魏晉南北朝至隋唐五代；遼宋西夏金元；明清（前期）；近代。茲分述如下：

第一個時期，先秦。

這是中國文化的孕育、化成時期，也是中國文化的奠基期和第一個高潮期。先秦文化的集成奠定了中國文化博大精深的基礎，給中國文化的發展開拓了廣闊的道路。所謂的中國文化傳統，就是從這個時期發軔、源起。

先秦文化的積澱經歷了漫長的歷史時期。從一百七十萬年前元謀猿人開始，中華民族的祖先經歷了直立人、早期智人（古人）、晚期智人（新人）到現代人

---

38 中國古代史分期問題，學術界存在爭論。這裡以西周封建說舉例。
39 參見柳詒徵：《中國文化史》上冊，1頁。

的演進，度過了舊石器時代、中石器時代、新石器時代，通過原始人群、母系氏族社會、父系氏族社會，進入了階級社會的門檻。這標誌著他們已經艱難地越過了蒙昧、野蠻而迎來了文明的曙光。中國大地的文明曙光，最早是以滿天星斗式的多元發生為特點的。遠在新石器時代的後期，我國廣大的區域內，即已經形成了若干初級文明的文化區域：陝晉豫文化區、山東文化區、湖北文化區、長江下游文化區、鄱陽湖—珠江流域文化區、遼西河套文化區。這些不同區域的文化不斷地積累、發展、碰撞，最後通過在中原地區的交匯、融合，完成了中國古代從野蠻到文明、從量變到質變的轉變，建立起中國歷史上第一個文明國家王朝—夏。

我國古代是在基本上沒有改變氏族結構的情況下進入階級社會的，因而它在政治制度的架構上還保留著氏族社會的許多特點。夏王朝基本上還是氏族方國聯盟的王朝，王權通過巫術神權去體現，其思想文化還帶有強烈的氏族觀念和宗教神權的巫術特徵，人們的思想意志，歸根結柢，要以神的意志為轉移。

商代是神權政治的極盛時期。商王國政治地理相對狹窄與它統治區域廣大的矛盾和以子姓為主的家族統治集團與外服異姓方國的矛盾，促使商的國家宗教愈來愈向強化神權、王權的方向發展。商代的巫術神權無所不包，其思想、文化、藝術無不帶有典型的溝通人神的神話或巫術的意義。

殷商以一味迷信天命走向殘暴導致了國家的滅亡。周初「封建親戚」，在「因於殷禮」的基礎上，吸收殷亡國的教訓，制定了以敬天保民、明德慎罰為主導思想的禮樂文化，完善周王朝的上層建築。這是我國古代神權思想解放、理性文化思想形成的第一步。

禮樂文化的思想基礎是「德」。周人強調「敬德」，強調用人力、人的道德保有「天命」即掌握政權，主張用體現國家制度、人倫行為準則和道德規範的「禮」來穩定社會的等級秩序；用「樂」來引導人們在遵守等級秩序的前提下的親和。這是商周之際統治思想也是文化思想的重大變化。它孕育和涵蓋的「人治」理性精神和一統「和合」精神，對中華民族和大一統國家的形成都有不可磨滅的指導意義。

春秋時期，王室衰微，諸侯爭霸。新型的君主專制國家和郡縣制的發展，使處於幾個不同文化區域的爭霸大國逐漸形成幾個不同的政治文化中心。宗法制度的崩潰，「學在官府」的局面被打破，私學的發展，推動了學術文化的普及和文化思潮的發展。急劇動盪的社會變革，戎狄蠻夷和華夏融合，農業、工商業、科學技術的發展，激發了思想家們對面臨的各種現實問題如天人關係、君臣關係、君民關係、華夷關係以及忠孝、仁義等思想倫理學說的探討。由此，隨著爭霸各國為了富國強兵而進行的政治、經濟、文化變革，不同的政治主張競相揭出，不同流派的私家講學和各成一家之言的私人著述逐漸發展。儒墨顯學之爭已揭開了文化爭鳴的序幕。

戰國以後，新成長起來居於統治地位的地主階級處在統一中國的激戰之中，他們希望從思想家那裡吸取新的學說和營養，禮賢下士成風，學術政策寬容，為士人衝破舊思想的束縛，探求創作新的思想創造了極為有利的政治環境和生活環境，促使不同觀點的各種著作如雨後春筍般湧現，儒、道、陰陽、法、名、墨、縱橫、雜、農、小說諸家紛然並存，相互駁難，形成了錯綜複雜、生動活潑的百家爭鳴局面。

百家爭鳴是華夏各民族文化積澱的結果，也是春秋戰國時期諸多思想家智慧的結晶。百家爭鳴的出現，標誌著華夏文化的成熟和發展，標誌著我國古代理性文化已經達到了博大的、難以攀登的高峰。它的出現，不僅為統一的多民族的國家的出現奠定了思想和文化的基礎，也為中國幾千年的政治文化的發展奠定了基礎。兩千多年來，歷史上的許多思想都可以從戰國諸子的學說中找到源頭，甚至今天社會科學的許多問題，我們也可以或多或少地從諸子那裡發現頭緒。

第二個時期，秦漢。

這是中國文化的成長時期。此期以封建經濟政治制度為基礎，以漢民族形成和各民族交往的加強為背景，確立了以儒家思想為核心的多民族統一的文化格局。這樣的格局一直延續到了有清一代。

秦皇朝建立起空前統一的大一統政權，為思想文化的統一提供了必要的條

件。秦始皇堅持法家路線，力圖構建起服務於大一統政治的以文化專制主義為特色的文化體系。他的努力沒有成功，強制性的文化統一沒有產生與封建政治共同發展的結果。

經過多年的探索，儒家思想最適應封建政治的需要，漸成政治家們的共識。漢武帝順應歷史發展的客觀需要，確立「罷黜百家，獨尊儒術」的國策，將儒家經學正式確定為官學，以政權力量樹立起儒家的權威。在解決漢代遇到的一系列重大歷史與現實問題方面，儒家思想充分顯示出它的理論力量。在儒家思想指導下，漢武帝在政權建設和鞏固多民族統一國家方面努力開拓進取，擴大了封建大一統政權的政治影響。通西域和開發西南，使西北、西南各少數民族加強了與內地的聯繫，以儒家思想為核心，封建多民族統一的文化格局逐步形成。其後，漢宣帝親自主持召開石渠閣會議，以皇帝兼宗師、教主身分裁決五經異同，這是以皇權專制的儒學形式進一步控制思想的標誌。宣帝開始注意用符瑞粉飾政治，在白虎觀召開經學會議，形成封建社會的法典性文獻—《白虎通義》，儒家政治倫理原則在社會得到全面落實。

儒家統領文化的格局確立後，哲學、史學、文學、教育、科學技術以至社會風俗等各文化領域，日益浸潤著儒家思想的影響。封建大一統文化表現出了巨大的創造力量，但是，與此同時，其高度一統的負面效應也開始顯露出來，對當時和以後的中國文化發展產生了消極的影響。

第三個時期，魏晉南北朝至隋唐五代。

這是中國文化發展的第二個高峰期。從魏晉南北朝開始，中國文化結構經歷了一次更新和充實的過程，到隋唐五代時期終於發展到了光輝燦爛的階段。

兩漢時期神學化的儒學長期處於獨尊的地位。然而，從漢末起，社會環境的巨變以及自身方面的原因使得儒學式微。以玄學為先導的多種文化因素競生並長，不但一變百草蕭疏而為萬木爭榮，而且也為道教從原始幼稚走向完備成熟、佛教在中國站穩腳跟並得到迅速發展，掃清了道路。經過不斷的調整組合，到南北朝後期，儒釋道三家並立主導文化的格局初步形成。魏晉南北朝時期，各族人

口的頻繁流動與接觸，使得異質性十分鮮明的胡漢兩種文化間的衝突與融合，不可避免。入主中原的胡人在被漢文化涵化融合的同時，也為漢人注入了胡文化的新鮮活力。在南北交往過程中，文化的進步逐漸泯沒了民族隔閡，中華文明在登上一層新的臺階後，終於進一步實現了在根基方面的趨同。然而，由於長期分裂隔絕，又使得南北文化的地域特徵明顯存在。南人善創新，北人重傳統；南人重文，北人尚武；南人學問清通簡要，北人學問淵綜博廣，凡此種種，都是這一時期南北文化趨異性的表現形式。

隋唐五代的文化總結和繼承了前代的成果，同時，又以博大的胸懷、恢弘的氣勢，吸收了當時域內外各民族文化的精華，造就了此期各部門文化的大發展，從而形成中國文化發展史上的一座新高峰。隋唐統治者確立了以儒學為正宗、三教並存主導文化的格局，同時注意對南北文化差異進行溝通，並對胡漢文化採取了兼容並包的政策。到開元、天寶年間，終成盛唐氣象，哲學、宗教、文學、藝術、科技等的文化天空，群星燦爛，湧現出了一大批包括李白、杜甫等在內的文化巨匠。唐中後期的文化則在多元的、深層次的發展過程中，又開始了結構上的局部調整，經五代的發展，為宋代文化的再度高漲奠定了基礎。

第四個時期，遼宋西夏金元。

這是中國文化發展的第三個高峰期。此期漢族政權與周邊少數民族政權多元並存，及其由紛爭歸趨統一的歷史走向，深刻地影響了中國文化的發展。

北宋建立後，採取措施加強了皇權專制主義統治。但是，北宋統一的範圍有限，與漢唐規模不能相比；右文政策帶來了文化的興盛，另一方面，文化鬥爭與政壇上黨爭交織，政局動盪不定。北宋兩次重大的改革慶曆新政與王安石變法，沒有收到應有的成效。南宋高孝光寧四朝是所謂的「中興四朝」，南宋孝宗等一度起用抗金人士，但一遇挫折，便失信心。加之奸相把持大權，朝政腐敗已極，「中興」難再。動盪不定的政局給文化帶來新的特點。

兩宋的經濟有了較大的發展，客戶與主戶關係表明封建生產關係的新發展，地主階級各個階層中，占支配地位的是品官地主，這與身分性很強的門閥地主不

同。商品經濟發達，超過前代，汴京、臨安、大都等一些大都市出現了。中國經濟重心南移在南宋完成，地區特徵的經濟形成，使得文化分布呈現了新的格局。

遼、西夏、金與元不斷進行改革，推動中國周邊地區封建化。在中原地區的漢文化深刻影響下，雅好儒學文化成為一種風尚；同時，更值得注意的是，此期塞外遊牧民族的草原文化與中原農業文化相互匯合，相互補充，相互吸收，浸成了以漢文化為核心的多樣性文化。程朱理學地位在南宋後期不斷上升，到了元朝才成為占統治地位的學術，影響封建社會後期的政治、社會生活的各個層面。

宋代文化在中國文化史上占有特殊重要的地位。元朝文化是宋代文化的延長，只是帶上恢弘與粗獷的特點。

宋元文化上的一個十分突出的方面，是人文精神的出現。兩宋文化體現出的是一種開闊的視野與清醒意識。學者疑古惑經，突破疏不破注治經的藩籬，表現了「變古」的精神和文化批判的勇氣。都市文化的崛起，則是反映了新興的市井百民對精神文化的需求，表現了他們的情感與思想。

宋元文化核心是理學。它強調萬物一理，理一分殊，天理支配宇宙變動、歷史興衰和人事得失。原有的儒學得到一次更新、改造，經歷了一次抽象、昇華。隨著理學成為占統治地位的學說，成為教條，原先學術上活潑、富有創造的活力消失了。在這樣的土壤裡，人文精神不可能得到進一步發育。

宋元文化中民族觀念的內涵，有了新的因子，體現出民族起源的認同感，反映民族凝聚力不斷增強。遼、金史書中認定自己是黃帝、炎帝的子孫，遼、金人主如遼聖宗、金世宗，即使是金海王，都努力學習漢文化，力圖從《貞觀政要》、《新唐書》等典籍中，吸取經驗。元人修宋、遼、金三史，在正統問題上，長期爭論不下，最後決定各與正統，寫成三部史書。這件事本身體現出民族觀念的新發展。

包括科技在內的宋元文化極其燦爛輝煌，對十至十四世紀的亞洲，乃至對世界，都有重大的影響。程朱理學為亞洲儒學圈的形成奠定了基礎。宋代人的指南針等科技的發明和傳播，影響到世界史的進程。同樣，此期外域文化的傳入，為

華夏文化注入了新的因子。

第五個時期，明清。

這是中國文化盛極而衰的遲暮期。中國封建社會由明代步入了晚期，專制制度發展到了極致，加劇了政治的衰朽與社會的矛盾；社會經濟的發展雖然達到了封建社會所能容納的高度，並醞釀著新舊的衝突和支撐了社會文化的幾度繁榮，但終屬夕陽殘照，中國封建社會的文化無法避免明日黃花的命運。

明代初期，統治者在政治上強化君主專制，在思想文化上，尊崇程朱理學，剿滅異端，大興文字獄，推行文化專制主義。這不僅造成了思想文化的沉寂，而且助長了以文學復古、擬古為代表的社會復古思潮。明代中期，社會經濟有了重要的發展，資本主義萌芽的顯露，預示著封建生產方式內在矛盾的深刻化，商品經濟因此出現了前所未有的活躍勢頭。緣是，封建統治稍稍鬆弛，思想文化領域呈現出一派生機。以「心」為本體，強調人的主體意識的陽明心學的崛起，打破了程朱理學的一統天下，促進了思想的解凍。從王艮到李贄的泰州學派發展了陽明學的積極因素，更具「異端」色彩。與此相應，主體意識覺醒和講求實學的思潮的湧動，為僵滯的社會生活、文學藝術創作與思想文化界，帶來了一股新鮮活潑的時代氣息，顯露出新舊衝突變動的徵兆。以李時珍的《本草綱目》、吳承恩的《西遊記》、徐光啟的《農政全書》等等為代表，文學、藝術、科技等領域都取得了重大成就。

明末耶穌會士東來，帶來了天文曆算等西洋的科學技術，傳達了西方文藝復興的資訊，中西文化發生了交匯與衝突。徐光啟、李之藻諸人積極迎受西學，並依稀感悟到了世界科技發展的主潮，提出了「先行會通，進而超勝」處理中西文化的正確思路。但遺憾的是，隨著朝代更迭，政局劇變，這一正確的思路被打斷了，中國歷史文化的發展，後來因此付出了沉重的代價。

清朝代明而興，開拓疆土，基本奠定了今天中國的疆域，有力地促進了中國多民族國家的鞏固和發展，同時也促進了各民族間文化的多元融合。清前期，經濟繁榮，國力強盛，出現了中國封建社會歷史上新的治世和高峰。以此為依託，

「康乾盛世」也成了中國文化集大成的重要時期。《古今圖書集成》、《四庫全書》，卷帙浩繁，氣勢宏大，是中國文化遺產的總匯；乾嘉學派研究儒家經典，考其真偽，正其訛誤，辨其音義，校勘異同，在治經、考史、文字、聲韻、曆算、地理、金石等諸多方面都取得了很高的成就；在文學藝術方面，《紅樓夢》是古典小說的極品，《長生殿》、《桃花扇》等，則成為戲曲發展新的里程碑。

但是，封建社會畢竟日薄西山，故清代文化實為一種爛熟的文化，輝煌與衰朽並存，集大成與僵滯共生。統治者不僅推尊理學，加強君主專制，而且較明代更加殘酷地推行文字獄。「避席畏聞文字獄，著書只為稻粱謀。」這嚴重束縛了思想文化的發展。理學空疏，漢學破碎，終於導致了士習敗壞，實學消沉，「萬馬齊暗究可哀」的局面。同時，自雍正後，統治者實行閉關鎖國的政策，中西文化交匯之道阻，中國脫離世界文化發展的主潮，陷入了孤陋寡聞的境地。

清代中期，漸入「衰世」。內有民眾起義，外有西方侵略勢力頻頻叩關，社會險象環生，「山雨欲來風滿樓」。封建專制的控制力也因之削弱。嘉道間，經世思潮浸浸而起。以常州學派為代表，有識之士因經學飾政論，「更法」、「求變」之聲漸起。但清朝統治者顢頇昏聵，不到鴉片戰爭的大炮轟鳴，不肯睜眼看世界。

第六個時期，近代。

這是中國文化轉型和謀求復興的時期。一八四〇年的鴉片戰爭不僅是中國社會歷史發展的轉捩點，而且也是中國文化發展的轉捩點。鴉片戰爭後，由於西方列強的入侵和中國社會內部資本主義因素的增長，中國傳統社會開始瓦解，走上了半殖民地半封建的道路，中國文化也發生了從古代向近代的轉變。

鴉片戰爭時期林則徐、魏源提出了「師夷長技以制夷」的主張，在舊思想的防堤上打開了一個缺口。第二次鴉片戰爭以後，隨著洋務運動的開展，中國社會出現了新的文化因素，西方自然科學的引進，新式學堂的創立，早期改良思想的出現，為中國近代資本主義文化的形成準備了條件。為了適應新形勢的需要，儒學思想體系作了新的調整，洋務派因之提出了「中體西用」的思想主張，即要求

在不改變封建綱常名教的前提下，吸收西方的「富強之術」。這比封建守舊派的「天不變，道亦不變」的觀點進了一步。總之，十九世紀四○至九○年代，中國文化領域的基本特徵是：器唯求新，道唯求舊。

甲午戰後，中國文化領域發生了重大的變化：近代文化事業有了較大的發展，新型知識分子開始形成與壯大。在空前嚴重的民族危機的刺激下，新興資產階級登上了政治舞臺，推動了近代新文化的形成和發展。「詩界革命」、「小說界革命」、「戲劇改良」、「史界革命」、「軍國民教育」、「科學救國」、「教育救國」、「文學救國」、「實業救國」等等口號的接連提出，是資產階級新文化崛起的重要表徵，構成了晚清文化領域發生重大變革的壯麗畫卷。文化的變遷不僅表現為部門文化的拓展，更主要的還表現為中國文化結構的變動，孔孟儒學及封建綱常名教受到了新思潮新文化的衝擊而動搖，西方的進化論、民權學說漸為國人所接受，成為進步階級反對舊文化的思想武器和資產階級新文化的思想指導。尤其是晚清最後十年，隨著社會變革的加劇，以及資產階級維新派、革命派的推動，近代新文化的影響不斷擴大，終至成為文化的主潮。

中華民國的建立，尤其是二十世紀初年中國民族資本主義的進一步發展和新生的無產階級開始登上政治舞臺，為中國文化的演進創造了新的條件。此期中西文化的衝撞與融合，愈趨深化。國人通過自身能動的選擇和積極的創新，使中國的新文化在各個領域都獲得了巨大的發展，從而奠定了從傳統向現代轉型的基礎。

五四新文化運動是此期文化演進的一大關鍵。經過它的洗禮，科學和民主作為一種有機聯繫的觀念，成為中國文化追求的價值目標，滲透到所有重要的文化領域，對中國文化的發展產生了深遠的影響。可以說，正是在這一時期，中國文化最終形成了自己真正現代意義上的科學和民主的傳統。

五四以前，近代資產階級的新文化代表著文化發展的方向，主導著文化的潮流。五四以後，馬克思主義在中國得到廣泛傳播，以之為指導的新民主主義文化開始形成，並通過與封建主義文化和帝國主義文化的鬥爭，逐漸成為中國文化發展的主流。新民主主義文化繼承和發展了科學和民主精神，使中國文化實現了內

在的超越，中國人從此在思想文化上一改晚清以來的被動局面，轉為主動，中國文化也由此邁向了衰而復興的新歷程。

現代自然科學和社會科學在中國初步形成了自己獨立的體系；白話文取代文言文成為通行的語言文字等，堪稱此期具有劃時代意義的重大變革。它為中國文化的發展開闢了新的領域和道路，在內容與形式上都深刻地體現了文化的現代性追求。

民族主義激情和愛國主義精神，是促進此期文化由傳統向現代變革的巨大動力。而中西文化的會通融合，即西方文化中國化、中國文化現代化，則是實現此種轉換唯一正確的途徑。揭櫫建設「民族的科學的大眾的文化」大旗的新民主主義文化，正是當時人們會通中西文化的最佳方案。不過，因歷史的原因，這一文化形態當時還不可能發展成熟。

四、中國文化的特質

《易·賁卦·彖》：「文明以止，人文也。」文明或文化作為人類一定社會歷史條件下的產物，不能不受特定的地理、人種及歷史傳統諸多因素的影響，而具有一定的民族特質。中國文化的特質，至少可以指出以下幾點：

（一）中國文化源於中華民族獨立的創造，具有獨創性

二十世紀初，一些西方學者無視中國文化自身的傳統，曾認定中國文化最早是由西方傳來的。一時不少中國學者也隨聲附和，有人甚至專門寫了《中國人種考》一書，表示認同。中國人種既是來自西方，中華文化當然也是源自西方了。這是當時一些人崇信西洋文化和民族自卑心理的一種反映。新中國成立後，中國的考古研究完全證實了「中國人種西來」說，原屬無稽之談。一九九八年考古工作者在巫山縣龍骨坡發現的距今二百萬年前的古人類遺址表明，中國很可能是地

球上早期人類的發源地之一，更說明了這一點。[40]實則，中國人種的起源與中國文化的起源，是兩個概念。儘管科學界對於前者尚存歧見，但是，中國文化源於中華民族獨立的創造，卻是無可非議的。研究表明，中國史前文化譜系的分布及其趨同發展和最終導入古代文明的過程，層次分明，脈絡清晰。在這漫長的歷史演進中，中國境內各文化譜系有過相互間的關係與影響，但並沒有發現與遙遠的境外文化有過經常的密切聯繫。中國與外來文化的交流，始於漢代，但當時的中國古代文化早已完全形成了。[41]這與中國文化賴以形成的地理環境有關。從宏觀上看，中國本身是一個巨大的地理單元。這裡東臨浩瀚的太平洋，西部、北部、南部分別被茫茫戈壁和險惡的高原峻嶺所阻隔，形成了與外部世界相對隔絕的狀態。而內部又極廣闊，氣候濕潤，物產豐饒。這種狀況決定了中國文化起源的獨創性，決定了它在很長的時期裡只能走著獨立發展的道路，而與鄰近地區史前文化的聯繫只能維持在較低的水準上。這與羅馬文化主要靠吸收希臘文化成長起來，印度古文化主要仰仗外來民族的創造，是大不相同的。

中國文化的起源是多元的。如前所述，遠在新石器時代的晚期，我國廣大的區域內，即已形成了若干初級文明的文化區域，猶如滿天星斗。不同區域文化的積累、孕育、碰撞和在中原地區的交匯、融合，促進中國古代首先在中原地區完成了由野蠻到文明，從量變到質變的轉變，建立起中國歷史上第一個文明國家的王朝—夏，也奠定了華夏民族形成的基礎。雖然此後黃河流域在歷史發展的進程中，常常居於主導地位，但其他地區的古代文化也以各自的特點和途徑在發展、創造，並進一步接受和給予黃河流域以重大的影響。春秋戰國時期齊魯、三晉、楚、吳越、巴蜀、胡文化的交融、爭鳴而成為大一統文化的前奏是如此，秦漢、兩晉南北朝、唐宋時期，也是如此。平常我們所說的中國文化的包容性、涵化性，在其起源的多元性中業已體現了出來。

我國古代是在基本上沒有改變氏族結構的情況下進入階級社會的，因而我國

---

40 《200萬年前華夏大地有人類活動》，《光明日報》，1998-01-24。
41 參見嚴文明：《中國史前文化的統一性與多樣性》，《北京大學哲學社會科學優秀論文選》第2輯，北京，北京大學出版社，1988。

早期的國家在政治制度的架構上，這種人與人關係的變化決定社會關係變化，還保留著氏族社會的許多特點：家（族）國同構；經濟基礎是以木、石、骨、蚌生產工具為主的耜農業；統治思想更多的表現氏族觀念和宗教神權思想。這種家（族）國同構的政治組織形式和意識形態對我國古代社會的發展影響極大。商周時代的氏族封建、宗法封建社會，基本上還是家族、宗族和國家一體的宗法社會。秦漢以後的地主封建社會，雖然家族、國家已經不是一體的了，但仍然是一個人的「家天下」，而且整個社會族權、父權、夫權一直占統治地位，一直到現在還有影響。這是中國文化乃至中國社會的一個重要特點。

我國古代由野蠻進入文明的主要變化，是人與人之間關係的變化，即表現為氏族對氏族、人對人的壓迫、剝削，而人與自然的關係即生產工具、生產力的變化，並不明顯。因而我國文明很早就注重文化的「化成」即文化的整合和引導作用。以青銅冶鑄技術的發展為例，我國夏代已經有了比較發達的青銅冶鑄技術，然而此時發達的青銅冶鑄技術主要並不是用於製造生產工具，而是用於鑄造祭祀天地祖先以溝通人神的禮器和兵器。「國之大事，唯祀與戎。」這說明青銅器在中國的發展從一開始就是政治性的、宗教性的。它的功用，主要不是表現為人與自然的關係，而是主要體現人和人的關係，體現「禮」對人們等級關係的約束。「禮」（包括「禮樂」、「禮法」、「禮俗」）是我國古代國家典章制度、社會生活習慣、個人行為規範的綜合。我國歷朝歷代除秦以外都把「禮」看成是「國之幹」、「國之柄」，而主張以「禮」治國。這都是基於禮的「化成」即整合、規範、引導作用出發的。「道德仁義，非禮不成；教訓正俗，非禮不備；分爭辯訟，非禮不決；君臣上下，父子兄弟，非禮不定；宦學事師，非禮不親；班朝治軍，涖官行法，非禮威嚴不行；禱祠祭祀，供給鬼神，非禮不誠不莊；是以君子恭敬撙節退讓以明禮。」[42]唯其如此，我國自古稱「禮儀之邦」。這也是中國文化有別於西方文化的重要特質之一。

---

42 《禮記·曲禮》。

（二）中國文化的精神尚「和」

中國文化在自己漫長的發展歷程中，形成了諸多精神，但是最能從整體上表現中國文化神韻的核心精神，是尚「和」，即追求和諧的中和主義。中國人獨特的宇宙觀、人生觀和審美觀，都是圍繞著尚「和」精神的軸心來展開的。

在先秦奠定中國人宇宙觀基礎的《周易》中，就孕育了「天人合一」的思想，即認為人類社會和自然界所組成的宇宙，是一個生生不已、有機聯繫的和諧的生命統一體，事物內部互相對立的雙方（它用高度抽象的概念「陰陽」來代表），必須貫通、連接、和合、平衡，才能順利發展。所謂「陰陽合德」、「剛柔相濟」，強調的都是對立面的和諧統一。一旦陰陽失調，剛柔不諧，統一破壞，禍亂就要發生。這種對立面的和諧不是在靜態中實現的，而是表現為不斷的運動、變化和更新的過程。所謂「日月相推而明生焉」，「寒暑相推而歲成焉」，均表明和諧就是矛盾雙方互相轉換的結果。此種思想體系，視「和」為宇宙的本然和內在的精神，對中國文化的發展產生了極其深遠的影響，特別是形成了中國人重視整體，講求調和，崇尚中庸的思維方式。

宇宙觀決定人生觀。既然宇宙是一個和諧的生命統一體，實現個體生命與宇宙生命的融合，以體驗宇宙間最高的真善美，也就自然成為古往今來中國人所追求的人生最高境界。孔子自稱五十歲「知天命」，六十歲「耳順」，七十歲「從心所欲不逾矩」，其所自道的便是一種自以為實現了的與自然界高度和諧統一的崇高精神境界。孟子也表示過「萬物皆備於我」，「樂莫大焉」。至於道家的莊子，認為與人和得「人樂」，與天和得「天樂」，主張清靜無為，物我兩忘，就更將此種對精神自由的追求推到了極致。因此，對於中國人特別是文化人來說，人生的終極理想絕非是肉體的滿足，而是在求與自然合一中實現那種「與日月同輝」、「和天地並存」的精神不朽。尚「和」的人生觀，還具體地表現在以中庸為準則的處世哲學上。中庸的本意，是要求人們在處理問題的過程中，注意避免「過」和「不及」兩個偏向，以便保持各種矛盾和關係的和諧統一，但它卻不是要人們作無原則的調和，滿足於消極的苟同，故孔子說：「君子和而不同。」同時，尚「和」的人生觀還促使中華民族注重個人品格修養，養成了謙和善良、溫

柔敦厚的民族性格，所謂「文質彬彬然後君子」。中華民族愛好和平的精神，也由此形成。

中國人的審美觀，同樣體現於此種尚和精神。把「和」定為美的一個原則，是一種古老的見解。早在孔子之前，史伯、單穆公等人就曾有過關於「五色」和「五美」問題的討論。他們認為，「聲一無聽，物一無文」，即單調的一種聲音無法悅耳，孤立的一種物象不可能構成絢麗多彩的景觀；相同的事物加到一起不可能產生美，只有不同的事物綜合統一起來才能形成美。這就提出了「和為美」的思想。後來孔子強調「禮之用，和為貴，先王之道斯為美」，又將「和為美」的思想進一步擴大到政治倫理一切領域，並將美和善統一起來，從而使傳統的審美觀帶上了倫理的色彩。

尚和精神還滲透到中國人的政治觀念和社會心理等許多方面，由於此種精神承認世界多樣性統一，因而形成了國人崇尚統一的「大一統」的政治理想，成為中華民族大家庭保持團結，具有強大的凝聚力和向心力的文化根源。歷史上漢族政權與少數民族政權之間常通過「和親」，緩和或解決矛盾衝突；近代孫中山革命黨人甫推翻清廷，即提出「五族共和」的主張，以取代原有激烈的排滿宣傳，都反映了這一點。同樣，中國人注重「人和」的力量，諸如「和氣生財」、「和睦興家」等等眾多的訓條，無疑又都彰顯了尚「和」的社會普遍心理。

（三）中國文化以倫理為本位

如上所述，我國古代由野蠻進入文明，帶著氏族社會的臍帶，形成了以宗法關係為紐帶、家國同構的社會範式。故重人與人的關係甚於人與自然的關係，突出以「禮」規範社會，「化成」天下。這與小農經濟相適應，復使中國文化形成了以倫理為本位的特質。

早在西周，先人就提出了「以德配天」、「敬德保民」、「明德慎刑」的思想，即強調宗法道德規範。到春秋時期，儒家更將之提升到了思辨的層面，形成了系統的倫理道德思想。孔子說：「仁者愛人」，「克己復禮以為仁」。遵守宗法道德

規範，以實現社會的和諧，是儒家所追求的最高倫理境界—「仁」。所以，在儒家看來，注重道德修養，希賢希聖，是人生的價值所在。《易》曰：「君子厚德載物。」封建士大夫追求所謂的「三不朽」，即「立德、立功、立言」，其中「立德」是第一位的。不僅如此，道德修養還被視為治國安邦、實現儒家理想社會的起點。儒家經典《大學》指出：「欲治其國者，先齊其家。欲齊其家者，先修其身。欲修其身者，先正其心。欲正其心者，先誠其意。欲誠其意者，先致其知。致知在格物，格物而後知至，知至而後意誠。意誠而後心正，心正而後身修。身修而後家齊，家齊而後國治，國治而後天下平。」這裡明確地把個人道德修養與國家社會的治理結合起來，體現了儒家治國以道德為本的主旨。這種將政治道德化的價值取向，是中國傳統文化的顯著特色。

可以說，中國文化的各個領域都染上了濃重的道德色彩：史學強調「寓褒貶，別善惡」；文學強調「文以載道」；戲曲強調「勸善懲惡」；美術則有《古畫品錄序》說「明勸戒，著升沉，千載寂寥，披圖可見」；《三字經》則謂「首孝弟，次見聞」，明確將道德教化置於智育之上；如此等等。黑格爾說：「中國純粹是建築在道德的結合上，國家的特性便是客觀的『家庭孝敬』」[43]。這種觀察並沒有錯。論者稱中國文化是以倫理為本位的文化，或倫理道德型的文化，也不無道理。

注重倫理道德的文化精神，對中華民族的歷史發展起過積極的作用。在道德面前人人平等是儒家的一個重要理念，孟子說「人皆可為堯舜」，王陽明也說「滿街皆是聖人」。意思是說，無論是達官貴人，還是平民百姓，都可以在道德修養方面達到最高境界。這包含了對最高統治者的道德約束。在缺乏約束機制的中國傳統社會中，此種道德意義上的平等理念，可以發揮社會政治的調節作用。同時，強調道德境界復使中國文化形成了追求人格力量和憂國憂民的博大情懷。所謂「貧賤不能移，富貴不能淫，威武不能屈」；「三軍可奪帥也，匹夫不可奪志」；「先天下之憂而憂，後天下之樂而樂」；「為天地立心，為生民立命，為往

---

43 柳卸林主編：《世界名人論中國文化》，193 頁，武漢，湖北人民出版社，1991。

聖繼絕學，為萬世開太平」，都是反映了此種情懷。也因是之故，在中國漫長的歷史發展過程中，先人形成了許多優秀的道德品質，諸如不畏強暴，勤勞勇敢，自強不息，捨生取義，殺身成仁，等等。尤其在國家民族和社會遇到危難之際，許多志士仁人便會挺身而出，維護正義，抵抗外侮，反抗黑暗勢力，拯救國家與民族，弘揚正氣與真理。千百年來，無數英雄人物都從傳統倫理道德精神中汲取力量，努力奮鬥，建功立業，光照千秋。

（四）中國文化生生不已，具有強大的生命力

中國古代文化與古埃及、古巴比倫和古印度文化並稱為人類四大古文明，與後起的希臘、羅馬一道，代表著人類古代文明的高峰。但是後來其他的古文明，陸續凋謝，沉光絕響，唯中國文化一枝獨秀。數千年間，它歷風雨而不衰，遭浩劫而彌堅，源遠流長，迄今仍保持著旺盛的生命力，成為人類文化發展史上的一大奇蹟。生生不已，具有強大的生命力，是中國文化的重要特徵。其箇中的奧秘固然不易說清，但是指出中國文化的幾個因果互為表裡的特點，顯然有助於人們理解這一點：

其一，中國文化具有追求大一統的內驅力。

自西周起，追求大一統便漸成中國政治文化的核心內容。孔子著《春秋》，開宗明義即稱：「王正月。」《公羊傳》釋之曰：「曷為先言王而後言正月？王正月也。何言乎王正月？大一統也。」先秦諸子雖論難詰駁，勢若水火，但於政治理想，卻都歸宗於「大一統」。墨家「尚同」與儒家「大同」，目標完全一致。孟子更明示天下要「定於一」；荀子不但要「一天下」，而且還要「一制度」，「風俗以一」，「隆禮而一」。秦漢以後，大一統思想復被推崇到了「天地之常經，古今之通誼」[44]的高度，並浸成了中華各民族共同的理念和政治價值取向。在中國歷史上，人們追求和珍惜統一，將統一的時代稱作「治世」，而將分裂的時代稱

---

44 《漢書·董仲舒傳》。

作「亂世」。在任何時候，製造分裂的言論和行動都要受人唾棄。而任何一個割據勢力也都不肯長期偏安一隅，無不殫精竭慮，把統一天下視作英雄偉業。在紛爭不已的十六國時期，前秦國王氐族人苻堅統一北方後，聲稱揮師南下的理由說：「吾統承大業垂二十載，芟夷逋穢，四方略定，惟東南一隅未賓王化。吾每思天下未一，未嘗不臨食輟。」[45]至於南宋陸游有《示兒》曰：「死去元知萬事空，但悲不見九州同；王師北定中原日，家祭無忘告乃翁」，則表達了一切愛國者共同的大一統情結。正因中國文化具有追求大一統的內驅力，故從總體上看，中國的歷史，分裂的時間短，統一的時期長，統一終究是無可抗拒的歷史大趨勢。

其二，中國文化具有包容性。

中國文化的起源是多元的區域文化融合的結果，其本身就體現了包容性。迄秦漢時期，「天下同歸而殊途，一致而百慮」[46]，此特性愈彰顯。從先秦時起中國文化固強調「華夷之辨」，但華夷界限，從來是重文化而輕血統。《春秋》曰：「中國而夷狄，則夷狄之；夷狄而進於中國，則中國之。」此種重文化輕種族和以文化高低判華夷的民族觀和文化價值觀，對後世影響甚大，因為它為各民族間的融合和吸收外來文化提供了良好的社會心理素質。漢代開通的絲綢之路和魏晉南北朝隋唐時期胡漢文化融合，以及佛教的中國化，都是中國文化包容性的生動體現。同樣，鴉片戰爭以降，近代志士仁人無不歷盡艱辛，向西方尋求救國真理。林則徐、魏源主張「師夷長技」；馮桂芬等人主張「中體西用」；康有為提出：「泯中西之界限，化新舊之門戶」[47]；嚴復指出：「必將闊視遠想，統新故而視其通，苞中外而計其全，而後得之」[48]；孫中山強調：「發揚吾固有之文化，且吸收世界之文化而光大之，以期與諸民族並驅於世界」[49]；毛澤東更進而指出：「中國應該大量吸收外國的進步文化，作為自己文化食糧的原料」，「凡屬我

---

45 《晉書·苻堅載記》。
46 《易傳·繫辭下》。
47 湯志鈞編：《康有為政論集》上冊，295頁，北京，中華書局，1981。
48 王栻主編：《嚴復集》第3冊，560頁，北京，中華書局，1986。
49 《孫中山全集》第7卷，60頁，北京，中華書局，1985。

034　中國文化通史｜民國卷·上冊

們今天用得著的東西，都應該吸收」[50]，這些也無不是中國文化包容性的生動體現。此外，近年來，中國生物學家對南北二十八個地區、三十二萬多人口的 GM 血清血型和 HLA 白細胞抗原資料進行研究，發現今天的漢族人口是由南北兩大起源不同的集群構成的。這一科學研究成果進一步表明，漢民族不是建立在血緣基礎之上的，而是以文化認同為基幹的民族。重文化輕血統，同樣是中華民族具有旺盛生命力的源泉。[51]

其三，中國文化具有慎終追遠的情懷。

中國文化是伴隨著農耕經濟的長期延續而形成的。與工業文明相較，農業文明少變化、重經驗，易於形成恆久的觀念，培養起慎終追遠的情懷。孔子曰：「殷因於夏禮，所損益可知也；周因於殷禮，所損益可知也；其或繼周者，是百世，可知也。」[52]他主張「慎終追遠」。同時《易傳》所謂「可久可大」，《中庸》所謂「悠久成物」，《老子》所謂「天長地久」和董仲舒所謂「天不變，道亦不變」等等認識，無不是追求永恆和持久觀念的反映。而中國具有重史傳統，史籍完備，史學發達，最能集中反映中國文化慎終追遠的情懷。《尚書‧多士》載：「惟殷先人，有冊有典。」說明商代已重視歷史典籍。孔子整理古代典籍，著《春秋》，本身即是良史。孔子已提出了「疏通知遠」的思想。漢代司馬遷著《史記》，進而提出「述往事，思來者」，「究天人之際，通古今之變，成一家之言」，更將對史學功能的認識提高到了一個全新的境界。此後兩千多年，中國不僅史家輩出，追求「一家之言」，促進了史學持續繁榮的發展，同時歷代封建統治者也十分重視官修史書和大規模整理文化典籍。一部卷帙浩繁的「二十四史」，完整地記錄了中華民族的歷史足跡，這是世界公認的歷史奇觀。

慎終追遠的情懷既包含著自強不息的進取精神，更包含著尊重傳統、鑒往察來的歷史智慧。這對於保證中國文化一脈相承和源遠流長的發展所起的巨大作

---

50 《毛澤東選集》第 2 卷，706-707 頁，北京，人民出版社，1991。
51 趙桐茂：《中國人免疫球蛋白同種異型的研究：中華民族起源的假說》，《遺傳學報》，1991 年第 2 期；《免疫球蛋白同種異型 GM 因子在 40 個中國人群中的分布》，《人類學報》，1987 年第 1 期。
52 《論語‧為政》。

用，是不言而喻的。江澤民曾指出：「中華民族歷來重視治史。世界幾大古代文明，只有中華文明沒有中斷地延續下來，這同我們這個民族始終注重治史有著直接的關係。幾千年來，中華文明得以不斷傳承和光大，一個重要原因就是我們的先人懂得從總結歷史中不斷開拓前進。」[53]這是十分深刻的論斷。同時，需要指出的是，中國文化得以一脈相承，傳之久遠，還得益於作為文化重要載體的漢字。大汶口陶文的發現，證明漢字至少可以溯源到五千五百年前。漢字是世界上唯一從古到今不斷發展、一直使用並富有強大生命力的文字。古巴比倫的楔形文字、古埃及和古印度的象形文字，都先後銷聲匿跡了，唯有方塊漢字歷盡滄桑，長盛不衰。正是由於漢字的特殊性質與功能，才使得我們祖先創造的燦爛文化能夠記述和傳承，古代和現代的漢族書面語言能夠統一。奇特的漢字在保持文化傳統、溝通全國人民的情感和維繫中華民族的統一諸方面所起到的巨大作用，實在是怎樣估計也不會過分的。

上述中國文化的特質，不僅往往彼此互為因果，難以截然分開；而且也無須諱言，內中純駁互見，精華與糟粕雜陳。例如，家國同構和注重倫理的文化範型，固然有益於社會穩定和提升人們的精神境界，但濃重的宗法等級觀念和道德的泛化，又易於造成對獨立人格的束縛和形成重德輕藝、重義輕利價值觀上的偏差；尚「和」的精神固然助益了社會和諧與民族的融合，但又易於導致鄉愿式的苟安心理；追求大一統和慎終追遠的情懷，固然促進了中華民族的統一和傳之久遠，但也易於造成封建專制的傳統和形成因襲循環的思維定式，如此等等。然而，儘管如此，中國文化的特質畢竟顯示了中華民族的特殊智慧，並從根本上成就了中國文化的獨立體系和燦爛輝煌的風貌。毫無疑問，它是我們今天應當加以批判繼承的珍貴文化遺產。

五、弘揚優秀的中國文化傳統，

---

53 《中共中央總書記江澤民給白壽彝同志的賀信》，《史學史研究》，1999 年第 3 期。

助益社會主義的文化建設

法國著名的「年鑑學派」的史學家們指出：「歷史知識取得進步不是依靠總體化，而是依靠（借用攝影的比喻來說）鏡頭移動和變焦。……對視角作不同調整，既會顯出新的面貌，又會突出所掌握的概念範疇的局部不適應即縮減性，提出新的解釋原則；在每個認識層次上，現實的網狀結構圖以不同方式顯示出來。這就要求除了方法以外，必須對觀察者及其進行分析的手段所起的作用給予特別注意。」[54] 這即是說，對於特定歷史文化現象的認識與判斷，歸根結柢，是取決於觀察者的立場、觀點與方法。在近代，志士仁人對於中西文化問題長期爭論不休：激進者多主隆西抑中，以為欲救國，只有學習西方，更有甚者，則倡全盤西化；保守者多隆中抑西，以為文化是民族的根，「學亡則國亡」，故欲救國，必先保國粹，更有甚者，則倡世界「中國化」。二者各有所是，亦各有所蔽。究其致蔽的原因，除了缺乏科學史觀的指導外，端在受民族危亡的時局制約，不免心理緊張，缺乏從容探討文化問題的心態。時柳詒徵曾大聲疾呼：「學者必先大其心量以治吾史，進而求聖哲立人極、參天地者何在，是為認識中國文化之正軌。」[55] 所謂「大其心量」，實含大度從容之意。但是，問題在於柳詒徵自己也不能免俗。

時移勢異。我們現在的情況完全不同了。社會主義的新中國久已屹立在世界的東方，尤其經過三十多年的改革開放和中國特色社會主義現代化的建設，不僅綜合國力大為增強，而且國人的文化心態也愈趨成熟。江澤民在黨的十五大報告中，提出了建設「有中國特色社會主義的文化」的任務。胡錦濤在黨的十七大報告中，進一步提出了「推動社會主義文化大發展大繁榮」的要求。他說：「當今時代，文化越來越成為民族凝聚力和創造力的重要源泉、越來越成為綜合國力競爭的重要因素，豐富精神文化生活越來越成為我國人民的熱切願望。要堅持社會主義先進文化前進方向，興起社會主義文化建設新高潮，激發全民族文化創造活

---

54 《年鑑》編輯部：《我們在進行實驗：再論歷史學與社會科學》，《國外社會科學》，1990 年第 9 期。
55 柳詒徵：《中國文化史·弁言》。

力，提高國家文化軟實力，使人民基本文化權益得到更好保障，使社會文化生活更加豐富多彩，使人民精神風貌更加昂揚向上。」又說：「中華文化是中華民族生生不息、團結奮進的不竭動力。要全面認識祖國傳統文化，取其精華，去其糟粕，使之與當代社會相適應、與現代文明相協調，保持民族性，體現時代性。加強中華優秀文化傳統教育，運用現代科技手段開發利用民族文化豐厚資源。加強對各民族文化的挖掘和保護，重視文物和非物質文化遺產保護，做好文化典籍整理工作。加強對外文化交流，吸收各國優秀文明成果，增強中華文化國際影響力。」黨的十七大突出強調了加強文化建設、提高國家文化軟實力的極端重要性，對興起社會主義文化建設新高潮、推動社會主義文化大發展大繁榮作出全面部署。這是我們黨總結歷史、立足現實、著眼未來作出的重大戰略決策，充分反映了對當今時代發展趨勢和我國文化發展方位的科學把握，體現了我們黨在新的歷史條件下的高度文化自覺。

要加快發展國家軟實力，關鍵就在於要更加自覺、更加主動地推動文化大發展大繁榮。要努力繼承和發揚我國悠久歷史文化中源遠流長、博大精深的寶貴遺產，借鑑當今世界一切有價值的思想理論成果，深刻認識國家硬實力與軟實力的辯證關係，高度重視和加快發展國家軟實力。有了新時代文化建設的目標和十七大精神的指引，我們今天對中國文化史的研究，也便有了最佳的焦距，可以更從容、更全面、更客觀即更科學地看待中華五千年的文明史，從而獲致歷史的教益。

編纂這部多卷本《中國文化通史》，目的正在於助益推動社會主義文化大發展大繁榮。

本書研究中國文化的發展歷程，揭示其發展規律，彰顯中國文化的民族精神。

本書堅持以馬克思主義歷史唯物論為指導，同時積極吸收和借鑑當代社會科學的各種相關的理論與方法。

中國是一個多民族的國家。中華民族源遠流長的歷史和文化是各族人民共同

創造的。因之，本書不僅寫漢民族的文化，同時也重視各少數民族的文化創造及其特色，尤其注意突出不同的歷史階段中，各民族間的文化互相滲透、交流與融合。

中國文化是世界文化的一個有機組成部分。本書將中國文化置於世界文化發展的總體格局中去考察，既注意中外文化的交流、衝突與融合，也注意中國文化在世界文化發展過程中的地位與作用。堅持實事求是的精神，避免民族虛無主義與民族虛驕情緒。

從目前已出版的有關文化史的著作看，編纂體例不一，其中大致可分為兩類：一是重宏觀把握，突出問題，以論說為主；一是重微觀透視，突出部門文化，以描述為主。前者的優點是脈絡清楚，簡潔明快，論說有深度，但歷史信息量小，失之抽象；後者的優點是具體翔實，便於查閱，但頭緒紛繁，失之散漫。文化史究竟應當怎樣編寫，是一個不易解決的大問題。當年常乃德曾說：「有時具體記錄所表現不出的內在精神，非有抽象的理論加以解釋不可。故理想的文化史必多少帶有史論的性質，不過不可空論太多，影響事實的真相罷了。」[56]足見他已深感到了困惑。今天學術界的意見仍不統一。我們以為，編纂一部大型的文化通史著作，當有理論框架一以貫之。該書既要具有能幫助廣大讀者從中學得豐富的中國文化史知識的功能，又應是視野開闊，脈絡清晰，有助於人們理解和把握中國文化發展的自身規律與特點。為此，須將宏觀與微觀、抽象與具體、問題論說與部門描述很好地結合起來。

總之，本書力圖突出一個「通」字：從縱向上說，要求全書各卷之間脈絡貫通，要於沿革流變之中體現中國文化自身的發展規律和一以貫之的民族精神；從橫向上說，當避免寫成部門文化的簡單拼盤，要注重時代精神對文化現象的整合，注重諸文化部門的內在聯繫及其不平衡的發展。同時注意文化的層間、空間差異，以及二者間的互動關係。

---

56 常乃德：《中國文化小史》第 1 章。

本書共分十卷，即：先秦卷、秦漢卷、魏晉南北朝卷、隋唐五代卷、兩宋卷、遼西、夏、金元卷、明代卷、清前期卷、晚清卷、民國卷。各卷附有參考書目。

本書實行各卷主編負責制。編委會同仁通力合作，歷時四年，備嘗艱辛。但因中國文化通史的編纂工作本身難度甚大，加之主編來自京城內外不同的單位，作者為數較多，聯繫不便和學養有限等原因，著者雖然盡了很大的努力，各卷水準仍難一致，全書與既定的目標，也存在著差距。我們敬祈讀者批評指正。

本書借鑑和吸收了學術界已有的研究成果，不敢掠美，這裡謹表謝意。

本總序是在集體討論的基礎上完成的。

鄭師渠

一九九九年八月初稿

二〇〇九年六月修改於北京師範大學

目錄
C O N T E N T S

第二章　民國文化的時代精神

第三章　文化道路的抉擇與論爭

第四章　國際國內的文化交流

第五章　邁向現代的哲學

第六章　走向世俗：民國的宗教世界

第七章　舊儀已失，新軌未立：倫理道德的變革

第八章　多元體制下的民國教育

第九章　別開生面的史學和初生的考古學

第十章　現代新文學及語言文字的變革

第十一章　藝術領域裡的拓展

第十二章　現代自然科學的奠基

　　一九一一年，以孫中山為首的資產階級革命派領導了偉大的辛亥革命，推翻了清王朝，結束了兩千餘年的封建帝制，將中華民族引入到一個新的歷史時期。一九一二年一月一日，中華民國臨時政府成立，同年二月十二日，隆裕太后發布詔書，正式宣布清帝遜位。史學界習慣上將辛亥革命的爆發之年視為民國的開端。從這年開始，到一九四九年新中國誕生為止，史稱中華民國時期。本卷所要敘述的就是這一階段中國文化發展的歷史。

　　民國建立後，由於資產階級力量先天不足，革命果實很快被袁世凱所篡奪。中國從此陷入了北洋軍閥的黑暗統治之中，長達十六年之久。袁世凱死後，直、皖、奉三系軍閥交替控制政權，成為各帝國主義勢力的在華代理人。大大小小的封建軍閥不僅彼此之間爭權奪利，混戰不斷，而且對尊孔復古情有獨鍾，弄得中國社會烏煙瘴氣，中華民國有名無實。

　　為反抗帝國主義的侵略和北洋軍閥的黑暗統治，中國的先進分子掀起了波瀾壯闊的新文化運動和氣壯山河的五四愛國運動，將戊戌、辛亥時期所開啟的思想文化啟蒙和政治革命全面推向深入。五四運動後，馬克思主義在中國得到廣泛傳播，並和新興的中國工人運動相結合，產生了中國共產黨。一九二四年，國共兩黨第一次合作，領導了反帝反封建的國民革命，北洋軍閥的反動統治土崩瓦解。但是，以蔣介石為首的國民黨右派於一九二七年背叛革命，殘殺共產黨人和革命群眾，致使國民革命最終失敗。一九二八年，國民黨征服或籠絡了各派軍閥，確立了其在全國的統治地位，實現了中國形式上的一統局面。

　　面對國民黨的專制獨裁和殘酷屠殺，中國共產黨人被迫進行了武裝反抗。他

們在各地發動起義，創立人民軍隊，建立了農村革命根據地，為實現自己的理想進行艱苦卓絕的鬥爭。就在國民黨對這些根據地大肆進行圍剿的時候，日本帝國主義乘虛而入，先是侵占中國東北，建立偽滿洲國，進而發動全面侵華戰爭。民族矛盾因之空前激化。大敵當前，中國共產黨不計前嫌，呼籲停止內戰，一致抗日，得到了全國人民廣泛而強烈的回應。國民黨迫於民族大義，與共產黨實行了第二次合作。這樣，一九三七年盧溝橋事變發生後，中國就開始了全民族的抗日戰爭。經過八年的浴血奮戰，終於打敗了日本侵略者，獲得了中華民族的新生，並為世界反法西斯戰爭的勝利作出了卓越貢獻。

抗戰勝利後，蔣介石國民黨置和平統一、民主建國的全民族願望於不顧，從一九四六年起悍然發動了對解放區的全面進攻。解放區軍民則針鋒相對，給予有力的反擊，僅僅用了三年時間，人民解放軍就打垮了國民黨的八百萬軍隊，致使其殘餘勢力狼狽逃往臺灣。一九四九年十月一日，中華人民共和國在北京正式成立。民國時代至此宣告結束。

綜觀整個民國時期，社會和文化發展最大的特點無疑是傳統向現代的逐漸轉化。在文化領域，這一轉化主要是通過兩種類型的文化運動來實現的：一種類型的文化運動是中西文化的衝突與融合；另一種類型的文化運動，則是帝國主義和封建主義對中國的侵略、壓迫與中國人民的反侵略、反壓迫，以及國內各種政治勢力之間的文化鬥爭。[1]這兩者之間又是相互關聯、滲透和彼此影響的。

根據這兩種文化運動的演化和發展，民國文化史大致可以分為以下三個時期：

第一，民國文化的開端時期，時間為一九一一至一九二七年。

這一時期，民國新建，各種西方文化思潮大量湧入，特別是五四新文化運動的發生和發展，激起舊文化勢力的強烈排抵，引起了尊孔與反孔、文言與白話、

1　史全生主編的《中華民國文化史・前言》（吉林文史出版社1990年版）中有類似的概括，我們也大體同意該書以此為依據對民國文化發展階段的劃分，只是略有調整。

科學與玄學等一系列的文化論爭。在鬥爭中，現代性的文學藝術、教育和新聞出版事業、各門自然科學和社會科學蓬勃興起，並基本形成了各自的體系。五四以後，馬克思主義廣泛傳播，新民主主義文化開始出現並得到初步發展，顯示出了勃勃生機。由於中國文化發生了巨大的變化，故此期新舊文化的社會反差極為明顯。

第二，民國文化的發展時期，時間為一九二七至一九三七年。

這一時期，國民黨取得了全國政權，建立了大學院和中央研究院等文化學術機構，推動了現代教育和科學研究的進步。在解放區，中國共產黨則努力創建新民主主義文化事業，並在國統區掀起了一場聲勢浩大的左翼文化運動，從而將新文化引向民眾、推向深入。正如臺灣的歷史學者所指出的，此期左翼的文化勢力幾乎左右了文壇。[2] 與此同時，國民黨則對國統區的左翼文化進行「圍剿」。日本侵占中國東北後，文化界反對日寇侵略和國民黨不抵抗政策的鬥爭又掀起高潮，於是反對獨裁與反對不抵抗的文化浪潮兩相合流，構成了此期文化發展的主線。

第三，抗戰文化的蓬勃發展及解放區文化最終獲勝的時期，時間為一九三七至一九四九年。

這一時期又可分為抗日戰爭和解放戰爭兩個歷史階段。在前一個階段，文化界抗日救亡團體紛紛成立，抗戰文化運動的開展如火如荼，文化的一切重要門類都服務於抗戰或受到抗戰的影響。一方面，由於戰爭的破壞和干擾，特別是日偽統治區實行奴化宣傳和教育，使中國文化備受摧殘；另一方面，在愛國精神的激勵下，大後方的人們又發揮出空前的創造力，文化的許多方面在前兩個時期形成積累的基礎上又有了新的發展，其中自然科學領域所取得的成就尤為顯著，社會科學在理論與實踐相結合及中西會通的「中國化」建設方面，也有了更為明確的意識和突破性進展，新民主主義理論也於此期得以成熟。

隨著抗戰勝利的臨近，從抗戰後期開始，一種民主建國的思潮勃然而興，接

---

2 秦孝儀：《中華民國文化發展史》第3冊，1257頁，臺北，近代中國出版社，1981。

著又匯入了要求和平、反對內戰的思想巨流，和平與民主遂成為解放戰爭時期文化的主旋律。這一階段，國共兩黨和中間勢力在文化上展開了尖銳的鬥爭，解放區的新民主主義文化迅猛發展，最終取得了在中國的全面勝利。

在中國文化發展史上，民國文化占有著十分重要的地位。它繼承和發展了晚清以來的新文化，大體形成了中國傳統文化向現代文化轉型的基礎，使現代自然科學和社會科學在中國真正紮下根來。比較完全意義上的民主和科學傳統也在這一時期得以奠定。可以毫不誇張地說，民國時期，中華民族的文化水準被提高到了一個前所未有的高度。

有人曾把這一時期的前半部分比作西方的「文藝復興」時期，從某種意義上說不無道理。這的確是中華民族文化從衰敗走向振興的重要階段，也是像「文藝復興」那樣需要巨人而又產生巨人的時代。孫中山、毛澤東這樣偉大的思想家，蔡元培、魯迅、郭沫若、王國維、胡適、陳寅恪這些卓越的文化巨人和學術大師，茅盾、巴金、沈從文、老舍這樣成就非凡的文學大家，還有梅蘭芳、徐悲鴻、劉海粟、林風眠、張大千、齊白石這些傑出的藝術宗匠，李四光、竺可楨、華羅庚、侯德榜這樣馳名世界的科技精英，都在這一時期大放異彩，真可謂群星閃耀、蔚為壯觀。不論是文學藝術、新聞出版，還是教育學術，此期都是中國文化史上的一個繁榮期和高峰期。當代一位著名史家在談到二十世紀前期中國歷史學的發展時，曾不無自豪地說：「史學界成果豐碩，人才輩出，如梁啟超、王國維、章太炎、陳垣、胡適、陳寅恪、郭沫若、顧頡剛、范文瀾、錢穆、翦伯贊都是大師級人物，僅二十世紀前期，這樣的大師出現十幾位。中國號稱歷史學發達國家，同時期產生這麼多歷史名家也不多見。司馬遷死後一百多年產生班固，班固死後一百幾十年才產生陳壽。十八世紀乾嘉時期史學家很多，但也只有錢大昕、王鳴盛、趙翼、全祖望、章學誠、崔東壁幾位大家。像二十世紀產生這樣多的傑出史學家是史無前例的。這應該是史學界的驕傲。」[3] 這裡所提到的十幾位史學大師，除章太炎外，其他人的史學成就都是在民國時期取得的，這也可以說

3　戴逸：《繼往開來前程似錦》，《光明日報》，1997-10-14。

是民國史學、民國學術乃至整個民國文化輝煌成就的集中體現。

也有人把民國時期比作中國古代百家爭鳴的春秋戰國時代，認為「此一時期學術思想之多元、學派之紛繁，只有春秋戰國時期差可比並」[4]。其實不只學術如此，整個民國文化也頗呈多元競勝、百舸爭流之勢。這種文化繁榮局面的形成絕非統治者恩賜的結果，而是中西社會文化交流互動、致使專制統治多少有些失控的緣故。

當然，由於帝國主義和封建主義的雙重壓迫，特別是封建文化傳統根深蒂固，影響廣泛（尤其在農村），民國文化的發展水準也受到很大的限制，民主和科學的發育程度還十分低下，與世界先進國家相比，還存在很大的差距。歷史將中華民族文化更大發展的使命，留給了今人。

以往，關於民國文化的通史著作主要出版過兩種：一種是臺灣學者秦孝儀先生主編的《中華民國文化發展史》（1981 年版，4 卷）；一種是大陸學者史全生先生主編的《中華民國文化史》（1990 年版，3 冊）。此外，傅長祿先生所著《中國現代文化史略》（1991 年版），也基本上是論述這一時期的文化歷史的。這些論著各有特色，對民國文化的研究有開拓之功。

本卷由黃興濤主編，各章節撰寫分工如下：

緒論，第二章，第四章第二、第三節及第十三章，由黃興濤撰寫；第一章由宋衛忠、黃興濤撰寫；第四章第一節由宋衛忠撰寫；第三、第九、第十四章由俞祖華撰寫；第五、第八章由左玉河撰寫；第六、第七、第十五章由李少兵撰寫；第十、第十一章由雒啟坤撰寫；第十二章由匡雁鵬撰寫。

學術如積薪，後來者本該在吸收前人研究成果的基礎上有所創新。但由於我們學識不足、時間倉促、加之篇幅的限制，現在所完成的這部書，不如意之處還甚多。不過我們所努力的方向是很明確的：那就是將宏觀把握和部類描述兩相結

4　劉夢溪：《中國現代學術要略》，《中華讀書報》，1996-12-25。

合。這也是整部《中國文化通史》所提出的體例要求。本卷前四章專門探討和記述了民國社會與文化的互動關係、文化的時代精神、重要的文化論爭以及國際國內的文化交流，這是以往諸著所忽略的，但願它們將有助於對民國文化的貫通了解。後面各章則敘述文化各部類的發展情況。其中「倫理道德的變革」和「人文社會科學新學科的建設」專章，是我們所新設。[5]文化具體部類的寫作中，我們也力圖對其發展的線索和特點加以勾勒，不過程度參差不齊，總體說來尚顯粗略，希望同行師友不吝賜教，以便我們今後能有所改進和提高。

5　秦孝儀主編的《中華民國文化發展史》雖未設專章，但在「學術研究」一章裡，曾專門敘述了社會學、經濟學、民族學和教育學。

第一章

民國社會與
民國文化

社會巨變與文化
發展的新態勢

在中國社會史上，民國算得上是最為混亂、最為動盪的時期之一，其文化變動之劇烈，內容之繁富，創新之活躍和影響之巨大，也為歷史上所少見。這是中華民族及其文化從衰敗走向復興的過渡時期。

一、民國時期社會的特點

民國承接晚清，中國社會仍處在從傳統向現代的轉型階段，政治經濟和社會生活都經歷著一系列巨大的變化。

其一，是國家政治發生了重大變革，中國歷史上破天荒出現了共和制度。

辛亥革命推翻了腐朽的清王朝的統治，建立了資產階級共和國，結束了中國兩千多年的封建君主專制，使民主共和國的旗幟在中華大地上高高飄揚。雖然這一革命的勝利成果很快被以袁世凱為首的北洋軍閥集團所篡奪，中國社會的半殖民地半封建性質並未因此而改變，新建立起來的民國最終淪為一塊有名無實的招牌。但是，封建專制的政治制度畢竟宣告覆滅，共和國成為社會認可的合法政權形式。整個民國時期，除了袁世凱和張勳兩次短命的復辟外，中國在名義上一直

維持著民主共和的政治形式。這種政治制度的變革，成為民國社會的一大標誌，對中國歷史的發展產生了極其重大的影響。

其二，是中國社會革命的性質發生了質變，新民主主義革命取代了舊民主主義革命，並最終在全國取得勝利。

封建王朝的覆滅，為中國資本主義經濟的發展創造了較為有利的國內環境；第一次世界大戰的爆發，又使帝國主義列強無暇東顧，放鬆壓迫，因此中國的民族資本主義經濟在二十世紀二〇年代獲得了前所未有的發展，無產階級隊伍也隨之壯大，從而為中國革命性質的轉變提供了階級基礎。俄國十月革命一聲炮響，給中國人民送來了馬克思主義，又使其擁有了變革社會的強大武器。經過五四運動，無產階級以獨立的姿態登上中國的歷史舞臺，並建立了自己的政黨——中國共產黨，它以其堅定的革命性取代了兩面性極強的民族資產階級，成為民主革命的領導力量，資產階級領導的舊民主主義革命失去前途，無產階級領導的新民主主義革命應運而生。在中國共產黨領導下，中國人民經過二十多年的浴血奮戰，終於贏得了這一革命的勝利。

一九一二年一月臨時參議院成立大會

其三，是各種政權分割並存、政黨鬥爭異常激烈，呈現出比晚清時期更加錯

綜複雜的政治局面。

　　進入民國以後，清朝專制下的大一統政治被打破，袁世凱依靠強大的武力只是保持了短暫的統一，隨著他帝制復辟的敗亡，帝國主義也就失去了在華統治的共同工具，於是紛紛在中國扶植各自的代理人與走狗，以擴張其侵略勢力。在列強的激烈爭奪之下，中國出現了各派軍閥紛爭的局面。「帝國主義和國內買辦豪紳階級支持著的各派新舊軍閥，從民國元年以來，相互間進行著連續不斷的戰爭，這是半殖民地中國的特徵之一。」[1]即使是一九二八年以蔣介石為首的國民政府完成形式上的統一之後，地方實力派的力量仍然很強，與中央的矛盾對抗從未間斷，中國政局極不穩定。除地方軍閥政權，日本帝國主義在華培植的殖民地傀儡政權（如偽滿洲國）和漢奸政權（如汪偽政權），以及列強在上海等地霸占的租界之外，還存在著中國共產黨領導的工農革命政權。各種不同性質政權的並立，構成了中華民國政治的一大特色。

　　與此同時，各個階級的政治代表，從各自不同的利益出發，基於不同的政治信念，建立了為數眾多、性質各異的政黨。有人描寫民國初年的政黨政派和社團時，如此寫道：「集會結社，猶如瘋狂，而政黨之名如春草怒生，為數幾近百。」[2]在國民黨的專制統治下，這些政黨和政團活動一度大為減少，到抗戰後期又勃然而興。為了不同的目標和利益，它們彼此展開了十分激烈的鬥爭，激盪著中國的政治風潮。在政黨紛爭的政治舞臺上，共產黨與國民黨成為其中最為強大的政治勢力，兩黨的關係構成二十世紀二〇年代以後民國政治的主要線索。它們的對立與聯合，對中國社會的發展起了至為關鍵的作用。其他黨派的情況雖然複雜，但總是以這兩大陣營為依託，或游離於兩者之間。

　　其四，是民族災難日益嚴重，以致面臨亡國滅種的巨大危機；同時，中華民族的優秀兒女不斷掀起反帝愛國運動的高潮，直至發動全民族的抗戰，最終贏得中華民族的徹底解放。

1　《毛澤東選集》第1卷，49頁，北京，人民出版社，1991。
2　丁世鋒：《民國一年來之政黨》，《國是》，1913年第1期。

民國時期，中華民族最為兇惡的敵人是日本帝國主義。從一九一五年向袁世凱政府提出滅亡中國的「二十一條」，到扶植皖系同直系軍閥爭奪對中國的控制權，日本帝國主義一步一步地加緊了侵略中國的步伐。一九二九年資本主義世界全面的經濟危機爆發後，它更是變本加厲，直接發動了一系列侵華戰爭，先後製造了九一八事變、一二八事變、華北危機等震驚全世界的侵略暴行。一九三一年侵占了中國東北，一九三七年進而挑起了全面侵華戰爭，企圖把中國完全變成它的殖民地。國難當頭，一切不願做亡國奴的中華兒女在愛國救亡的旗幟之下逐步團結起來，他們前赴後繼，以自己的熱血與生命進行拼死的抗爭，掀起了一個又一個民族救亡運動的巨浪。民國時期，這種民族救亡運動達到了最高潮，五四運動、五卅運動、一二九運動、抗日戰爭，構成了其中最為宏壯的篇章。偉大的民族解放戰爭使中國人民的民族意識得到了空前的高漲，在救亡的大潮湧動之下，整個民族被空前的動員和組織起來，形成無比巨大的社會力量。經過民族解放戰爭，尤其是氣勢恢弘的全民抗戰的勝利，中華民族實現了由衰弱走向振興的歷史轉折。

其五，是資本主義經濟上有了進一步發展，同時，半殖民地化程度依然十分嚴重，並出現了左右全國經濟命脈的官僚資本主義。

民國時期的經濟，依然是半殖民地半封建經濟。一方面，中國的民族資本主義有了一定發展，並一度贏來自己的「黃金時代」，傳統的自給自足的小農經濟在市場經濟的衝擊下進一步解體。另一方面，區域性小農經濟仍然占據著優勢地位。尤其是一九二九年世界資本主義經濟危機爆發後，各帝國主義國家競相擴張在華的經濟勢力，加緊了對華的經濟侵略。他們向中國大量傾銷商品，擴大資本輸出，繼續對中國的經濟命脈加以控制。與此同時，隨著國民黨新軍閥統治的確立，在中國社會經濟成分中又產生了以蔣、宋、孔、陳四大家族為首的官僚壟斷資本，他們依靠帝國主義的支持，憑藉其政治軍事權力，巧取豪奪，迅速集中了巨大財富。四大家族官僚資本主義是買辦的封建的國家壟斷主義，它是蔣介石集團統治的經濟基礎。帝國主義侵略和四大家族的掠奪，使中國民族資本迅速發展的願望最終破滅。民族工業不斷衰敗，農村經濟也日益走向破產，下層人民的生活極端困苦。在中國共產黨的根據地，此期則出現了嶄新的新民主主義經濟形

式，完全表現出另外一種經濟景象。從地區經濟發展水準來看，各地不平衡的狀況也並未改變，整個經濟發展水準呈現出由沿海沿江向內地、由東南向西北遞減的格局，城鄉差別十分嚴重。

此外，社會流動的範圍急劇擴大、頻率迅速加快，也是民國社會一個極其顯著的特點。除了大規模的長期的國內戰爭和反侵略戰爭的原因之外，它與交通工具的發展和傳播媒介的改進也有密切的關係。民國時期，中國傳統的社會閉塞狀態得到了相當程度的打破，中外之間、城鄉之間、各地之間、各民族之間、各階級階層之間，甚至一般男女之間的交往都較以往大大增多，形成一種不可阻擋的趨勢。特別是中外交往，在深度和廣度上都超過了以往任何時代。中國更加融入了世界的政治、經濟和文化體系之中。從某種意義上說，這也是傳統社會邁向現代社會的標誌之一。

二、社會變化對文化的影響

民國文化在其發展過程中，受到了此期政治經濟的顯著影響，呈現出一些引人注目的新態勢。

其表現之一在於：民族資本主義的發展成為近代新文化成長的物質基礎，而資產階級共和制度的確立和維持，又為其發展壯大提供了某種「合法」空間，並對其起到了不可忽視的引導作用，從而使得民主自由成為統治者無法從根本上予以遏止的時代潮流。

誠然，無論是北洋軍閥政府還是國民黨統治集團，均代表著大地主、大買辦階級的利益，都不可能實行真正的民主共和，「中華民國」不過淪為一塊有名無實的招牌。但這塊有著資本主義經濟基礎和階級力量為之支撐的招牌絕非可有可無。有了這塊招牌，統治者在進行政治欺騙時，就不能不受到它自身的某種限制，從而有所顧忌。同時，這塊招牌也成為時刻提醒、激勵人們嚮往和追求真正民主理想的一種象徵，一種反對封建復古主義與文化專制主義的「合法」而有力

的鬥爭武器[3]，甚至成為統治者內部為爭權奪利而互相攻擊的有效手段。有了這塊招牌，統治者便無法完全壓制或消除民主主義文化的發展和傳播，而且塞愈嚴則流愈急。民國時期，許多進步文化運動的發生，都包含著直接反抗統治者壓制民主文化發展的因素在內。無論是新文化運動，還是國民黨統治下激烈的意識形態領域的鬥爭，都是如此。總之，由辛亥革命引起的政治體制的變化，必然促使封建專制因素日益受到削弱，民主主義因素不斷得以增長，這是不以統治者的意志為轉移的歷史趨勢。

其表現之二在於：伴隨著新階級力量的壯大和新民主主義革命的發生，中國無產階級領導的反帝反封建的新民主主義文化得以出現和成長起來，並通過與各種文化的激烈爭論和鬥

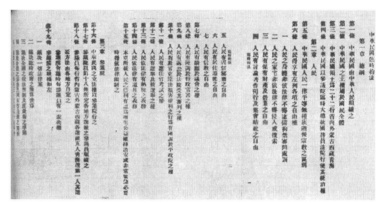

一九一二年頒布的《中華民國臨時約法》

爭，發展成為中國文化的主流。從此，中國人在文化問題上真正地由被動轉為了主動。

就在中國人滿腔熱情地追求西方近代文化的時候，資本主義世界種種深刻的社會危機和醜惡現象，通過第一次世界大戰徹底暴露出來。於是，許多中國人對他們所一向尊崇的資產階級文化產生了懷疑。當時西方社會也有不少人出於對自身文明的失望，提出了向東方和中國學習、用東方文化來拯救西方文化的主張，一部分敏感的中國人開始對中西文化進行雙重反省。保守者則鼓吹起傳統文化的優越來。更多的中國人此時陷入了迷茫之中。俄國十月革命爆發後，先進的中國

3　如新文化運動前期，陳獨秀就理直氣壯地抓住共和政體與孔教的內在矛盾，來抨擊北洋軍閥政府的尊孔復古政策：「若一方面承認共和政體，一方面又要保存孔教，理論上實在是不通，事實上實在是做不到。」（《舊思想與國體問題》，《新青年》第3卷，第3號）

知識分子從中受到極大鼓舞，他們認識到蘇維埃俄國的道路，既能使其超越封建文化、又能使其避免民族虛無主義，是一條較為理想的文化之路。經過五四運動，馬克思主義在中國得到廣泛傳播，以之為指導的新民主主義文化應運而生。找到了新的思想武器和文化道路的中國人，在文化問題上一改昔日的被動狀態，以極大的主動和創造精神，開始了新的文化追求，從而給中國文化的發展帶來前所未有的景象。真可謂「山重水複疑無路，柳暗花明又一村」。新民主主義文化是半殖民地半封建社會中最進步、最有前途的文化，它在專制主義的壓制下崛起，在同帝國主義和封建買辦文化的搏爭中壯大，直至確立在全國範圍內的主導地位。

其表現之三在於：民國社會複雜的階級構成，特別是政黨鬥爭和政權分割的多元政治形勢，決定了民國文化的多元格局，即多種文化並存、兩大文化陣營對壘的局面；同時也賦予了它鮮明的政治性格。

在整個民國時期，社會結構呈現出十分複雜的狀態，作為各個社會階級和階層意識形態表現的文化也同樣呈現出比晚清時期更為錯綜複雜的構成。毛澤東在《新民主主義論》中，曾將此期的文化成分概括為三種：一是「帝國主義文化」，一切包含奴化思想的文化，都屬於這一類；二是「半封建文化」，凡屬主張尊孔讀經、提倡舊禮教、舊思想、反對新文化新思想者，都屬於這一類；三是新民主主義的文化，即「無產階級領導的反帝反封建的文化」。這當然是就其主要成分而言，如果分得細些，還有更多。這些代表不同階級、不同利益的文化，在民國時期進行了大規模的分化組合與前所未有的激烈交鋒，形成了令人眼花繚亂的文化場景。而在這種大背景之下，代表革命的工農、小資產階級文化陣營和代表反革命的大地主、大資產階級的文化陣營之間的鬥爭，始終異常明顯並占據著突出位置，它們之間的矛盾運動構成了中國文化發展變動的重要線索。五四運動之前，中國的民族資產階級及其文化扮演了領導中國政治革命和文化革命的主角，但在帝國主義和封建主義文化的聯合進攻下，只打了幾個回合便敗下陣來。五四之後，儘管資產階級文化在反對封建主義文化的鬥爭中仍然發揮著積極作用，但已經不再是也不可能是中國革命文化的領袖了。它的歷史重任，責無旁貸地落在了無產階級及其所領導的新民主主義文化肩上。

民國文化也由此獲得了強烈的政治性。這一時期的各種文化人物、團體、思潮以至於文化運動，往往都有其政治背景，無論是進步的文化，還是反動的文化，都帶有不同程度的政治色彩，很少有屬於「純學術」或者「純文學」的東西。激烈的政治鬥爭和急劇變化的政治風潮，在文化方面得到了充分體現。一個明顯的例子是各門新興的社會科學體系的建構，它們不是以三民主義為理論框架，就是以馬克思主義為思想方法，或是以自由主義為立論根據，從而打上鮮明的政治烙印。這一特點的形成，在半殖民地半封建社會的中國有其必然性，對於文化自身的發展，也產生過一定的消極影響。

其表現之四在於：民國政治、經濟發展的極端不平衡，導致了文化發展上的不平衡。

首先是地域分布上不平衡。部分沿海沿江地區文化較為發達，特別是上海，一直是民國文化最為發達的地區，在文化方面不啻是全國的「半壁江山」，簡直是「三分天下有其二」[4]，而內地特別是邊遠地區則文化相當落後；城市的文化發展水準較高，而農村則形成了強烈反差。在城市中，大多出現了以近代新式文化為主導的中西文化並存狀態，而廣大內地村鎮，相對封閉的環境和落後的小農經濟，使其仍主要固守著傳統文化。在少數民族地區，還有程度不一、但總體落後的各自的民族文化。從社會階層的分布上看，也很不平衡。少數有產階級的文化程度較高，擁有各種文化產品和文化設施，而占中國人口絕大多數的貧困的勞苦大眾，則被剝奪了接受文化教育和享受現代文化的權利，他們基本上都是文盲和半文盲，為他們服務的文化產品和文化設施也極其之少。

值得一提的是，政權的分割及其所採取的不同性質的文化政策，使一些經濟發展大體相當的地區，文化上也表現出明顯的差異，因此，原本業已存在的文化發展不平衡現象進一步加劇了。此種現象在晚清時期已見端倪，但總體來說尚不明顯，到了民國時期，則凸顯出來，成為文化發展不平衡的新的表徵。例如，在

---

4 夏衍：《新的跋涉》，《文匯報》，1994-04-17。邱崇丙在《民國時期圖書出版調查》一文中，以民國出版的圖書上海所占比例證明了這一點。見《出版史研究》第2輯，172頁，北京，中國書籍出版社，1994。

國民黨統治時期，中國曾經出現了國民黨、共產黨和日偽三種政權並存的局面，它們分別統治的廣大鄉村地區，文化的發展也出現了三種截然不同的景象，總的說來處在三種不同層次。其中，日偽統治區的文化所處層次最低。它們所推行的文化政策的核心，是實行奴化教育，竭力提倡封建復古和封建禮教，鼓吹盲從和迷信。採取各種手段，百般摧殘和破壞中華民族的優秀文化，特別是能夠激發中國人民愛國精神的文化。[5]因此在這些地區，民族文化的發展水準遠遠落後於其他地區。相反，在中國共產黨領導下的革命根據地，由於實行了新民主主義文化政策，文化的發展中具有了其進步的因素，因而處在較高層次。[6]政權的分割也具有某種正面的文化功能，它在一定程度上削弱了帝國主義和封建主義在文化方面的控制力，使進步文化得以在其統治的縫隙中生存和發展下來。

抗日戰爭時期，沿海沿江地區和上海、北平等發達城市的文化設施、文化人曾大規模內遷，一度使上述文化布局有所改變，如民國文化的重心由上海移到武漢再移到重慶，偏僻的雲南一下集中了大量的科研機構和團體，誕生了西南聯大這樣高水準的院校；落後的廣西驟然出現了繁榮的「桂林文化城」等。但這種改變的程度是不能誇大的，抗戰勝利後，這些先進的文化又隨著機構和人員的撤離而大大削弱。

最後，民國社會對於文化還有一個重要的影響不容忽視，那就是偉大的民族解放運動尤其是氣勢磅礴的全民族抗戰，激發了奔湧不止的民族主義熱情，成為中國文化特別是新文化得以發展的巨大動力。伴隨著中華民族復興的歷史進程，一場空前的民族文化振興運動得以開啟並取得了輝煌成就。而在這一歷史進程中，由日益擴大和深入展開的中外交往所導致的全方位、大規模的中西文化交流，又為之提供了革故鼎新、綜合創造的前提條件。

5　如德富正敬的《滿洲建國讀本》就宣揚「滿洲國」應「以大和民族的優秀國民性和文化作為中心，結合土著民族固有的文化，建設新大陸文化」。見該書206頁，1940年版。其教育方針，初為「王道教育」，後又確定為「體會日滿一德一心」，「養成忠良之國民」，也就是培養順民。見《第一次滿洲文教年鑑》，551-552頁，1933。
6　這種文化在內部構成上也是不平衡的。正如毛澤東所言：「解放區的文化已經有了它的進步的方面，但是還有它的落後的方面。解放區已有人民的新文化，但是還有廣大的封建遺跡。在一百五十萬人口的陝甘寧邊區內，還有一百多萬文盲，兩千個巫神，迷信思想還在影響廣大的群眾。」《毛澤東選集》第3卷，1011頁，北京，人民出版社，1991。

第二節 ·
三大政權的
主要文化政策

整個民國時期，名義上的全國政權只有北洋軍閥政府和國民黨政府，它們所推行的文化政策對民國文化產生了直接影響。中國共產黨領導的蘇區和解放區雖然只是地方政權，但由於其重要的政治和文化地位，其所奉行的文化政策也影響至巨，不容忽視。

一、北洋軍閥政府的「尊孔復古」

在北洋軍閥統治之前，孫中山領導的臨時政府頒布《中華民國臨時約法》和一系列有關教育的法令，包含了一些進步的文化政策的內容，如「約法」規定保障人民的言論、通信和信教等的自由；教育法令宣布廢除清末時的「忠君」、「尊孔」宗旨，代之以「公民道德」的培養為主，同時取消小學讀經等。這些政策曾一度給民國文化帶來嶄新的氣象。

可惜好景不長。以袁世凱為首的北洋軍閥集團竊取了辛亥革命的勝利成果後，不僅很快取締資產階級革命派政治上的民主追求，鎮壓其軍事活動；在文化方面，也逐步加緊對資產階級新文化的清算。他們為此制定了以「尊孔復古」為主要內容的文化政策。

一九一二年九月，袁世凱就任民國臨時大總統不久就頒布了《整飭倫常令》，提倡封建禮教，號召尊崇倫常。聲明：「中華民國以忠信禮義廉恥為人道之大經，政體雖更，民彝無改」[7]。同年十二月，他又下令恢復了祭天制度。一九一三年六月，他復發布《通令尊崇孔聖文》，認為「國家強弱存亡所系，唯此禮義廉恥之防」，吹捧「天生孔子，為萬世師表」，孔子的學說「放之四海而皆準」，有如「日月之無傷，江河之不廢。」要求各省「根據古義，將祀孔典禮折中至當，詳細規定，以表尊崇而垂久遠。」[8]一九一四年一月二十四日，北洋政府政治會議決定在全國祀孔，並作為大祀，沿用前清禮儀，各地文廟也一律恢復尊崇，每縣設祀奉官一名。同年九月二十五日，袁世凱以大總統的名義頒布《祭孔令》，宣布全國恢復清朝祀孔禮制，中央、地方各由行政長官負責主祭。同時，北洋政府還試圖在憲法中將孔教定為國教，終因革命黨人和宗教團體反對未能得逞。在全國祀孔的前後，袁世凱還發布了幾道維護綱常名教的告令。其中，一九一四年三月十一日發布的《褒揚條例》規定，對「孝行節婦」，由政府給予匾額題字褒揚，允許受褒揚人及其家自立牌坊。十一月三日，又頒發了《箴規世道人心》告令，宣布「以忠孝節義為中華民族之特徵，為立國之精神」。

在教育方面，北洋政府也推行封建復古的政策。一九一五年袁世凱重新頒布的《中華民國臨時約法》明確規定：「國民教育，以孔子之道為修身大本」。同年頒布的《特別教育綱要》，也指令「各學校均應奉古聖賢以為師法，宜尊孔以端其基，尚孟以致其用」，要求「中小學均加讀經一科，按照經書及學校程度分別講讀。」[9]從而恢復了民國初年教育部曾經明令廢止的學校讀經。與此同時，它對民國制定的教育宗旨也進行了修改，將其概括為「愛國，尚武，崇實，法孔孟，重自治，戒貪爭，戒躁進」七項，詆毀資產階級民主革命為貪爭與躁進，這實際上是清末封建教育宗旨的復活。除此以外，還在學制方面恢復封建的等級教育形式，歧視女子教育，甚至宣傳鬼怪迷信，以配合尊孔復古的教育方針。在社會教育、軍人教育方面，北洋政府同樣採取了這種政策。為了在精神上控制軍

7　《正宗愛國報》，1912-09-02。

8　《政府公報》，1913-06-23。

9　舒新城：《中國近代教育史資料》上冊，260-263頁，北京，人民教育出版社，1961。

袁世凱穿起龍袍在天壇祭祀

隊，袁世凱於一九一四年十一月十一日以大元帥的名義，發出第一號軍令，頒布軍人訓條十條。訓條的第一條就是：「軍人宜效命國家，忠事元首，堅心定志，切戒妄聽邪言。」後又命令「以關（羽）岳（飛）為武聖」，由統率辦事處擬定供奉禮制，令全國軍人供奉。完全以封建忠君等倫理道德觀念控制軍隊，抵禦資產階級民主平等的思想觀念。

為保證尊孔復古文化政策的推行，北洋政府還先後公布了一連串反民主的專制條例，如《報紙條例》、《出版法》、《治安警察條例》、《懲辦國賊條例》等。其中包含了大量的限制新聞自由，剝奪人民結社、集會、言論自由權力的內容，妄圖用嚴刑苛法來阻止人們宣傳新文化、追求新文化。對革命黨人以及一切宣傳進步思想文化的人士，甚至還加以殘害，一批進步的文化人如邵飄萍、林白水、李大釗等，都先後慘死於北洋軍閥的屠刀之下。

這種以尊孔復古為特徵的文化政策的推行，使民初社會彌漫著一股文化倒退的逆流，為袁世凱和張勳復辟帝制製造了輿論，一方面，它使剛剛萌生的民主文化備受摧殘；另一方面，卻又刺激了一場規模浩大的新文化運動的興起。袁世凱死後，一些明目張膽宣傳尊孔復古的條例得以廢除，但尊孔復古的文化政策卻並沒有因此而消亡。後來，北洋軍閥各個派系控制下的政府大體上沿用了這一政

策，直到他們的統治徹底覆滅為止。

二、國民政府的「三民主義」獨尊

一九二七年，以蔣介石為首的國民黨新軍閥建立南京國民政府後，在文化領域中實行了以「三民主義」獨尊的文化總體政策。

根據國民政府的法律，「三民主義」是中華民國建國的指導思想，是全體國民必須奉行的學說。一九二九年《訓政時期黨政府人民行使政權治權之分際及方略案》明確規定：「中華民國人民須服從擁護中國國民黨，誓行三民主義，……始得享受中華民國國民之權利」。一九四六年的《中華民國憲法》也同樣規定：「中華民國基於三民主義，為民有民治民享之民主共和國。」在實際的政治、經濟和文化活動中，國民政府也無不標榜「三民主義」，將其奉為至高無上、不可動搖的綱領和政策。特別是在思想文化領域中，「三民主義」更是其無處不加揮舞的大旗，被視為是一切文化思想和實踐不容違背的指南。正如蔣介石一語道破的：「要確定三民主義為中國唯一的思想，再不許有第二個思想，來擾亂中國」[10]。

三民主義本是民主革命先行者孫中山所創立的革命學說，它包括民族、民權和民生三大主義，充滿了愛國、民主和科學的精神，對中國的舊民主主義革命發揮過重要的指導作用。但是在這一思想體系中，也存在著對傳統道德籠統肯定、分析不夠和反帝主張不明確的弱點，從而留下了後來被蔣介石加以歪曲利用的隱患。五四以後，在國內外形勢的推動下，孫中山將舊三民主義發展為以「聯俄、聯共、扶助農工」為特徵的新三民主義，使之成為國共合作、進行國民革命的思想基礎。

---

10 蔣介石：《三民主義為唯一思想》，《蔣介石全集》上冊，轉引自胡偉希等：《十字街頭與塔》，226頁，上海，上海人民出版社，1991。

蔣介石政府當然不可能推行這種新三民主義，他們所奉為至尊的三民主義，是經過篡改、閹割的蔣記「三民主義」，抽去了孫中山三民主義中的民主實質和革命精神，將孫中山孔子化、三民主義儒學化，帶有濃厚的封建性和法西斯獨裁品格。蔣介石指出：「三民主義是我們總理創造出來的，他集古今之大成，將中國固有的道德文化，最要緊的東西整理出來了，許多好的道德文化，都以由總理排定次序、整理之後的名字，便叫三民主義。」[11]被改裝後的「三民主義」在蔣介石的主持下，依靠國民黨政府制定的法律，在全國推行。

　　一九二八年以後，蔣介石國民政府不斷提倡所謂「四維八德」，即「禮義廉恥」和「忠孝仁愛信義和平」，上至中央黨部下至民眾團體，都要製作書寫這些字樣的匾牌，予以懸掛和宣傳。雖然在提倡這些傳統道德規範時，他們也作過某些重新解釋，與純粹的封建道德不可完全等同，但其封建臭味依然濃烈撲鼻。一九三四年七月，國民政府更明確規定每年孔子的生日為國定紀念日，在全國舉行祀孔，並在不少地方學校中恢復讀經。同年，國民黨宣傳部還成立了中國文化建設協會，由陳立夫任理事長，發動了所謂「文化建設運動」，鼓吹以中國傳統文化為本位，調和中西文化，實際上不過是近代「中體西用」文化觀念在新形勢下的一種變相表達。

　　為強化文化控制，對抗影響日益強大的民主思潮尤其是共產主義運動，擺脫其所面臨的內憂外患，國民黨政府於一九三四年初發起了一個旨在恢復中國固有道德，改良社會生活，以求「民族復興」的「新生活運動」。這年二月十九日，蔣介石在南昌成立了新生活運動促進會，自任會長。七月一日，又在南昌成立新生活運動促進總會，由他本人任總會會長，並聘請何應欽、陳果夫、張群等三十三人為指導員。在四個多月的時間裡，蔣介石連續發表了《新生活運動之要義》、《新生活運動之中心準則》等六篇長篇演說，並主持制定了《新生活運動綱要》和《新生活須知》兩個文件，為運動設計了一套理論和方針。

---

11 蔣介石：《軍人的精神教育》，轉引自宋仲福等編：《儒學在現代中國》，144頁，鄭州，中州古籍出版社，1991。

新生活運動包括思想原則和具體行動規定兩個方面。禮義廉恥是新生活運動的思想準則，是各種具體行動的基準。蔣介石認為：「新生活運動的本旨，是要以禮義廉恥四維，完全表現在每一個人的衣食住行上面，始終不懈地實行下去。」在《新生活運動綱要》和《新生活須知》中，他對禮義廉恥進行了儒學的規定與解釋，將其作為全社會的道德規範來要求。在具體行動方面，《新生活須知》對衣食住行應該採取的方式進行了具體的規定，在某些方面也吸取了西方資本主義道德、禮儀以及其他精神文明的一些形式。其所追求的目標是所謂生活的「藝術化」、「生產化」、「軍事化」。在這「三化」中，蔣介石特別強調「軍事化」，認為新生活運動就是軍事化運動。

在推行新生活運動過程中，國民黨政府煞費苦心地進行了大規模的宣傳和發動。在全國建立了一套為較完整的組織。全國性運動由促進會總會主持，各省、市、縣、農村、工廠、學校，均由當地最高長官和單位負責人主持，受當地促進會指導。到一九三六年，全國共有二十個省、四個直轄市成立了新運會，一三五五個縣設立了分會，另外還有十三個鐵路分會和十個華僑新運會。除開動所有宣傳機器和建立大量組織以外，國民黨政府還「佐以武力與政權」來強制推行新生活運動。儘管用力甚多，但是終因不符合人民的實際需要和推行者表裡不一等原因，收效不大。抗日戰爭全面爆發後，新生活運動的工作重點轉向戰時服務，客觀上支援了抗戰，但是它所推行的具體行動內容則隨著全民抗戰的掀起自然消失。此後，無論國民黨政府如何再挖空心思想貫徹新生活運動，都無濟於事了。

在大力宣揚三民主義思想和推行新生活運動的同時，國民黨政府還以各種手段實行文化專制主義政策，對革命的進步的文化進行「圍剿」，打擊和摧殘進步文化，迫害進步文化人士。

首先，他們利用所掌握的政權頒布大量法律，取締和限制進步文化。南京國民政府自成立之日起，就三令五申嚴厲查禁革命進步報刊書籍。一九二八年二月，國民黨當局下令取締各種進步的小報和小冊子。一九二九年，國民黨中宣部制定《宣傳品審查條例》，以「三民主義」為宗，對凡被認為違反者實行查禁。

一九三〇年十二月，國民政府正式頒布《出版法》以及《危害民國緊急治罪法》，一九三四年，國民黨中宣部又公布《圖書雜誌審查辦法》，在這些法令中明令禁止以文字、圖畫、演說等形式宣傳反帝反封建思想，對報刊書籍的出版發行作出十分嚴厲的規定，違者要處以各種各樣的刑罰。據不完全統計，一九二九至一九三六年間，國民黨政府共查禁社會科學書刊六七六種，理由多為「宣傳共產」、「宣傳赤化」、「煽動階級鬥爭」、「詆毀本黨」、「攻擊現社會制度」等。抗戰初期，雖有一定程度的放鬆控制，但不久又故態依然，甚至變本加厲。抗戰相持階段，國民黨政府又制定和頒布了一系列法令如《雜誌送審須知》、《圖書送審須知》、《戰時出版品審查辦法及禁載標準》等。僅一九四一至一九四二年，就查禁書刊一四〇〇餘種，一九四二年四月至一九四三年八月，不准上演的劇本一六〇多種。除嚴厲查禁外，對大量書刊實行刪改也是常用手段，使得許多書刊被弄得面目全非。正如當時有人所指出的那樣：「自國民黨主政以來，即厲行黨治。一切庶政，都以『黨化』為前提。舉凡人民之思想與言論，概加以束縛，尤其自民國十七年國共分裂而後，對於思想言論限制尤嚴。凡與國民黨主義與立場不同之他種學說，他種主義，不僅絕對不許其流傳，抑且絕對杜絕其研究。」[12]

其次，出於維護其獨裁統治的需要，國民黨政府還利用軍警、特務乃至社會黑勢力，對進步文化機關進行襲擊和破壞，殘酷迫害革命和進步的文化民主人士。一九二九年，國民黨當局就查封革命文學團體創造社；一九三〇年四月，又查封了著名教育家陶行之所創辦的南京曉莊師範學校。二十世紀三〇年代初，胡適因呼籲人權而受到國民黨「警告」，羅隆基則因此被捕入獄。一九三一年一月十七日，逮捕左聯五作家柔石、胡也頻、殷夫、李偉森和馮鏗，不久將他們秘密殺害於上海。一九三四年十一月，上海《申報》主持人史量才因在九一八事變後主張抗日，敢於發表觸犯時忌的文章，也被國民黨特務暗殺。此類事例在抗戰期間和抗戰之後，亦層出不窮，震驚中外的「李聞慘案」更是其中極為典型的例子。

---

12 《從言論自由說到思想自由》，《申報》，1932-04-08。

「三民主義」文化專制政策的推行，對進步的民主文化起到了阻礙和摧殘作用，甚至在某些方面，「文化的摧殘比之君主專制時代、北洋軍閥時代來得更凶」[13]。這是國民黨「三民主義」文化政策的一個方面。

「三民主義」文化政策還有另外一個方面。它雖然排斥真正的民主，但也包含了一些民主的口號和形式，這對社會文化的發展並非毫無益處已如前述；它的民族主義最終雖不免落入封建傳統和法西斯主義雜交的泥潭，但強調「民族主義」本身在當時仍有順應時代潮流的一面，在這一政策之下，國民黨也作過一些文化民族化的努力，甚至廢除了部分不平等條約，還參與領導了全民族的抗戰，包括文化的抗戰；此外，「民生主義」也涵容了科學。

對於現代自然科學和教育，國民政府還是較為重視的。它建立了不少現代文教機構和科學研究機構，如中央研究院的建設就很有成績。此外，它還鼓勵出國留學，乃至提倡科學化運動等，這些都有效地推動了科學研究的發展。在抗日戰爭時期那段艱苦的歲月，國民政府為了保護科學儀器和文教設施，曾組織和協調大批科研教育機構以及科研人員內遷，還專門成立教育部學術審議委員會，直接扶持科學研究。它所通過並實施的「補助學術研究及獎勵著作發明」及「設置部聘教授」等議案，在當時大後方科學界產生了較為深遠的影響，對於調動科研人員積極性，鼓勵戰時科研起了積極作用。[14] 應當說，在國民黨統治時期，自然科學等領域能夠有較大發展，與這些政策的實行是不無關係的。

三、蘇區和解放區的文化政策

中國共產黨自成立以後，不僅在政治、經濟上領導中國人民進行了徹底的反帝反封建鬥爭，在文化上也始終是進步文化的領導核心。它在民國時期奉行的總的文化政策，概而言之，就是毛澤東抗戰時所闡發的「新民主主義」，即建設無

---

13 《無產階級文學運動的形勢及我們的任務》，《文化鬥爭》，1930年第1期。
14 張瑾、張新華：《抗日戰爭時期大後方科技進步述評》，《抗日戰爭研究》，1993年第4期。

產階級領導的、人民大眾的、反帝反封建的文化，或稱民族的科學的大眾的文化。不過這一綱領或總政策的形成及全面貫徹，有一個發展過程。在當時蘇區和解放區的艱苦條件下，推行得較為持久和徹底，效果顯著，影響巨大而深遠的政策，主要表現在以下三方面：一是堅持馬克思主義的指導；二是強調人民民主、注重大眾文化建設；三是徹底地反帝反封建並為此建立文化統一戰線。

馬克思列寧主義是指導中國共產黨思想的理論基礎，也是分析、研究、處理各種文化問題、制定文化政策的立場和方法。在文化建設和文化運動中，中國共產黨始終堅持以馬克思主義（或稱共產主義思想、社會主義文化思想）為指導，強調文化為階級鬥爭服務。如毛澤東在全國蘇維埃大會上就指出：「蘇維埃文化教育的總方針」即「在於以共產主義的精神來教育廣大的勞苦民眾，在於使文化教育為革命戰爭與階級鬥爭服務，在於使教育與勞動聯繫起來，在於使廣大中國民眾都成為享受文明幸福的人」，從而創造出「新的工農的蘇維埃文化」[15]。張聞天在《論蘇維埃政權的文化教育政策》中也指出，不能僅僅滿足於在革命實踐中使群眾相信或崇拜馬列主義，還必須經過系統的宣傳，把馬列主義的基本原則與方法深入到廣大群眾的意識中去，這才是文化教育的根本任務。[16]進入抗戰後，中共在理論上更加成熟，開始明確提出要將共產主義思想理論的宣傳，同「作為整個國民文化的方針」區別開來，指出國民文化的方針是建設「新民主主義文化」。但同時又強調，在這一文化中，「居於指導地位的是共產主義的思想」，「只能由無產階級的文化思想即共產主義思想去領導，任何別的階級的文化思想都是不能領導了的」[17]。

注重人民民主和對工農民眾的文化教育，是中國共產黨文化政策的一個重要方面。這是由其階級性所決定的。中共自誕生之日起，就一直將廣大民眾視為中國革命最根本的動力，在堅持發動工人、農民運動的同時，始終主張並奉行用先進的文化教育民眾、服務民眾、武裝民眾，使文化成為人民群眾提高自身覺悟，

---

15 中國現代史資料編輯委員會編：《蘇維埃中國》，285頁，1957。

16 《張聞天文集》（一），404-405頁，北京，中央黨史資料出版社，1990。

17 《毛澤東選集》第2卷，698-704頁，北京，人民出版社，1991。

改變自己命運，直至推動中國社會進步的強有力武器。因此，保障人民大眾的民主權利和文化權利，便成為其始終不渝的文化宗旨。在各個歷史時期，中國共產黨都主張實行保障人民言論、出版、集會、結社、信仰、通信的自由。普及教育，也是這一政策的重要內容。在黨成立之初和大革命時期，一大批共產黨人為了遵行中共二大宣言中所提出的「改良教育制度，實行教育普及」的文化綱領，走入社會底層，建立了各種工農組織，通過興辦各種學校、補習班、俱樂部、閱書報處和大眾圖書館等方式，對工農群眾進行文化教育。大革命失敗後，中共開闢了革命根據地，建立了工農政權，藉助政權的力量將自己的文化教育方針付諸實施。一九三一年，《中華蘇維埃共和國憲法大綱》正式規定：「中國蘇維埃政權以保證工農勞苦民眾有受教育的權利為目的。在進行國內革命戰爭所能做到的範圍內，應開始施行完全免費的普及教育。」[18]抗日戰爭和解放戰爭中，各個根據地也都同樣執行了這一政策。如陝甘寧邊區政府在施政綱領中就宣布：「發展民眾教育，消滅文盲，提高邊區成年人民之民族意識與政治文化水準。」[19]這些政策的切實推行，有力地促進了根據地文化的發展。中國共產黨注重民眾的文化政策，還表現為強調文化必須為廣大民眾服務。毛澤東在《在延安文藝座談會上的講話》中明確指出，「我們的文學藝術都是為人民大眾的，首先是為工農兵的，為工農兵而創作，為工農兵所利用的。」此後，大批文化工作者本著這一精神深入到工農兵中去，創造出許許多多優秀的文化作品。

徹底地反帝反封建並建立文化統一戰線，是中國共產黨文化政策的又一重要方面。中共在「二大」中明確提出了反帝反封建的民主革命綱領，「三大」又進一步制定了建立反帝反封建統一戰線的方針政策。與此相一致，在思想文化上，它也旗幟鮮明地反帝反封建，並且十分重視團結和領導一切進步的文化力量，共同組成文化上的同盟。五四後期，中共與資產階級自由主義者聯合，一起反對封建專制主義和蒙昧主義；國民革命時期，「共產主義」與「革命的三民主義」成為好朋友，結成了革命統一戰線；土地革命時期，為了反抗國民黨的文化「圍

---

18 中央檔案館編：《中共中央文件選集》（7），467頁，北京，中共中央黨校出版社，1983。
19 《陝甘寧邊區抗戰時期施政綱領》，《陝甘寧革命根據地史料選輯》第1輯，26頁，蘭州，甘肅人民出版社，1981。

剿」，它領導、組織了左翼作家聯盟和中國社會科學家聯盟，發起了左翼文化運動；抗戰前夕，它又領導了一場頗有聲勢的新啟蒙運動。新啟蒙運動的宗旨是：「反對異民族的奴役，反對舊禮教，反對復古，反對武斷，反對盲從，反對迷信，反對一切的愚民政策」，它聲明「要和一切忠心祖國的分子，一切愛國主義者，一切自由主義者，一切理性主義者，一切自然科學家……結合成最廣泛的聯合陣線。」這場運動可以說典型地體現了中共反帝反封建的文化統一戰線政策。進入抗戰時期以後，中國共產黨對於這一政策的運用更加自覺和熟練了。毛澤東在《新民主主義論》中，對五四以後「文化革命的統一戰線」分四個時期進行了總結，並指出當時中國反帝反封建的文化，「就是抗日統一戰線的文化」。在半殖民地半封建社會的舊中國，由於反動落後文化勢力還很強大，進步的文化陣營結成文化統一戰線是十分必要的，它不僅極大地增強了反帝反封建的文化力量，而且有力地推進了新民主主義革命的進程。

談文化統一戰線，自然離不開知識分子問題。在這個問題上，幼年共產黨曾經犯過「左」傾錯誤。從二十世紀三〇年代中期開始，中共逐漸認識到知識分子的重要性，採取了大量培養和吸收知識分子的正確政策。抗日戰爭時期，這一政策更得到了切實而大力的推行。從抗戰到新中國成立之前，中共中央發布了一系列有關的文件和指示，如《大量吸收知識分子》、《中央宣傳部、中央文化工作委員會關於各抗日根據地文化人與文化團體的指示》等，反覆提醒「全黨同志必須認識，對於知識分子的正確的政策，是革命勝利的重要條件之一」[20]，強調「中國是一個被民族壓迫和封建壓迫所造成的文化落後的國家，中國的人民解放鬥爭迫切地需要知識分子，因而知識分子問題就特別顯得重要」；「為著掃除民族壓迫和封建壓迫，為著建立新民主主義革命國家，需要大批的人民的教育家和教師，人民的科學家、工程師、技師、醫生、新聞工作者、著作家、文學家、藝術家和普通文化工作者」；明確指示：「一切知識分子只要是在為人民服務的工作中卓有成績的，應受到尊重，把他們看作國家和社會的寶貴的財富」，「人民的政府應有計劃地從廣大人民中培養各類知識分子幹部，並注意團結和教育現有一

20 《毛澤東選集》第2卷，618頁。

切有用的知識分子」[21]。當然，在這一過程中，爭取和團結知識分子又是基本前提。為了吸引越來越多的知識分子加入到革命的陣營中來，中共中央及各地方組織還積極營造有利環境，在精神上和物質上為知識分子創造文化活動的必要條件[22]，保證他們創作和發表文化成果的充分自由。這種民主、寬鬆的文化環境，使共產黨領導的地區成為眾多知識分子嚮往的地方。在對待少數民族的文化政策上，中國共產黨嚴格恪守民族平等的原則，尊重各少數民族的信仰、宗教、風俗和習慣，扶助其發展文化，因而擴大了文化統一戰線的範圍，增進了國內各民族之間文化的融合。

此外，中國共產黨還大力提倡科學。限於條件，抗戰前更注重科學精神、科學思想和方法的宣傳，以及社會科學的研討和傳播工作。抗戰時期，待環境稍有好轉後，即成立延安自然科學院等自然科學機構和學會組織，並在中央機關報上發表《提倡自然科學》、《歡迎科學技術人才》等社論，強調「提倡自然科學正是發展抗日的經濟文化建設，以達到堅持長期抗戰與增進人民幸福這個目的所必須的、所應有的步驟」[23]。自覺加強科學研究，並取得一定的成績。

由於中國共產黨奉行了上述文化政策，因而在推動中華民族及其文化由衰弱走向復興的過程中，發揮了重要作用。

---

21 《毛澤東選集》第3卷，1082-1083頁。
22 如1942年5月中共中央發布的《文化技術幹部條例》就規定：「文化幹部不僅在政治上傾向於我們的要尊重他，那些專心技術而不願參加政治活動的也要尊重他」；「給以必要的工作條件（如圖書儀器設備等），使能發展其才能安心於工作」，「大膽地提拔做負責任的工作（不論是行政上或技術上）」；「每月15元至30元津貼，吃小廚房，窰洞一人獨住，保證內部陽光空氣之足夠，盡量供給勤務員及馬匹，便利工作」。根據這個條例，各解放區也制定了相應的優待知識分子條例，並貫徹執行。
23 《解放日報》，1941-06-12。

文化發展
與社會變革

風雲激盪的民國社會，對於文化的發展產生了重要影響已如前述，而文化的發展又反過來給予民國社會以巨大的能動作用。同此前相比，這一時期的文化在擴大其社會影響方面具有了新的自身條件：從社會認知角度來說，一種前所未有的現代文化意識蔚然興起；就文化的主體而言，新型的知識分子群體較清末時更加壯大；同時文化傳播業也獲得了空前的進步。這三者之間，又彼此緊密相關，呈一種互動態勢。

一、現代文化意識的興起和新型知識分子群體的活躍

時至民國，人們不僅已明確意識到現代意義上「文化」的存在，文化概念在社會上廣為流通和使用，而且文化問題本身，也已受到社會一般人至少是知識階層的普遍重視和討論，並被視作分析和解決社會政治問題的一種重要途徑。這樣一種社會性意識，應當說在清末時尚處在萌芽狀態，它的真正形成是進入民國以後，確切而言是五四時期。

辛亥革命以後，面對「播共和龍種，收專制跳蚤」的黑暗現實，許多中國人

深刻地認識到，中國社會的變革不能僅是政治制度的單一變革，即使是這樣一種變革，如果得不到文化變革的支持，也只能是種豆得瓜、一事無成。民初進步報人黃遠庸還在新文化運動爆發前夕，就曾痛苦地反省道：「向者之徒恃政論或政治運動以為改革國家之道者，無往而非迷妄」，主張應借鑑西方「以文藝復興為中世紀改革之根本」的歷史經驗，對中國作「根本救濟」。其辦法是「從提倡新文學入手」，「使吾輩思潮，如何能與現代思潮相接觸，而促其猛醒」。陳獨秀所謂「倫理的覺悟，乃吾人最後覺悟之最後覺悟」，梁啟超所謂「從文化根本上感覺不足……覺得社會文化是整套的，要拿舊心理運用新制度，決計不可能，漸漸要求全人格的覺醒」，也都是同一種思路的時代表達。海外漢學家林毓生將這一思路概括為「借思想文化以解決問題的途徑」，應當說是符合事實的。正是基於此種思路，一場深刻反思和整體批判傳統文化、呼喚從文化深層進行價值變革的新文化運動蓬勃興起。雖然這一時期，人們對文化的功能和作用存在著不適當的誇大，但是從文化的高度來總結中國革命的成敗得失，卻反映了整個社會認知水準的提高。從此，文化逐漸成為人們思考和解決社會政治問題的一種出發點和思想武器，在變革社會的實踐活動中得以發揮出更大的作用。

從五四時期開始，文化問題得到了社會真正的重視。「文化」一詞滿天飛舞，各種文化思潮和文化論爭此起彼伏，文化運動也接連不斷。一些與社會變革緊密相關的文化問題，被廣泛深入地進行了研討和爭論，如中國究竟應該走什麼樣的文化道路，東西方文化之間、封建文化與資產階級文化及社會主義文化之間、文化與政治經濟之間、物質文明與精神文明、本民族傳統與外來文化之間的關係到底如何；還有，怎樣樹立新的適合時代需要的世界觀和人生觀，提倡何種社會風尚和怎樣建立此種社會風尚等問題。通過爭論，人們對這些問題的認識進一步深化了。文化也因之成為一門獨立的學科，躋身於新興的人文社會科學新學科的行列。《文化哲學》、《文化學概觀》之類的研究專著紛紛出版，對諸如文化的定義、結構、特性和文化變遷等問題，進行了專門的學術探討並有所收穫。文化學成為專門學科，是當時中國社會現代文化意識勃興的重要表現和必然產物，而這種文化意識的興起本身，也是中國文化史上值得一書的事情。隨著對文化問題認識的不斷深入，人們也能夠更加自覺而有效地藉助思想宣傳和文化運動的方

式，來促進社會問題的解決，指導社會的實踐活動。這一變化對民國社會所產生的深刻影響，至今還沒有得到學術界充分的估計。

文化傳播是文化得以影響社會的途徑。民國時期的文化傳播業已相當發達。同晚清時期相比，新式傳播工具如新聞報刊、出版社、圖書館、博物館、電影等，無論是在數量上還是品質上，都有了十分巨大的進步，有些功能極強的文化傳播手段如廣播電臺等，晚清時期尚未出現於中國，此期也已達到相當水準，因而傳播的深度和廣度也不可同日而語。藉助於這種發達的傳播工具，無論是進步的還是反動的文化，均可以在社會上加以傳播，產生一定影響。

與此同時，民國時期新型知識分子或文化人群體也較清末時更加壯大，分工更為明確細緻，成分更為複雜。一方面，此期清末新式學堂培養的學生大多結業，留學國外者也紛紛回國，而日益成熟的現代教育體制，又在源源不斷地向社會輸送著這些人才。加上社會文化傳播業的發展又為之提供了大量的就業機會，他們可以不再以「學而優則仕」作為自己的主要選擇，而是更多地走向社會，進入教育、新聞、出版、科技、法律甚至實業領域，成為自食其力的腦力勞動者，從而在社會上形成了一個極有影響力的知識分子或文化人群體。據有的學者統計，民國時期，全國接受中等以上教育的知識分子不少於三百萬人[24]，已成為一支不容忽視的創造文化、變革社會的能動力量。這群新型知識分子或文化人的成分也較清末時複雜得多，他們大體可以分為以下三類：一類是無產階級知識分子；一類是資產階級和小資產階級知識分子；一類是依附於軍閥和國民黨的大地主大資產階級知識分子。但無論是哪類知識分子或文化人，他們都十分活躍，不僅成立了為數眾多的學會組織或專業研究會，如中國科學社、中國化學會、中國新聞研究會等，以推進學術文化的研究和應用，而且成立了帶有各種政治和文化理想的社會文化組織，如馬克思學說研究會、中國佛化新青年運動協會、中國科學化運動協會、中國左翼作家聯盟、中華全國文藝界抗敵協會等，藉以宣傳自己的主張，發起社會文化運動，以影響社會和變革政治。五四以後，甚至還出現了

---

24 朱漢國：《中國社會通史·民國卷》，257頁，太原，山西教育出版社，1996。

大批走向民間、走向工農的知識分子或文化人，他們深入到社會底層進行反帝反封建的文化啟蒙或動員，從而引發了重大的政治變革，推動社會向前發展。

二、民國文化與社會進步

　　民國文化的發展變化，對社會變革產生了強有力的反作用。這一時期，政治運動和文化運動總是相伴而行，無論是進步還是反動的政治運動，往往都以文化運動作為先導，因此，不同性質的文化對社會所產生的影響也各不相同。其中，封建主義和帝國主義文化對中國社會的發展起到嚴重的阻礙作用。袁世凱復辟帝制，就是利用了中國民眾心中根深蒂固的孔教倫理、君主觀念；五四時期頑固派反對女子上大學、男女同校，直至停辦北京女高師，也是由於歧視婦女的封建禮教還在發生作用；日本帝國主義侵華期間，為了維護其反動統治，將殖民主義文化和中國舊有的封建文化糟粕兩相結合，大力提倡忠孝節義，製造漢奸、培養順民；[25]此外，崇洋媚外意識的氾濫導致大量洋奴，封建迷信對生產力發展造成極大束縛等，都在說明這一點。「帝國主義文化和半封建文化是非常親熱的兩兄弟，它們結成文化上的反動同盟，反對中國的新文化」[26]，從而成為社會革命與政治進步的巨大阻力。與此相反，以「民主」和「科學」為核心的新文化，則成為推動中國革命和社會進步的強大精神動源。

　　民國時期，各種政治勢力對各自階級所代表的文化的政治功能，認識和運用都是十分自覺的。反動勢力如此，革命和進步勢力也是如此。毛澤東在《新民主主義論》一文中，就曾明確指出：「革命文化，對於人民大眾，是革命的有力武器。革命文化，在革命前，是革命的思想準備；在革命中，是革命總戰線中的一

---

25 如日本帝國主義在東北制定《藝文指導綱要》，規定：要「以移植於這一國土的日本藝文為經，以原住諸民族固有的藝文為緯，吸收世界藝文的精華，組成渾然獨自的藝文」。拍攝和放映灌輸殖民思想的《我是滿洲國民》、《魂的外交》等電影；強迫學生必修日語，改原有的國語（中文）為滿語；教材中充斥靖國神社、仁德天皇等內容；迫使學生每日「早禮」、「終禮」，向「皇宮」、「建國神廟」遙拜等。
26 《新民主主義論》，《毛澤東選集》第2卷，695頁。

條必要和重要的戰線。而革命的文化工作者，就是這個文化戰線上的各級指揮員。『沒有革命的理論，就不會有革命的運動』，可見革命的文化運動對於革命的實踐運動具有何等的重要性」[27]；又說「我們要戰勝敵人，首先要依靠手裡拿槍的軍隊。但是僅僅有這種軍隊是不夠的，我們還要有文化的軍隊，這是團結自己，戰勝敵人必不可少的一支軍隊。五四以來，這支文化軍隊就在中國形成，幫助了中國革命，使中國的封建文化和適應帝國主義侵略的買辦文化的地盤逐漸縮小，其力量逐漸削弱」[28]。這種自覺，集中體現和強化了民國文化的政治品格。

在民國時期反對專制獨裁的歷次政治鬥爭中，新文化都發揮了思想激素的政治功能，對維護國家形式上的民主政體，促進社會政治的民主化進程起到積極作用。由於民主人權的文化觀念逐漸深入人心，這一時期，任何公然不顧或拋開這種政體、行為所欲為專制統治的人，都必然違背人民的意志，都只能被以它的名義掀起的民主運動所打倒。袁世凱、張勳之流帝制復辟的醜劇曇花一現，即是明證。蔣介石的獨裁統治始終受到民主運動的衝擊，以他為首的國民黨政權最終在大陸土崩瓦解，也是最好的說明。相反，中國共產黨由於順應了時代民主文化的潮流，雖然歷經曲折，但民心所向，最終依然取得了在全國的勝利。

同時，新文化在促進社會文明、提高工農業生產力水準、改良社會生活方面，也作出了不可磨滅的貢獻。在新文化的影響下，男女之間不平等的社會現象得到了相當的改變，婦女走出家門，自由戀愛結婚，獲得獨立的職業，從事社會活動，甚至參與政治，均已成為社會的常態。不僅如此，民國還出現了像宋慶齡那樣傑出的女政治家，像史良那樣傑出的女律師，像潘玉良那樣傑出的女藝術家。至於科學技術進步所帶來的社會效益，更是不言而喻。這一時期，科學技術領域所取得或引進的一系列新成果，都被較為廣泛地應用於各工農業部門。如電力方面，二十世紀三〇年代前，中國的電力主要用於照明，三〇年代後，隨著電力科技的進步，電力開始廣泛用於工業生產，電力電信工業作為一門新興的行業迅速發展起來。化工方面，侯德榜制鹼法的發明及其開發利用更是典型的例子。

---

27 《毛澤東選集》第2卷，708頁。
28 《毛澤東選集》第3卷，847頁。

其他如機械、鋼鐵、煤炭、紡織等工業，由於新技術手段的不斷採用，也都得到一定發展。甚至於農業方面，在引進「火犁」，部分使用了拖拉機、脫粒機、機械灌溉、改良新式品種之後，生產能力也得到不同程度的提高。凡此種種，都無不得益於新文化之賜。

　　民國時期，不絕如縷的各種進步文化思潮和運動，對社會的變革產生了極大影響。其中，又以馬克思主義取代進化論在中國所產生的影響尤為顯著而深遠。在十月革命以前，中國人學習的榜樣是西方資本主義國家，效法的是舊式的資產階級革命，結果失敗了。那時，也有人知道馬克思和他的一些主張，但他們都還沒有把馬克思主義作為解決中國問題的思想武器。中國的真正出路在哪裡，始終是一個沒有解決的問題。十月革命促進了中國人民的覺醒，先進的知識分子從中看到了中國的新出路，於是他們由向西方學習轉向研究和宣傳馬克思列寧主義，認定「馬克思主義是世界改造原動力的學說」[29]，開始用無產階級的宇宙觀來觀察國家的命運，重新考慮中國的問題。經過五四運動，馬克思主義不僅成為新誕生的中國共產黨思想的理論基礎，而且在指導中國革命的具體實踐中，本身也得到了豐富和發展，為爭取國家獨立和民族解放提供了強大思想武器，中國革命從此有了新的徹底的鬥爭綱領、新的鬥爭策略和充分發動群眾、依靠群眾的革命方法，並最終形成了獨立系統的毛澤東思想，從而指明了中國革命通向勝利的道路。毛澤東說：「中國人找到了馬克思列寧主義這個放之四海而皆準的普遍真理，中國的面目就起了變化」，[30]這是完全符合實情的。民國時期後來有的學者或政客在指責馬克思主義指導的中國革命時，認為它完全是從蘇聯輸入的革命，是人為挑起的階級鬥爭等，這些雖然不過是誤解中國國情的錯誤之談，但從反面也說明了這一主流文化對民國社會變革所發生的

冼星海像

29　李大釗：《我的馬克思主義觀》，《新青年》第6卷，第5、第6號。
30　《毛澤東選集》第4卷，1740頁，北京，人民出版社，1991。

巨大影響。另外，民國時期，出於對「民主」、「科學」的不同理解和對改造社會道路的不同選擇，許多資產階級知識分子大力宣傳自己文化主張的同時，在實踐中也不斷地加以嘗試。如貫穿整個民國時期的資產階級民主主義運動，各種改良主義的實踐等，它們雖然偏離了中國革命的主線，有時還難免同無產階級革命發生矛盾和鬥爭，但在反帝反封建鬥爭和提高社會文明等方面，也都曾作出過一定的貢獻。

民國文化對於社會的反作用，還體現在民族救亡的文化宣傳上，體現在偉大的民族解放戰爭中。正是在反對帝國主義侵略的鬥爭尤其是抗日戰爭中，在血與火的洗禮中，中華民族的文化激發出新的活力，展現出復興之光。同時，這種成長於民族解放戰爭中的革命救亡文化又反過來帶動了社會的急劇變革，有力地促進了戰爭的勝利。為了反抗外族侵略，愛國的知識分子或文化人紛紛走出書齋，成立和參加各種群眾文化組織，「到戰場上去，到游擊隊中去，到傷病醫院去，到難民收容所去，到一切內地城市鄉村中去」[31]，用演講、歌詠、戲劇、播音、出版、散發傳單、張貼標語和宣傳畫等豐富多彩的文化形式，使革命救亡的文化宣傳滲透到社會的每一個角落。一曲《松花江上》不知使多少人為國破家亡落下

抗敵劇團在武漢江漢關前演出

31　《全國文藝界抗敵協會成立大會》，《新華日報》，1938-03-27。

凄傷的熱淚；一首《大刀進行曲》不知使多少人熱血沸騰；一首《義勇軍進行曲》則使千百萬不願做亡國奴的中華民族兒女，為了共赴國難，以自己的血肉築起民族新的長城。各種抗戰戲劇所發生的影響也一樣巨大。正如劇作家田漢所說：「中國自有戲劇以來，沒有對國家民族起過這樣偉大的顯著作用。抗戰以前，戲劇盡了推動抗戰的作用；抗戰以後，戲劇盡了支持抗戰鼓動抗戰的作用。」[32]所有這些優秀的文化作品，高尚的文化活動，啟迪了廣大民眾的民族意識，激發了中國人民奮起自衛、救國救亡的熱忱，成為戰勝日本帝國主義侵略不可缺少的精神力量。在革命救亡文化的宣傳、發動和組織下，中華民族在反對外國侵略的旗幟下緊密團結起來了，一改原來一盤散沙般的分散無組織的狀況，民族的精神風貌也發生了巨大變化，民族自尊心和自信心空前高漲，蘊藏在人民大眾中的巨大能量被釋放出來，成為任何反動勢力都無法遏制的反抗洪流，不僅日本侵略者為之震驚，也贏來了世界人民的欽佩和同情，最終獲得了中華民族的徹底解放，為中國社會的進一步發展創造了得之不易的條件。

---

32 田漢：《關於抗戰戲劇改進的報告》，轉引自藍海：《中國抗戰文藝史》，40頁，濟南，山東文藝出版社，1984。

第二章

民國文化的
時代精神

　　每一階段的歷史文化，都有自己主要的價值取向和時代精神，它最能鮮明而深刻地反映那個時代文化的根本特徵。民國時期也不例外。這一時期，文化的時代精神主要由崇尚民主與科學的現代性追求，企盼中華民族及其文化復興的強烈民族主義衝動，尋求中西文化會通融合的理性自覺三方面內容立體構成。其中，對以民主和科學為核心的現代性追求，成為民國文化的價值核心；振興中華民族及其文化的精神關懷，成為民國文化發展巨大而持久的內在動源；而自覺尋求中西文化全面深入的交匯與融合，既為民國文化的發展提供了活力，又成為此期文化創新最為直接和重要的生成途徑與形式。這三維一體的文化精神結構承接晚清而來，伴隨著民國文化發展的整

個行程。在這一時代精神的引導下，中國人最終找到了新民主主義的文化形態，它代表著民國文化的發展方向，並為中國文化的進步開闢了廣闊的前景。

第一節·
崇尚民主與科學
的現代性追求

中國人對民主與科學的追求並不始自民國，但對這兩個觀念有較為明確深入的了解，響亮地提出這兩個口號，將其視為西方先進文化的核心和中國文化發展的根本目標，卻是在進入民國以後。換言之，只有到了民國時期，民主與科學才真正成為了一種彼此有機聯繫的社會意識，一種逐漸深入人心的文化價值觀念，一種引導此後中國文化發展的基本精神。

整個民國時期，人們對民主和科學的追求從來不曾停歇，以此為宗旨的思潮和運動接連不斷。率先舉起這兩面大旗的，是五四新文化運動。陳獨秀等人深情地呼喚國人：「欲擺脫蒙昧時代，羞為淺化之民也，則急起直追，當以科學與人權並重」。後來，他又將民主與科學生動地稱之為「德先生」和「賽先生」，明確表示：「我們現在認定只有這兩位先生，可以救治中國政治上、道德上、學術上、思想上一切的黑暗，若因為擁護這兩位先生，一切政府的壓迫、社會的攻擊笑罵，就是斷頭流血，都不推辭」[1]，從而將民主與科學的觀念深深地烙在了知識分子的頭腦之中。五四運動以後，追求科學、民主的思潮和運動繼續得到發展。科學方面，影響較大的有科學派、唯物史觀派反擊玄學派的「科玄論戰」；

1　《陳獨秀文章選編》上冊，318頁，北京，三聯書店，1984。

二十世紀三〇年代初至抗戰以前「科學救國論」指導下的「科學化運動」；同時期左翼人士從事的「新社會科學」運動。民主方面，則有胡適、羅隆基發動的資產階級「人權運動」；中共領導的人民民主運動；抗戰後期全國範圍內掀起的民主建國運動等。全面抗戰爆發前夕，左翼文化人還曾發起一場新啟蒙運動，以繼承五四和超越五四自任，再次將民主與科學並提作為啟蒙的目標，顯示出文化思想與運動發展的螺旋式上升。

　　同晚清相比，民國時期人們對民主與科學的認識進一步深化了，因此對它們的追求也變得更加明確、強烈而執著。新文化運動以前，中國人所理解的民主基本上是一種政治制度或政治理想，此後則明確認識到，它還是貫穿於經濟、社會、文化各個方面的一種普遍合理、應當遵行的自由平等的價值觀念。正如李大釗一九一九年二月在《勞動教育問題》一文中所指出的：「現代生活的種種方面，都帶有 Democracy 的顏色，都沿著 Democracy 的軌轍。政治上有他，經濟上也有他；社會上有他，倫理上也有他；教育上有他，宗教上也有他；乃至文學上、藝術上，凡在人類生活中占一部位的東西，沒有不受他支配的。簡單一句話，Democracy 就是現代唯一的權威，現在的時代就是 Democracy 的時代」。[2]同年三月，譚平山也說：「今日世界之最大主潮為何？稍有識者，莫不舉『德謨克拉西』以對矣」。次年又說：「今日時代思想的根本特質，就是民治主義，今日所謂民治主義的根本概念，就是平等自由兩大觀念」。這種認識代表了當時新式知識分子的普遍看法。[3]至於自由平等，人們則認為，其價值核心又在於尊重個性、發展「個人」自主的人格。陳獨秀將「自主的而非奴隸的」觀念置於現代意識之首，主張「個人本位」；胡適撰寫《易卜生主義》一文，倡導「健全的個人

2　《李大釗文集》上冊，632頁，北京，人民出版社，1984。

3　有關五四時期人們對民主內涵的廣泛性及其價值的認識，可參見徐仲勉、張亦工等著：《近代中國對民主的追求》，第六章，合肥，安徽人民出版社，1996。另，一九一九年，胡適在一篇題為《1919年的知識中國》的英文文章中曾強調，當時人們的追求和覺悟，乃是「要對民主的意義有個更好的理解」。他說：「在名義的共和下，八年痛苦的失敗漸漸地使年青的中國人認識到，民主是不能僅僅通過政治的變革來給予保證的。……民主不多不少正是所有民主化和正在民主化的力量的總體，這包括社會的、經濟的、道德的以及思想等多方面的力量。構成中國這些新運動的指導原則之一的也正是這種認識」。轉引自〔美〕格里德著、魯奇譯：《胡適與中國的文藝復興》，188頁，南京，江蘇人民出版社，1989。

主義」，都是基於此種共識。「個人」的發現，乃是「五四新文化運動最重要的東西，也就是最能表現出它區別於此前二千餘年的傳統文化的地方」[4]它對此後中國文化的發展具有十分重要的意義。

五四以後，民主思潮發生了分化，分別沿著資產階級民主和社會主義指導下的新型民主兩種追求、兩條軌跡發展。前者以胡適等人為代表，繼續堅持西方資產階級民主理想，一九二九年他們發起的「人權運動」，可謂這種追求的集中體現。運動公開反對國民黨的獨裁統治，呼籲人的生存權、個性發展權、政治民主權、財政管理權、言論自由權。社會法制化及其在法律面前的人人平等權，特別是言論自由權，他們格外看重，將其視為最重要的民主人權。在國民黨的打擊下，人權運動最終趨於沉寂，但他們的民主追求卻並未因此放棄；後者則以共產黨人和左翼進步人士為中堅。他們認為，西方近代資產階級民主雖標榜代表人民，其實只不過代表本階級，並不真正反映廣大工農民眾的利益和要求，因此是狹隘的，算不得真正徹底的民主。他們強調要實現真正的民主，必須剷除少數人的階級特權，改變「大多數的無產勞動者困苦不自由」這種「不合乎『德謨克拉西』」的狀況。同時，在個人與社會的關係及獲致民主的途徑的認識上，他們也有了新的覺悟。一方面，他們肯定五四新文化運動宣揚「個性解放」的歷史價值和文化意義，承認「理想的社會，不是奴才所結成，良善社會，必然有自立的個人」，但同時又認為：在社會與個人的關係中，是「以社會為主，以個人為客」，「個人的個性，應盡情發揮，那是不成問題的。問題只在什麼社會才不摧殘個人才性，才使天才自由發展。……社會倘不發展個性，倘不使人人各盡其才，就非對這束縛人的才能的社會，采著不妥協的態度不可」[5]。實際上是視社會革命與解放，為個人解放和健全個人的前提。這樣，資產階級的狹隘民主就被以勞動階級為主體的多數人的民主所取代，追求民主鬥爭的立足點和出發點，也從爭取個人的個性解放上升到爭取廣大民眾的社會解放的高度，從而代表了當時最為進步和深刻的民主潮流。

4　耿雲志：《中國新文化的源流及其取向》，《歷史研究》，1994年第2期。
5　《近代中國啟蒙運動史》，《何干之文集》（二），79-80頁，北京，北京出版社，1993。

與此同時，民國時期特別是五四以後，人們對科學的理解也更加深入，追求更為熱烈而自覺。如果說在晚清，對一般知識分子來說，科學還主要只限於科技物質成就和自然科學，那麼此時則不僅普遍涵蓋一般社會科學，更是一種廣義的世界觀和方法論，一種包括破除迷信、打碎偶像、崇尚理性、注重邏輯實證等精神在內的至上價值觀念。中國科學社社長任鴻雋的如下表述頗有代表性：

> 科學家之所知者，以事實為基，以試驗為稽，以推用為表，以證驗為決，而無所容心於已成之教。前人之言，又不特無容心已也，苟已成之教，前人之言有與吾所見之真理相背者，則雖艱難其身，赴湯蹈火以與之戰，至死而不悔，若是者，吾謂之科學精神。[6]

這種精神的實質，胡適概括為「評判的態度」或「重新估量一切價值」，有一定道理。它在根本上與民主的價值觀念是相通的，因為不盲從不迷信的理性主義態度正是個人獨立人格的體現，而人的個性的普遍解放，乃是科學發展的基本前提。

從這種認識出發，民國時期的知識分子對科學進行了廣泛的宣傳和大力的提倡，在社會上或至少在自己的心目中，樹立了一種近乎「科學崇拜」的觀念。他們聲稱科學是「發明真理的指南針」，「進步軌道上唯一重要的工具」，「芸芸眾生所托命者」，甚至執定「不信科學便死」的信念，把科學看作了成人成己、救國救民，乃至解決一切問題的靈丹妙藥。

民國知識分子普遍崇尚科學，並有著誇大科學價值的「唯科學主義」傾向，但他們對科學的理解卻是有差別的。這一點，在五四後期發生的「科玄論戰」中表現得非常明顯。其中陳獨秀、吳稚暉等人是從唯物主義角度理解科學，而胡適、丁文江和任鴻雋等人則從經驗主義角度去把握科學。唯物論科學觀中又有機械唯物論和辯證唯物論的歧異，經驗論科學觀中則有實用主義與馬赫主義的區分等。[7]這些區別並非無關緊要，它對中國的未來產生過深遠的影響。

6　《科學》第2卷，第1期。
7　[美]郭穎頤著，雷頤譯：《中國現代思想中的唯科學主義》，南京，江蘇人民出版社，1989。

五四之後，中國的科學思潮大體沿著三條軌跡發展，一條是中國科學社所代表的路徑：把理性主義貫穿到建構自然的科學知識系統之中，努力將西方近代科學本體移植到中國。此一路徑得到了國民政府一定程度的支持，在自然科學的具體研究上，取得了較大成績；另一條是共產黨人和左翼知識分子所代表的路徑：即崇信思想的科學或科學方法論，並加以傳播和實踐，它主要體現在社會科學領域，認為「對社會的研究只有建立在唯物史觀的基礎之上，才能真正成為科學，所以講科學，首先要講馬克思主義的科學世界觀、方法論和社會革命學說」[8]，從而為改造中國社會提供了強有力的理論指導；至於各種資產階級社會科學學說的傳播及其學科體系的建構，則屬於第三條軌跡。三者之間難免有矛盾和衝突，但都高揭科學的大旗，呼籲中國的科學化建設，為反對封建蒙昧主義作出了貢獻。

二十世紀三〇年代初至抗戰全面爆發前夕，全國範圍內曾興起一場較大規模的科學化宣傳運動。熱心於運動的人士集合起不少自然科學家和社會科學家，成立了「中國科學化運動協會」（有北平、天津等分會）。他們聲明：運動的使命是「以科學的方法，整理中國固有的文化；以科學的知識，充實中國現在的社會；以科學的精神，廣大中國未來的生命」[9]。為此，他們創辦了《科學的中國》等雜誌，發表了大量文章，宣傳政治、社會和文化生活的所有方面實現「科學化」的必要，並嘗試著探討入手辦法，產生了不小的反響。值得一提的是，運動還提出了「社會科學化」和「科學社會化」的口號，強調「社會科學化」應以「科學的社會化」為前提，其實質是「民眾科學化」，即考慮到民眾如何接受科學的實際問題。正如《中國科學化運動協會發起旨趣書》所表明的：他們是「想把科學知識，送到民間去，使它成為一般人民的共同智慧，更希冀這種知識散播到民間之後，能夠發生強烈的力量，來延續我們已經到了生死關頭的民族壽命，復興我們日漸衰敗的中華文化」。這樣，科學化運動就更好地體現了與民主和民族運動的自覺結合。此種認識和運動，顯然是對五四文化啟蒙的發展和深化。不僅抗

8　胡繩：《中國共產黨的七十年》，18頁，北京，中共黨史出版社，1991。
9　顧毓琇：《「中國科學化」的意義》，《中山文化教育館季刊》第2卷，第2期。

戰時期，甚至抗戰以後，都仍然能夠看到此一運動的餘波。[10]

對民主與科學的崇尚，成為民國文化的時代之魂。這一時期，文化各個領域的發展中，無不滲透著民主化與科學化的精神追求。以教育為例，此期教育改革最具權威性的指導原則，就是杜威所宣傳的平民主義（或稱民主主義）教育。它強調接受教育權的平等，注意培養人的個性和獨立人格，重視實驗精神，對推進中國現代教育的形成，其功甚偉。在此思想影響下，五四時期，北大平民教育講演團、平民教育社、中華平民教育促進會等組織紛紛成立，一場聲勢浩大的平民教育運動蔚然而興。運動者的目標和方法不盡相同，但反對教育特權、追求教育普及的宗旨則完全一致。他們高呼：要「踏平這個高高低低的社會，第一步須得打破那些『愚民政策』，開放這種『獨占的教育』，把神聖的教育普及到一般神聖的平民身上」[11]。這一運動在五四以後發生了明顯分化。晏陽初等人將其視為改造社會的最大手段，終其一生為之奔忙。中共後來在解放區所實行的普及教育的努力，也是對這一運動的發展和超越。從教育的內容來看，此期的教育較以往任何時代都更注重自然科學知識的傳授，不僅高等教育裡科學成了施教的重心，初等教育裡亦然。特別是一九二二年頒行新學制之後，自然科學課程更是成倍的增加。二十世紀二〇年代後，科學實驗也在學校中迅速普及開來。就教育方法而言，那種一味的灌輸式和教訓式的傳統教法受到了挑戰。「啟發式」教育，即注意按照學生的個性特點因材施教，以養成學生的自動自治能力的教育方式，受到教育界的普遍重視和提倡，不少高校中還實施了學生自由選課制度。與此同時，調查、統計、測驗等方法，也被較廣泛地引入到教育之中。智力測驗、閱讀心理調研活動普遍開展起來，並直接服務於教學，從而部分改變了那種脫離受教育者心理、生理特點、主觀施教和機械考核的舊辦法，提高了中國教育的實證化與科學化水準。在中國，教育本身因之逐漸發展成為一門重要的現代人文社會科學新學科。

---

10 如1946年5月《科學生活》雜誌還在呼籲：「中國的需要中，實在是最孔急而刻不容緩的……目前最主要的一個問題，還是怎樣使中國科學化。對這個問題我們願意提出兩個極平常的口號，就是：科學生活化、生活科學化」。見該刊第1卷，第2期《科學生活化、生活科學化》一文。

11 光舞：《平民教育與普及教育》，《五四時期的社團》（三），23頁，北京，三聯書店，1979。

在文學藝術領域裡，也始終貫穿著對民主與科學精神的摯熱追求。五四文學革命的旗幟上，就鮮明地寫著：要推倒「貴族文學」和「山林文學」，建設「國民文學」、「寫實文學」和「社會文學」。文學形式的歷史性變革——白話文運動的開展，更被陳獨秀明確稱之為文學上的「德謨克拉西」運動。從五四時期開始，揭露和鞭撻封建蒙昧主義成為中國文藝最為重要的主題之一。魯迅的《吶喊》、《阿Ｑ正傳》和《祥林嫂》，巴金的「激流三部曲」《家》、《春》、《秋》，都是將此一主題與白話文的形式完美結合的經典之作。此類作品，文學史界名之曰「啟蒙主題文學」。另外，二十世紀三〇年代興起的大眾語運動，延安時期崛起的「工農兵」文藝，也都是追求民主精神的直接產物。這一時期，文學家自覺追求文學形式的多樣與自由，大膽地表現和張揚個性，成為民主精神滲透的另一種表現。至於現代文藝學、文藝美學、文藝評論的興起和發展，則集中體現了此期科學精神對文藝的影響。它們將創作內容、創作形式、創作風格乃至敘述模式和審美心理等各種文藝問題，自覺而嚴格地置於現代科學思維和理性主義的觀照之下，積極引導和推動了文藝的現代化進程。

在新聞出版領域，民主化和科學化的追求同樣強烈而執著。整個民國時期，進步的新聞出版工作者為把北洋軍閥和國民政府寫在法律條文上的「新聞出版自由」變成真正的現實，進行了不懈的努力和鬥爭，許多人甚至為此獻出了生命。其中，邵飄萍、史量才、鄒韜奮等人堪為傑出代表。「我的態度是頭可殺而我的良心主張，我的言論自由，我的編輯主權，是斷然不受任何方面任何個人所屈伏的」[12]。鄒韜奮的這段名言，成為新聞出版界崇尚民主精神的最好寫照。一九三五年十二月，七十一名上海新聞記者聯名發表《為爭取言論自由宣言》，公開反對國民黨實行新聞檢查制度，他們嚴正聲明：「我們絕不忍再看我們辛勤耕耘的新聞紙，再做掩飾人民耳目、欺騙人民的煙幕彈……我們認為，言論自由，記載自由，出版自由，是中國國民應有的權利」，「所以，我們不必向什麼機關請求、哀乞，我們應該自己起來，爭取我們自己所應有的自由」[13]。鬥爭雖

---

12 鄒韜奮：《答覆一封嚴屬責備的信》，《生活週刊》，第4卷，第1期，1928。
13 《大美晚報》，1935-12-26。

未取得直接結果，卻表明廣大新聞出版工作者的自由民主意識、現代職業意識空前增強了。同時，為更好地發揮新聞輿論的作用，新聞出版界還比以往任何時候更為重視自身的科學化建設。在印刷、裝幀和傳播等方面，大量採用了現代化的科技手段；新聞自身也發展成為一門獨立的社會科學。換言之，人們越來越認識到新聞是有自身發展規律的，並不是可以隨心所欲操使的輿論工具。而「新聞學」，就是「研究客觀存在的新聞現象，解釋和說明其自存的規律和因果性」的系統科學。這種逐漸把新聞出版建立在科學基礎上的努力，使中國的新聞出版水準向前大大推進了一步。

崇尚民主與科學的價值取向，在學術和其他領域也都有體現。這一時期，學術自由成為現代學者普遍信奉的原則和追求的理想（蔡元培在北大實行「兼容并包、思想自由」的辦學方針乃其範例）；民眾的活動成為學術研究真正關注的物件（如現代民俗學興起；新史學突破了「帝王將相家譜」的舊寫法等）。同時，人文社會問題的研究和分析需要使用科學方法，也已變成了知識界的一般常識。且不說蓬勃興起的社會學、政治學等現代人文社會科學新學科的研究者，即使熱衷於所謂「國學」或「國故學」研究的人，也無不認定「科學方法」的重要。《國學季刊》發刊詞中就坦言：「我們現在治國學，必須要打破閉關孤立的態度，要存比較研究的虛心」，在方法上材料上都應該向西方和日本學習，「採用他們的科學的方法，補救我們沒有條理系統的習慣」。於此可見一斑。

需要指出的是，我們說崇尚民主與科學成為民國文化發展主要的價值取向，並不意味著這一時期中國文化中的民主和科學精神已很充沛，更不意味著此期中國社會的民主化和科學化已有很高水準，恰恰相反，正如我們在本書「緒論」裡所提到的，由於帝國主義的壓迫和封建包袱的沉重，在中國，民主化與科學化的發展水準還相當低下，並且每前進一步，都要遭到來自專制與迷信的頑強阻撓，付出血的代價。其蛻變之艱難，常常令愛國志士們為之扼腕。不過，從歷史發展的角度來看，民主和科學畢竟已為廣大知識分子和文化人所崇尚，並代表著中國文化的發展方向。近代意義上的科學與民主傳統，可以說真正開始在中國文化中奠基下來，這無疑是民國文化最為珍貴的精神遺產。

第二節·
民族主義
的主旋律

在那些飽受帝國主義壓迫的弱小民族和國家裡，民族主義既是一種以反抗外來民族壓迫，爭取本民族獨立、解放和富強為內容的思想原則，也是一種與上述內容緊密相連、息息相關的深厚的民族感情和民族精神。它雖不免帶有本民族的狹隘情緒與局限性，但就其本質而言，卻是一種以愛國精神為主流的進步意識。

晚清以來，由於中國民族危機的不斷加深，救亡圖存、振興中華始終是時代的強音，因此，以愛國精神為主流的民族主義也自然成為中國文化的重要主題。進入民國後，民族危機不僅依然存在，二十世紀三〇年代開始更達到頂峰，日本帝國主義亡我之心惡性膨脹，「中華民族到了最危險的時刻」！在新的歷史條件下，中國人的民族主義意識和愛國主義精神更趨高漲。

北京全體學界通告

從「中國是中國人的中國」、「中國的土地可以征服而不可以斷送，中國的人民可以殺戮而不可以低頭」的五四運動宣言，到「華北之大，已安放不得一張平靜書桌」的一二九救亡示警；從

「收回租界」、「廢除不平等條約」和「打倒帝國主義」的五卅怒吼，到「起來！不願做奴隸的人們，用我們的血肉築成我們新的長城」的抗戰吶喊，中國人的現代民族意識空前覺醒，愛國主義浪潮澎湃洶湧、激盪神州，有力地推動了民族的解放、社會的變革和文化的進步。

同晚清時期相比，此期中國人的民族主義意識和愛國主義思想又有了新的發展。一方面，它繼承了清末革命黨人揚棄忠君愛國觀念的傳統，使「君」與「國」徹底分離成為了一種普遍的社會文化意識；另一方面，它也不再像清末時那樣還以反對國內的民族壓迫（如「排滿」）為其重要內容，而是更明確地形成並鞏固了以國內各民族平等為基礎的「中華民族」觀念，各族人民同仇敵愾，共同反對外來的民族侵略和壓迫，以挽救和振興「中華民族」，捍衛和發展「中華民國」。同時，中國人還深化了對帝國主義的認識，明確地提出了「反帝」的口號和目標，民族主義水準因此達到了新的高度。正如毛澤東所說：「中國人民對於帝國主義的認識……第一階段是表面的感性的認識階段，表現在太平天國運動和義和團運動等籠統的排外主義鬥爭上。第二階段才進到理性的認識階段，看出了帝國主義內部和外部的各種矛盾，並看出了帝國主義聯合中國買辦階級和封建階級以壓榨中國人民大眾的實質，這種認識是從一九一九年五四運動前後才開始的」[14]。由於有了這種認識上的深化，先進的中國人將反帝同反封建的鬥爭、將民族解放與民族復興的偉大事業更加自覺地結合了起來，從而使民族主義煥發出更為巨大的精神力量。

整個民國時期，文化各個領域的發展都同晚清一樣，貫穿著民族主義的主題，激盪著愛國主義旋律，且範圍和程度尤有過之。

在教育領域，民族主義不僅是政府正式規定的教育宗旨和教育內容，而且成為進步的教育改革和教育運動強大的精神資源。連北洋政府也將「愛國」列為「教育要旨」之首，國民政府更強調教育要「以延續民族生命為目的」，「務期民

---

14 《毛澤東選集》第1卷，289頁。

族獨立」[15]。一九三一年，它公布的教育宗旨實施辦法具體規定：「各級學校教育，以史地教材闡明民族之真諦」，社會教育也要「了解民族意義」。一九四〇年修正中學課程標準時，又規定要加強本國史地的教學，將其課時比例由原來的三分之二增加到六分之五，對其內容「要求注意中華民族的融合，歷代疆土的擴展，各地資源的儲藏與開墾，以培養學生復興民族、愛護國土的觀念」[16]。可見至少在國民政府統治時期，民族主義精神的培養確已成為社會教育和學校教育比較重視的實際內容。至於在解放區，這種教育則更受到中共中央的高度重視。如抗戰之初，根據地實施的教育政策就明確規定：「廣泛發展民眾教育……提高人民的民族文化和民族覺悟」，「辦理義務的小學教育，以民族精神教育新後代」[17]。作為民族主義在教育領域的又一突出表現，這一時期，反對帝國主義教育侵略的鬥爭也在中國大規模興起。一九二三年十月，少年中國學會在蘇州開會，通過了反對教會教育綱領，規定：「提倡民族性的教育，以培養愛國家、保種族的精神，反對喪失民族性的教會教育，及近於侵略的文化政策」[18]。次年至一九二七年，一場轟轟烈烈的「收回教育權運動」在全國範圍內展開。運動高舉反對帝國主義文教侵略的旗幟，以收回教育權為直接目標，宣稱「教育是一種主權」，培養外國教徒的基督教教育與培養本國國民的教育根本不能相容，因而形成了一股聲勢浩大的「民族精神的怒潮」。與此同時，在文教界和知識界，一種「教育救國論」的思潮也長盛不衰。持論者認為：「教育關係國家命脈，教育改造是一切改造的基礎」，主張「用教育力量復興民族，報仇雪恥」。一九三四年，《教育雜誌》發表《全國專家對於教育救國的信念》專號，集中討論「教育救國的途徑」或「如何發揮教育在救國中的作用」等問題。這一思潮幾乎與民國相始終，堪稱民族主義主題在教育領域裡的最典型反映。圍繞這一思潮，職業教育、鄉村教育等運動蓬勃開展，不僅對教育本身，而且對與教育相關的各文化部門的發展均產生了廣泛而深刻的影響。

---

15 國民黨1929年通過的《教育方針及其實施原則案》。
16 呂達：《中國近代課程史論》，439頁，北京，人民教育出版社，1994。
17 毛澤東：《論新階段》，參見本書第八章。
18 《中國青年》，第29期，1924。

在學術研究領域，民族主義的時代精神也得到突出體現。不論是自然科學家還是社會科學家，大都自覺地將自己的科研活動同挽救和振興民族的神聖事業結合起來，充滿著一種強烈的緊迫意識和使命感。以史學為例。民國時期文化史學蓬勃興起，有關中國文化史的著作不斷出現。但正像有的學者所指出的那樣：「以文化史振奮民族精神，是這一時期尤其是二十世紀三〇年代至四〇年代許多學者研究文化史的目的」[19]。如王德華的《中國文化史要略·敘例》就慷慨陳詞云：「中國人之應當了解中國文化，則無疑問，否則，吾族艱難奮鬥、努力創造之歷史，無由明了，而吾人之民族意識，即無由發生，民族精神即無由振起。……茲者國脈益危，不言復興則已，言復興，則非著重文化教育，振起民族精神不可。本書之作，意即在此」。陳登原在《中國文化史·敘意》中也明確表示：其書「蓋於民族復興、文化重盛之跡，三致意焉。江海不辭細流，故成其大。泰山不讓寸土，故成其高。觀於吾國文化之大而且高若此，則使國民得以恢復民族之自信力者，必有在矣，必有在矣。」不僅史學如此，其他學術也是一樣[20]。在民國學術界和思想界，「科學救國論」曾長期流行，以救國為宗旨的「科學化運動」也曾廣泛開展。許多科學家和學者都堅信：「欲救吾族之淪胥，必以提倡科學為關鍵」[21]，「為恢復民族自尊心起見，我們應該格外注意利用科學而得實際的結果」[22]。正是以此為信念，他們執著地投身於科學研究事業，在各自的領域取得了輝煌的成就。

在文學藝術領域，持續不斷、日益高漲的民族意識的激揚，同樣是其鮮明的時代特色。無論是詩歌、散文、小說，還是音樂、電影、戲劇、美術，此期都湧現出大量抒發愛國主義情感的作品。它們或痛陳民族危機、悲歡民族命運；或譴責外族侵略、吶喊民族救亡；或謳歌抗戰英雄、讚美祖國河山；或反省民族弱點、呼喚社會變革……形式不同、內容有異、風格有別，但無不貫穿著愛國主義

19 周積明：《本世紀上半葉中國文化史研究的特點》，《光明日報》，1997-10-14。
20 具有傳統學術向現代轉型意義的「國學」，其名目的長期流行，專門機構的大量設置，研究廣泛而深入的開展，即屬一例。桑兵：《晚清民國時期的國學研究與西學》，《歷史研究》，1996年第5期。
21 蔡元培：《複任鴻雋函》，《蔡元培論科學與技術》，33頁，石家莊，河北科學技術出版社，1985。
22 顧毓秀：《中國「科學化」的意義》，《中山文化教育館季刊》第2卷，第2期，1935。

的共同主題。以詩詞為例，傑出的浪漫派詩人郭沫若、新格律派詩人聞一多、現代象徵派詩人戴望舒，都同是愛國主義的熱烈歌者。郭沫若在他那代表現代新詩第一個高峰的詩集《女神》裡，有不少詩篇就表達出其「眷念祖國的情緒」。如《晨安》寫的是詩人在「千載一時的晨光」中，向著「年青的祖國」，「新生的同胞」和壯麗的山河，一口氣喊出了二十七個「晨安」。《爐中煤》則將自己比喻成正在爐中燃燒的煤，把祖國比作「年青的女郎」，懷著摯熱的心唱出了：「啊！我年青的女郎！我不辜負你的殷勤，你也不要辜負了我的思量。我為我心愛的人兒燃到了這般模樣！」的深情詩句。對於祖國和民族前途的希望與個人為之獻身的決心兩相結合，激發出詩人無限浪漫和樂觀的信念。作為現代新格律詩的積極提倡者和實踐者的聞一多，其詩不僅注重節奏和韻律美，字裡行間也常常奔湧著濃烈似火的愛國激情。如《憶菊》對「祖國底花」和「如花的祖國」加以熱情的讚美；《太陽吟》以神奇瑰麗的想像表達對祖國熱切的思念；《洗衣歌》則正氣凜然地斥責美國社會對中國人的種族歧視；在《死水》詩集中，詩人的這種愛國之「火」燃燒得最為旺盛，讀之令人熱血沸騰；有「雨巷詩人」之稱的戴望舒早年的詩感傷成分較濃，隨著民族危機的加劇，其詩風也因之一變，寫出了不少歌頌抗戰、充溢著民族主義精神的雄壯詩篇，如《獄中題壁》、《我用殘損的手掌》等。此外，蔣光慈那撼人心魄的《哀中國》，穆木天那「唱哀歌以吊故國」的《流亡者之歌》，艾青的《雪落在中國的土地上》、《北方》和《吹號者》，田間的詩集《給戰鬥者》以及毛澤東的《沁園春·雪》等，都從不同的角度參與合奏了民國詩歌愛國主義的主題曲。特別是毛澤東那首膾炙人口的詠雪詞，通篇洋溢著對祖國對人民對民族深摯的愛，淋漓盡致地表達了強不可抑的歷史使命感，美國學者 R.特里爾在他所寫的《毛澤東傳》中，就將其稱之為「一首地道的民族主義頌歌」。

散文和小說，也是民國文學抒發愛國精神、激揚民族意識的另兩種重要形式。方志敏的《可愛的中國》、茅盾的《白楊禮讚》、老舍的《四世同堂》和中國臺灣作家賴和（1894-1943）揭露日本殖民者壓榨剝削臺灣人民的《一桿秤仔》等，都是這方面的典型作品。而魯迅反省國民性格的系列創作，更是這種愛國感情最為深沉的結晶。

朱自清像

九一八事變特別是抗日戰爭全面爆發後，這種文化上的民族主義旋律激越高亢，達到了最高潮。文化界人士紛紛成立各種救亡組織，自覺地揭起「國防文學」、「國防戲劇」、「國防電影」和「國防音樂」等旗幟，積極投身於火熱的抗戰洪流中。他們莊嚴宣告：「要集中自己的一切力量，喚起我們偉大的人民群眾之民族的自覺……為保衛祖國，保衛中華民族的文化，為發展中國文化中的優良傳統，為創造中國嶄新的文化而盡自己最後一滴血」[23]，同時以實際行動創作出了許許多多表現和傳導民族主義精神的不朽作品，如氣勢磅礴的《黃河大合唱》，催人奮進的《義勇軍進行曲》，激揚愛國之情的歷史劇《屈原》，鼓舞抗戰鬥志的電影《八百壯士》等。甚至連那些在一般人看來講究出世修行、戒殺生的佛教人士，此期也自覺出來進行理論修正，呼籲佛徒「放下法器，舉起屠刀」，認為不在現世降伏日本凶魔，佛徒就無法成佛。民族主義精神的文化滲透，於此可見一斑。

這種民族主義精神，還體現在廣大文化人堅貞不屈的民族氣節上。梅蘭芳抗戰八年，留須八載，始終拒絕為日偽表演[24]；朱自清在美帝橫行中國期間，寧肯餓死也不領美國的「救濟糧」，便堪稱其中典範。

值得強調的是，民國時期，中國人認為本民族文化已根本落後的意識、文化反省意識和變革趕超意識，均大大超過了晚清，成為民族主義在文化領域的一個突出體現和特點。這一時期，人們更明確和清醒地認識到，近代以來的中國民族危機既是政治危機，也是文化危機。因為中國所面臨的是來自比自己文化更為先進的外族的侵略。這就使得民族危機具有空前的深刻性：「昔者吾國暫受外族壓迫，不久即能同化他人，此在今日為不可能。列強若一旦瓜分我國，吾人以為不

23 《「陝甘寧邊區文化界救亡協會」宣言》，《中國文化》第1卷，第1期。
24 田漢曾詠梅蘭芳此舉云：「八載留須罷歌舞，堅貞幾筆出伶官。輕裘典去休相慮，傲骨從來耐歲寒」。見梅紹武：《我的父親梅蘭芳》，177頁，天津，百花文藝出版社，1984。

久能同化他人，成更大之中華民族集團者，此不辨文化程度今昔懸殊故也。」[25]
因此，人們深深感到「民族之生存尚有賴於文化」[26]，欲有效地挽救民族危機，
不能不從文化的根本上著手，革新舊文化，創造新文化。於是，新文化運動、新
文學運動、新啟蒙運動蓬勃興起，教育救國、科學救國諸論紛紛出現，西方文化
得到大規模全方位的引進，「問題與主義」、「中國本位」與「全盤西化」等各種
各樣關於文化道路與問題的論爭也跌宕起伏、連綿不絕。正如有的學者所指出
的：這些觀點各異、紛紜複雜的文化論爭「說到底固然是近代中國社會急劇變動
的反映，但是作為意識形態領域的思潮湧動，其更為深刻的內在動力，顯然來自
中華民族生生不已的愛國主義情思」[27]。由此可見，復興民族的愛國主義不僅成
為民國文化的重要主題，也是此期推進文化向前發展的強大精神動源。

此外，隨著西方文化廣泛而深入的引進與傳播，人們越來越清醒地認識到，
保持和發展中國文化的民族特點，根據國情、民族性來消化和吸收外來文化，具
有不容忽視的必要性和重要性。因之，一種文化「民族化」或「中國化」的思想
和實踐不斷得到發展。這種文化自覺，是中西文化交流達到一定歷史階段的產
物，它成為民族主義精神在民國文化領域的又一突出表現和特點。以宗教為例。
這一時期，天主教和新教都出現了明顯的中國化傾向。如在中國教徒的努力和中
國國內民族民主運動的影響下，基督教新教廣泛開展了本色化和自立運動，除了
使得在華各種教會名稱前均帶上了「中華」或「中國」字樣，各地區的主教和教
會學校校長大多改為華人之外，在宗教的形式和內容上也都有著「中國本色」的
自覺追求，如反對完全照搬和模仿西方基督教禮儀、組織和布道方法，讓教徒過
中國的傳統節日，用中國民族曲調唱讚美詩，採用適合中國國情的婚喪儀式等
等，民族化的教堂建築、宗教繪畫和宗教音樂因之紛紛出現。在儀軌上，此期基
督教也帶有了中國特色，有的教會竟採用佛教祈拜方式，禮拜時燃香並跪誦經
文。在思想上，教內甚至還有人主張儒化或佛化基督教。不僅宗教如此，教育、
文藝和社會科學的許多門類在大量引進西方文化的同時，也都逐步地、不同程度

25 盧於道：《為樹立科學文化告國人書》，《國風月刊》第8卷，第7期，1936。
26 同上。
27 鄭師渠、史革新：《近代中西文化論爭的反思》，328頁，北京，高等教育出版社，1991。

地具有某種「民族化」意識。如教育，早在五四時期，舒新城和陶行知等有識之士都對當時中國教育盲目模仿外國、不顧中國國情的弊端提出了嚴肅的批評，陶行知就指出：「我國興學以來，最初仿效泰西，繼而學日本，民國四年取法德國，近年特生美國熱，都非健全的趨向」，因為「諸先進國辦學久的，幾百年；短的，亦幾十年。他們的經驗，可以給我們參考，卻是不少；而不能採取得益的，亦複很多」。因此在改革教育的時候，必須根據國情，對於外國學制經驗要「明辨擇善」。

抗日戰爭時期，民族主義意識空前強化，文化「民族化」或「中國化」的認識與實踐也更為明確、更趨自覺。如在文藝領域，「民族形式」問題引起廣泛討論，出現了許多既具有現代意識、又具有濃郁民族風格的作品；新興的各門社會科學如社會學等，也紛紛提出了「中國化體系」的建設目標，並取得了可喜收穫；政府方面，無論是國民政府還是解放區政府，都明確強調了「中國化」或「民族化」的文化意義，對之予以大力的提倡。特別是在中共方面，這種文化自覺還產生了巨大的碩果：毛澤東思想得以最終成熟。正是從這一時期開始，毛澤東和中共中央正式提出了要「使馬克思主義在中國具體化，使之在其每一表現中帶著必須有的中國的特性，即是說，按照中國的特點去應用它」的明確任務，形成了「馬克思主義必須和我國的具體特點相結合並通過一定的民族形式才能實現」[28]的卓越認識，並不斷在理論上和實踐上加以完善。所以劉少奇說：毛澤東思想既是馬克思主義的，又是中國的，它「是中國民族智慧的最高表現」。

當然，民國時期，民族主義精神所激勵的也並非全都是進步的思想和文化活動，腐朽落後的文化復古思想和運動也常常假其名而行。這一點在抗戰時期表現十分明顯。各種復古思想的活躍，雖然對鼓舞抗戰未必沒有正面作用，但對新文化的發展卻產生了消極影響。與此同時，打著「民族主義」旗號，抵制馬克思主義等外來先進思想的傳播的文化行徑也屢見不鮮，如二十世紀二〇年代末三〇年代初國民黨御用的所謂「民族主義文學」運動的開展，青年黨鼓吹「國家主

28　《毛澤東選集》第2卷，534頁。

義」，戰國策派宣揚法西斯主義等，都是顯例。這從一個側面說明了民國時期救亡與啟蒙根本統一的同時，也存在著某種內在的矛盾。

第三節 ·
中西文化
的會通融合

　　同晚清一樣，民國文化的中心線索依然是中西文化關係。這一時期，中外交往急劇擴大，西方文化潮水般湧來，各種思潮、學說都得到介紹、傳播、提倡和鼓吹，中西文化開始了真正意義上的全方位接觸，形成了一種不完全以統治階級意志為轉移、但卻符合文化發展需要的新的文化開放格局。在中西文化廣泛深入的接觸中，兩者之間既表現出普遍的矛盾衝突，又貫穿著程度不同的會通融合，可謂是會通中有矛盾，衝突裡有融合。這種中西文化既矛盾衝突、又會通融合的過程，也就是中國文化在民國時期變化和發展的過程。但是，如果從其發展全局來看，這種中西文化間的矛盾衝突與會通融合，又有著不同的趨勢。大體說來，前者日益減弱，後者則逐漸加強。[29]因此，就這一時期中西文化的關係而言，兩者間的會通融合無疑代表了時代的主流。

　　會通中西文化的主張和努力，在明末的徐光啟等人那裡初見端倪。到了戊戌時期，康有為、梁啟超、嚴復和譚嗣同等人的思想實踐中，已有相當明確的顯

---

29 龔書鐸：《中國近代文化探索》，216頁，北京，北京師範大學出版社，1988。

魯迅像

現。[30]進入民國後，政治體制的變革和西方文化的全方位傳播，為此種會通融合提供了更為有利的條件，因而這一時期，中西文化的會通融合不僅成為許多知識分子、學者和文化人普遍的思想意識、自覺的文化追求，並且在文化的各個領域裡，也都取得了不少可觀的成果。

文化泰斗、民國現代教育的奠基人蔡元培先生，就一貫主張對中西文化採取不立門戶，各取所長的態度，以收兼容并包、會通中西之效。二十世紀二〇年代赴美考察期間，他曾先後作過題為《東西文化聯合之趨勢》、《東西文化結合》等演講，專門發揮這方面的思想。在融會中西的過程中，他特別注意對西方文化的消化吸收。所作《文明的消化》一文，明確指出：「必擇其可以消化者而始吸收之」，故「當吸收之始，即參以消化之作用」。他一生的文化學術活動，尤其是教育實踐，始終致力於實現這一目標，強調對中國古代教育和歐美教育「應參酌兼采」[31]。一方面，大力吸收西方現代的教育政策、內容和方法，另一方面也不忽視對傳統教育優長的繼承。他對西方美育的引入和致力於培養人格的傳統德育的並重，就集中體現了這一點。實際上，民國教育在不同時期、不同部門，雖也曾出現過盲目模仿某國或偏執舊法的傾向，但總體說來，卻是在融會中西教育的過程中不斷向前發展著。這與蔡元培等人的清醒努力是分不開的。

蔡元培像

被毛澤東稱之為「代表中華民族新文化方向」的魯迅，則堪稱在文學方面融合中西文化的時代巨人。他既徹底地反封建傳統，針砭國民性格的弱

---

30 同上書，4-5頁。
31 這是蔡元培1921年在美國加利福尼亞大學發表的演說。舊金山《大同日報》，1921-07-22。

點，又熱情地謳歌「民族脊梁」，認真整理和繼承文化遺產。對於傳統文化，他的真實主張是「分別好壞」，決定去取；對於西方及一切外來文化，則認為應敢於吸取、善於選擇。其會通中西所揭示的大旗是人所共知的「拿來主義」。在自己的文學活動中，魯迅身體力行了他的上述主張。他以「漢唐氣魄」充分攝取異域文化營養。安特萊夫「使象徵印象主義與寫實主義相結合」的手法，陀思妥耶夫斯基「穿掘著靈魂的深處」的功力和「熱到發冷的熱情」，都在魯迅的作品中留下了斑駁的藝術投射。魯迅的那篇開中國現代小說新紀元的《狂人日記》，從日記體的形式到運用誇張手法刻畫受迫害狂的心理及其結局，均借鑑了俄國作家果戈理的同名小說。但較諸前者，卻又「具有更明確的現實性和更廣闊的社會性」，內容也更為深刻。魯迅還十分讚賞保加利亞詩人伐佐夫講究文體、勇於革新民族文學語言的精神，並大力效法。他在自己的創作中，將富有神韻的口語與有生命力的方言、古語、歐化詞語等熔鑄為一種較古文更具表現力的白話文學語言，成為五四時期首屆一指的文體家。與此同時，魯迅的創作還得益於傳統文學的深厚滋養。「魏晉文章」便深深地影響了他。魯迅認為，魏晉文章的特色是「師心」和「使氣」。「師心」，即寫出心的真實，不為聖賢舊說所囿；「使氣」，就是慷慨激昂、無所顧忌，使文章充滿情感、氣勢與力量。孔融的善議，阮籍的憂憤，嵇康的思想新穎、長於辯難、文如剝蕉、析理綿密，均為魯迅所深愛，並對其文風尤其是雜文風格產生了不容忽視的影響。可以說，正是對中西文學的兼采合冶、有機融合，成就了他這樣一個曠代文豪。

在文學領域，曹禺那些標誌著民國戲劇文學最高成就的《雷雨》和《日出》等作品，徐志摩那「全無人間煙火氣」的《再別康橋》等美妙詩篇，也都是中西合璧的典型範例。如曹禺的戲劇作品，一方面浸潤著豐厚的古典文學乳汁，吸收了北方民間曲藝的精華；另一方面又受到易卜生、莎士比亞，特別是美國戲劇大師奧尼爾的明顯影響，從而賦予了這些作品不朽的藝術生命。

民國美術更是中西文化會通最有成績的領域之一。徐悲鴻、劉海粟、林風眠等藝術大師，都精通東西畫法，不僅在兩方面均有輝煌成就，而且致力於兩大畫系的溝通融會。如林風眠一生就始終在探索著融會中西繪畫的道路，力圖為中國畫辟出新境界。他的畫一反傳統國畫注重以金石書法線條入畫的風氣，形式上也

以方形取代傳統的長卷或橫卷，畫面濃重飽滿、不留空白，畫風既近於壁畫與年畫，又帶有油畫、粉畫和瓷器畫等韻味，給人以耳目一新之感。二十世紀二〇年代末至三〇年代末，是繪畫史上中西藝術的混流時代，中西會通的潮流勢不可擋。劉海粟、林風眠、關良等人著眼於西方現代藝術與中國民族特色的融合；徐悲鴻、汪亞塵等人站在改良本民族傳統繪畫的立場上，向西方借鑑寫實技法；李毅士等人則追求從整體上貫通中西，實現中國繪畫全新的超越。其中，汪亞塵的系列金魚畫、李毅士的《長恨歌畫意》堪為代表之作。尤其是《長恨歌畫意》，既有西洋繪畫的明暗法與焦點透視，又參以中國畫的意境，在寫實與寫意的結合方面，作出了大膽而出色的嘗試。進入四〇年代後，專攻中國畫的人改畫西洋畫，從事西洋畫的人改畫中國畫的情形變得極為普遍，同時，中國畫家在傳統形式下常常滲透著西洋藝術精神，西洋畫的中國化實踐也取得了顯著進展，李可染、吳作人等人是這方面的突出代表，它表明此期中西繪畫的會通融合進入了新的階段。

在學術領域，會通中西的風氣與成就同樣引人注目甚至更為引人注目。張岱年先生曾說：「試觀中國近代的學風，有一顯著的傾向，即融會中西。近代以來，西學東漸，對於中國學人影響漸深。深識之士，莫不資西學以立論。初期或止於淺嘗，漸進乃達於深解。同時這些學者又具有深厚的舊學根底，有較高的鑑別能力，故能在傳統學術的基礎之上汲取西方的智慧，從而達到較高的成就」[32]。這裡所概括的「近代學風」，在民國時期尤為明顯。史學大師陳寅恪的學術活動可謂此種學風的極佳詮釋。陳氏國外求學十餘年，通識十餘種文字，其學術著作中卻幾乎看不出受西方學術思想影響的痕跡。顯然，他對異域觀念和方法的采獲是真正的融化，而不是由外而加。這方面他有很自覺的意識。在給馮友蘭《中國哲學史》下冊撰寫審查報告時，他曾明確指出：一種學術「其真能於思想上自成系統，有所創獲者，必須一方面吸收輸入外來之學說；另一方面不忘本來民族之地位」。此乃他溝通中西學術的立場，也是他融會中西學術的精神。同是史學大師的郭沫若，則走上另一條會通中西學術的道路。他以馬克思主義為指

32 張岱年：《國學大師叢書·總序》，南昌，百花洲文藝出版社，1996。

導，用其社會發展理論來解釋中國古代社會，撰成《中國古代社會研究》等經典之作，開創了史學研究的一代新風。

社會學方面，中西融會的努力也頗有收穫。孫本文、潘光旦、費孝通等人均有出色表現。特別是孫本文，無論在理論上還是實踐上都相當自覺，為社會學的中國化、社會學名詞的規範化等作出了突出貢獻。其寫於一九三五年的《社會學原理》，是民國學院系統社會學在理論上的代表作，也是中國學者會通中西文化在社會學領域的範作。它兼采歐美各家教本之長，大量使用本國材料，將其融會貫通，使社會學知識成為一個有機的體系。雖然它還只是一個資產階級社會學體系，但對中國社會學的發展卻起到推動作用。在新興社會學理論和方法的指導下，出現了一大批研究中國社會問題的力作，如費孝通的《鄉土中國》、《江村經濟——中國農民的生活》，潘光旦的《中國伶人之血緣的研究》等，其學術價值早已為中外所公認。

美學大師朱光潛的美學理論的形成，也是會通中西美學的結果。他一面消化吸收了克羅齊的美學理論，認為「美不僅在物，亦不僅在心，它在心與物的關係上面」，「美之中要有人情也要有物理，二者缺一都不能見出美」。同時也對其進行了一些修正和發展。如強調審美與現實要保持「適當的距離」，提出「怡情養性的美學功能」說，崇尚「靜穆」的美學境界說，創發「詩境」論，總結出「隨心所欲、不逾矩」的藝術美創造規律等，所有這些，又都是吸收了傳統美學思想的豐富養料。

此外，在哲學領域，梁漱溟、熊十力、馮友蘭和賀麟等以儒家精神為本體融會中西文化，創立影響巨大的新儒家學派；文藝學領域，錢鍾書「打通中外文藝」，寫下不朽名作《談藝錄》等，都是中西會通學術風氣的典型體現。雖然，從文化選擇的方向上看，現代新儒學固執儒家道統，想在此基礎上嫁接西方現代文明，這不免迂腐失策，其學術思想體系也多帶唯心主義色彩，但其努力融通中西學術、精心結構的各種著作本身，對於中西文化思想的總結、比較和闡發，卻具有不可否認的學術價值和思想認識價值。

至於說到民國風俗領域，那中西雜糅融會的景觀就更是隨處可見了。最突出

的例子莫過於舉國流行的中山裝，它在吸收西服和傳統服裝的基礎上綜合創新，既美觀大方又經濟實用，至今仍然受到許多中國人的喜愛。

當然，民國時期，文化各個領域裡中西會通融合的水準並不一致，自覺和努力的程度也有差別。既有像魯迅小說、朱光潛美學和錢鍾書《談藝錄》那樣「中西婚媾」的美妙寧馨兒，也有像五四時期的「靈學」和抗戰時期漢奸理論「新民說」那樣中西雜交的畸形怪胎；既有徹底消化西學、以之整理傳統、研究中國問題的精品傑作，也有徒拾西學皮毛、生搬概念、硬套中國情形的淺薄陋冊；既有真正融貫中西、使人豁然開朗的理論創造，也有牽強附會、讓人莫名其妙的思想雜燴。但是，無論如何，人們追求中西會通的理想和目標沒有變，且總體說來，這種會通大體經歷了一個從懵懂到明確、由淺入深的過程，換言之，也就是其越來越自覺和深化了。

另外，這種會通融合是始終伴隨著矛盾和衝突的，此點從民國時期接連不斷的各種文化論爭中，可以概見。有的領域裡，矛盾衝突還一度很激烈，如醫學界的中西醫之爭。西醫界曾有人多次提出「廢止中醫案」，要求對中醫「廢醫存藥」，希圖國民政府加以批准。但其結果，不僅中醫沒有廢除，反而促進了中醫界奮起自救，學習西醫，在診斷、治療方法、藥物分析乃至理論闡釋等方面加強了自身的科學化建設。整個民國時期，中醫界著名醫家「幾乎全部致力於從中西醫比較中取長補短，以求得中醫發展」[33]。「會通中西醫」的口號，既為中醫界所吶喊，也得到了西醫界有識之士的普遍同情，成為民國醫學界最為強勁的聲音。人們越來越堅信：「重中輕西固不可，重西輕中亦不可，必須共冶於一爐，取其精華，棄其糟粕，使成世界最完善之醫學」[34]。抗戰末期至解放戰爭時期，延安曾掀起「新中華醫學運動」，提出「西醫學術民族化」，「中醫學術時代化」的總口號，這實際上已很準確地把握住了此期中西文化融合的時代課題了，那就是，一方面致力於西方文化的中國化、民族化實踐；另一方面致力於中國傳統文化的現代化改造，在此基礎上構築中華民族的新文化。

---

33 趙洪鈞：《近代中西醫論爭史》，262頁，中西醫結合研究會河北分會，1982。
34 王慎軒：《中西醫之平議》，《醫界春秋》創刊號，1926。

有學者認為，五四以前，中國人會通中西文化主要有三種理論形式：一是以「中源西流」說為代表的「回歸式」；二是以「中體西用」說為代表的「嫁接式」；三是以「有機調和」說和「整體融會」論為代表的「融貫式」。[35]此種概括不無道理。進入民國後，「中源西流」和「中體西用」說雖然遭到思想界的一致唾棄，但這樣一種理論思路，仍潛伏在人們的思想深處。特別是「中體西用」，不論是東方文化派，還是「本位文化建設派」和新儒家，都是一面批評「中體西用」論，一面又不能真正脫開這種思想的窠臼。他們總想以傳統儒學為本去融會西學。由於傳統的因襲過於沉重，民族文化自我中心意味太濃，因此無法成為建設新文化的理想選擇。至於「全盤西化」論，則完全漠視了文化的民族性，喪失了文化自我，實際上等於根本否認了中西文化會通的可能性，因而同樣違背了中國文化的發展要求。

民國時期，真正富有活力的、理性的文化主張，乃是前述所謂「融貫式」，即各種各樣的中西文化互為融通的思想。其中，較為理想的會通構想，又是新民主主義的文化方案。這種馬克思主義指導下的文化思想，雖從五四時期開始即已付諸實踐，但其理論的最終成熟卻是在抗戰時期，毛澤東的《新民主主義論》和張聞天等人的文章乃其標誌。他們所構想的此種方案，也就是通常所說的「民族的、科學的、大眾的文化」。這種新民主主義文化首先是「民族的」，「是反對帝國主義壓迫，主張中華民族尊嚴和獨立的」，同時，它既是我們這個民族的，就必然「帶有我們民族的特性」，具有「中國作風和中國氣派」。但它又並不拒絕外來文化，而是主張對外來進步文化大力吸收，主動消化，泄其糟粕，取其精華。這樣，民族性就不僅表現在應具有本民族的文化特徵上，而且表現在吸收外來文化的主體性上，這種主體性又不僅表現在吸收外來文化的主體選擇性上，還表現在消化外來文化的能力上。至此，文化的民族性認識就空前深化了。其次，它是「科學的」。在內容上，「它是反對一切封建思想和迷信思想，主張實事求是，主張客觀真理，主張理論和實踐一致的」；在方法上，則是以辯證唯物論為指導的。由此出發，它對中國傳統文化採取了「批判繼承」的態度，既不割斷歷

---

35 馬克鋒：《中西會通與近代文化》，《近代史研究》，1990年第4期。

史，又非不加批判的兼收並蓄，從而與民族虛無主義者和文化保守主義者同時劃清了界限。再次，它是「大眾的」，是追求民主理想的。它強調新文化必須具有真正的民主精神，「應為全民族中百分之九十以上的工農勞苦民眾服務，並逐漸成為他們的文化」。這種文化高揚群體的價值，不是簡單否定而是真正超越資產階級個體自由的價值目標，它順應了民國時期民族矛盾和階級矛盾極度緊張的時代要求。

作為一種獨特的組合，新民主主義文化模式成為近百年來先進知識分子探索中西文化關係、會通中西文化的歷史結晶，它既貫穿了崇尚民主與科學的價值取向，又凝聚著高昂而理性的民族精神，不愧是民國文化時代精神的集中體現。五四以後，這一文化在實踐中也煥發出巨大的活力，工農教育運動蓬勃開展，左翼文學和社會科學運動興起並迅速壯大，都無不顯示出它旺盛的生命。抗戰以後，在成熟的新民主主義文化思想的指導下，解放區文化事業更是蒸蒸日上，人民文學、電影、戲劇、新聞事業等都得到全面發展，未來的新中國文化，由此奠定了基礎。這是歷史和邏輯統一的必然歸宿。

第三章

文化道路的
抉擇與論爭

　　如何處理和認識中西文化的關係，也即從文化的角度回答中國向何處去，是近代以來的一個突出問題。一九一二年中華民國的成立，不僅沒有結束清末以來持續進行的東西之爭、新舊之爭，而且，由於政局動盪和新思潮的輸入，這種爭論反而更加頻繁、普遍、深入了。資產階級自由派知識分子繼續大力提倡西方資產階級的新文化，批判封建主義舊文化，並與文化復古主義思潮展開了多次論爭，如新文化運動初期圍繞「孔教」的爭論，《新青年》與《東方雜誌》的角逐，一九一九年下半年後有關新舊「調和」的討論，五四後期東方文化派與西方文化派的辯駁，二十世紀三〇年代的「中國本位」與「全盤西化」論之爭等，都具有這種性質。但民國時期的文化論戰與

清末中西學之爭又有了質的不同。這主要是指五四運動後中國產生了嶄新的文化生力軍，即馬克思主義指導下的新民主主義文化思潮。馬克思主義者對封建文化展開了英勇的進攻，並批評了西方文化派的「全盤西化」論的錯誤傾向，從而使文化論爭具有全新的性質。通過文化論爭，新民主主義文化最終以其科學性、實踐性、革命性，在中國現代思想文化領域取得了主導地位。

第一節 ·
新文化運動
初期的文化論爭

　　戊戌、辛亥時期，資產階級文化曾同封建文化進行過一定的鬥爭，但它還沒有能夠震撼封建文化的根基。革命果實被袁世凱篡奪後，與政治上的復辟帝制相一致，在文化思想領域也掀起了一股尊孔復古的逆流。這種政治復辟和文化復古的逆流促使激進的資產階級和小資產階級知識分子起而與之抗爭，一場新的文化運動因之而起。

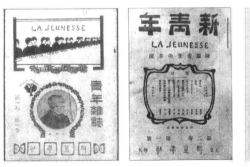

《青年雜誌》、《新青年》、《新潮》

　　一九一五年九月五日，陳獨秀在上海創辦《青年雜誌》（第 2 卷起改名《新青年》），成為新文化運動興起的標誌。陳獨秀（1880-1942），字仲甫，安徽懷寧人，曾留學日本，參加過辛亥革命。一九一七年初，他應北京大學校長蔡元培

之聘，任北京大學文科學長，《新青年》編輯部也隨之遷往北京。當時，在北大任教的新文化界人士李大釗、胡適、錢玄同、劉半農等人參加了《新青年》的編輯工作，魯迅、周作人、沈尹默等人也為之撰稿。《新青年》與北京大學結合，擴大了陣地和影響，形成了一個以《新青年》為核心的新文化陣營。在該刊的影響下，《新潮》、《國民》、《湘江評論》等一系列提倡新文化的刊物如雨後春筍般湧現，新興的進步社團如武昌的「互助社」，長沙的「新民學會」，北京的「少年中國學會」等也不斷產生，一時蔚為風氣。

新文化運動的基本內容是呼喚現代意識，提倡「民主」與「科學」。陳獨秀在《青年雜誌》創刊號上發表《敬告青年》一文，文中號召青年以「利刃斷鐵、快刀理麻」的銳氣，抉擇人間種種思想，並提出明辨是非之「六義」，即（1）自主的而非奴隸的；（2）進步的而非保守的；（3）進取的而非退隱的；（4）世界的而非鎖國的；（5）實利的而非虛文的；（6）科學的而非想像的。文章鄭重強調：「國人而欲脫蒙昧時代，羞為淺化之民也，則急起直追，當以科學與人權並重」。

以民主和科學為宗旨，為武器，新文化運動的提倡者們對封建專制和宗教迷信進行了有力的批判。他們指出，中國欲求生存，必須拋棄數千年相傳的「官僚的專制的個人政治」，實行「自由的自治的國民政治」，大聲疾呼「民與君不兩立，自由與專制不並存，是故君主生則國民死，專制治則自由亡」，主張用科學辦法和科學態度來對待傳統觀念和一切社會問題，破除偶像和迷信，打破「宗教上、政治上、道德上自古相傳的虛榮、欺人、不合理的信仰」，樹立起「真實合理的信仰」。

胡適像

與此同時，他們還對孔子和以儒學為代表的舊禮教、舊道德發動了猛烈攻擊，揭起了「打倒孔家店」的大旗。魯迅、吳虞、易白沙等人發表了一系列的小說和論文，揭露禮教的罪惡，尖銳

地批判忠、孝、節倫理道德的危害。在這一過程中，他們還對婦女解放、婚姻戀愛等問題進行了熱烈的討論，宣傳了男女平等、個性解放的思想。

發起文學革命，提倡白話文，反對文言文，提倡新文學，反對舊文學，也是新文化運動的重要內容。胡適的《文學改良芻議》和陳獨秀的《文學革命論》是其綱領之作。他們主張以白話文代替文言文作為「中國文學的正宗」，建立起「國民文學」、「寫實文學」、「社會文學」，從形式到內容對傳統文學進行徹底變革。此外，在教育上，他們還掀起了平民主義教育運動。一時間，運動波及文化發展的所有重要方面。

新文化運動是辛亥革命在文化思想領域裡的繼續，是資產階級新文化同封建階級文化的一次激烈交鋒，它在政治上和思想上給封建主義以空前沉重的打擊，破除了封建教條對人們思想的束縛，形成了新的思想解放的潮流，對中國人特別是廣大知識青年的覺悟起了巨大作用，同時也為五四運動的發生和馬克思主義的廣泛傳播創造了條件。

不過，五四以前的新文化運動也有著自身的局限性。運動的倡導者們沒能把新文化運動同廣大群眾相結合，使運動僅停留在知識分子的圈子裡，新思想新文化未能深入到民眾中去。同時，有的領導人如陳獨秀、錢玄同等還存在著從形式主義看問題的明顯缺陷，這對以後文化運動的發展也產生過某些消極影響。

隨著新文化運動的崛起和發展，中西文化的論爭以前所未有的廣度和深度迅速地趨於激化。在五四以前，激進民主主義者與孔教派和「東方文化派」之間，展開了多次爭論，其中較引人注目的有尊孔與反孔之爭、《新青年》與《東方雜誌》間的文化論辯以及「林蔡之爭」。下面，就對這幾次論爭的內容作一概述。

一、尊孔與反孔

一九一二年二月十五日，袁世凱經臨時參議院選舉成為中華民國臨時大總統，竊取了辛亥革命的勝利成果。如前所述，他掌權後，在文化上推行一種文化

復古的專制政策，致使社會上尊孔讀經的活動愈演愈烈。

在民間，以康有為及其弟子為中堅掀起的孔教運動，客觀上適合了袁世凱、張勳為復辟帝制而尊孔的需要。一九一二年十月，陳煥章、麥孟華、沈曾植等人在上海發起成立孔教會，推康有為為會長，陳煥章任總幹事。總會初設上海，一九一三年遷至北京，次年再遷至曲阜。在此前後，國內各地和海外一些地方都成立了尊孔團體。

康有為是孔教運動的靈魂、首腦。他鼓吹建立孔教、提倡以孔教為國教的主要理由是：第一，宗教是人類文明的普遍特徵，「凡國必有所謂國教也」[1]，孔教是宗教，可定孔教為中國國教。康有為指出，歐美發達之國均信奉基督教，法國革命與日本維新皆保存「國教」，唯有生番、野人無教，「今中國不拜教主，非自認為無教之人乎？則甘與生番野人等乎？」[2]他力圖將孔教宗教化，以使孔教符合宗教定義。他說：「孔子尊天事帝，無貳爾心，明命鬼神、為黔首則，原始反終，而知死生之說，精氣為物，遊魂為變，而知鬼神之情狀，孔道何所不有……孔子弟子傳道四方，改制立法，實為中國之教主。」[3]既然孔子創設了聖教，則宜遍立孔教會，廣為傳布，以治人心，定風俗。第二，孔子之道亙萬世而常新，適合於共和時代。他指出「或者謂儒家經傳，多重倫綱，今政改共和，君臣道息，諸經舊義，窒礙難行，其道既不適於今時，其教即難施於世宙」的說法，是「未知孔子之大者」，強調孔子大同之道適合於共和之世：「孔子之為道，博大如天，兼備四時……若至太平大同之義，則稍微其文，以待後聖發揮其義……今孔子有平世大同之道，以治共和之世，吾國人正可歡喜恭敬，講明而光大之。」[4]孔子太平大同之義，只需經「後聖」重新詮釋，自能發現人道主義、博愛、平等、自由之說，因而適合現代社會。第三，尊孔與帝制無必然聯繫。康有為讚賞歐美各國「妙用政教之分離」，政治與宗教兩不相礙，兩不相失。指出

1　《康有為政論集》，842頁，北京，中華書局，1981。
2　同上書，955頁。
3　同上書，740頁。
4　同上書，727-728頁。

「今吾國亦宜行政教分離之時矣」[5]。孔教可相對獨立於政治，提倡孔教與帝制復辟也無必然聯繫。此外，康有為還強調孔教是「中國之魂」、民族精神，這種民族精神千百年來已「化於民俗，入於人心」，若毀棄孔教，無異於中華「種族」之滅絕[6]。

康有為等人的「孔教」論，強調尊重文化傳統，並試圖以近代精神對儒學作出轉換性解釋，有一定的合理成分。然而，這種「孔教」論在本質上卻帶有濃厚的封建性，並在客觀上助長了帝制復辟。因此，康有為等人的復古尊孔言論很快成為眾矢之的。新文化運動發生前，資產階級革命派就發表過反對尊孔論、「孔教」論的言論。如章太炎於一九一三年十二月發表了《駁建立孔教議》一文，反對立孔教為國教。

新文化運動興起後，陳獨秀、李大釗、魯迅、易白沙、吳虞等人，對康有為的「孔教」論進行了猛烈攻擊。針對康有為的言論，陳獨秀等人的批駁也集中在三個方面。

第一，強調近代以來世界宗教已由盛而衰，孔教乃教化之教而非宗教之教，因此，反對把孔學樹為宗教，更反對定孔教為國教。關於世界宗教的發展趨勢，陳獨秀指出，由於宗教是反科學的迷信，「西洋教宗，且已由隆而之殺」[7]。他介紹了孔德關於人類進化三階段的說法，即人類進化經歷了宗教迷信時代、玄學幻想時代和科學實證時代。他認為：「歐美的文化，自十八世紀起，漸漸地從第二時代進化到第三時代，一切政治、道德、教育、文學，無一不包含著科學實證的精神……一切宗教的迷信，虛幻的理想，更是拋在九霄雲外。」[8]處在第一階段的宗教迷信現象當屬落後無疑，豈能說惟生番野人無教，而把宗教作為人類文明的象徵呢？

關於孔教非宗教，蔡元培指出：「孔子非宗教家，自廣義的宗教言之（信仰

5　同上書，798頁。
6　《康有為政論集》，733頁。
7　《陳獨秀文章選編》上冊，138頁。
8　同上書，220頁。

心），必有形而上之人生觀及世界觀，而孔子無之；而所言者，皆倫理學、教育學、政治學之範圍。孔子自言無可無不可，孟子評為聖之時者，其不立一定之信條可見。自狹義宗教言之，必有神秘思想，而孔子又無之，『未知生焉知死』，『未能事人焉能事鬼』，不語神怪……」[9]也就是說，從廣義上孔子不搞信仰主義，從狹義上孔子無神秘思想，因此孔教非宗教。陳獨秀也強調：「孔教絕無宗教之實質（宗教實質，重在靈魂之救濟，出世之宗也。孔子不事鬼，不知死，文行忠信，皆入世之教，所謂性與天道，乃哲學，非宗教）與儀式，是教化之教，非宗教之教。」[10]

陳獨秀等人不贊成定孔教為國教，不贊成把孔教寫入憲法。在《憲法與孔教》一文中，陳獨秀指出，以四億人共有之憲法規定獨尊獨祀孔氏，阻礙思想信仰之自由，實在武斷專橫。李大釗在《憲法與思想自由》、《孔子與憲法》等文中也指出，孔子是帝王專制之護符，憲法是國民自由之證券，兩者渺不相涉，有人強使憲法與孔子發生關係，欲以憲法之權威為孔教壯聲勢，是極荒唐、荒誕的。他們均反對獨樹孔教，獨尊祀孔氏。

第二，強調孔教不適合共和時代，不能適應現代生活。陳獨秀在《孔子之道與現代生活》一文中明確指出，孔子生活在封建時代，所提倡之道德為封建時代之道德，所垂示之禮教為封建時代之禮教，所主張的政治為封建時代之政治，這種封建時代之道德、禮教、政治是為少數君主貴族服務的，與多數國民之幸福無關，因此，不適合民主共和時代。李大釗表示，他不否認孔子於其生存時代確足為聖哲，但於今日之社會則已為殘骸枯骨，「其學說之精神，已不適於今日之時代精神！」[11]他們肯定孔子及其學說在宗法社會有其存在的合理性，但又強調了這種宗法社會之道德在總體上已不適應現代生活，不適應現代中國社會，從而斷然否定了在現代中國建立孔教的可能。

第三，強調孔教與帝制、尊孔與復辟有必然聯繫，揭露了孔教為君主專制制

9　蔡元培：《致許崇清信》，《新青年》第3卷，第3號，1917。
10　《陳獨秀文章選編》上冊，220頁。
11　《自然的倫理觀與孔子》，《李大釗文集》上冊，264頁，北京，人民出版社，1984。

度服務的反動實質。陳獨秀指出：孔教「別尊卑、重階級、事天尊君」，因此，「孔教與帝制，有不可離散之因緣」[12]。孔教借君主之力行其道，而君主假孔教之力固其位，孔教與君主相得而益彰。反動勢力提倡尊孔正是為了復辟帝制，「中國政治反動一次，孔聖人便走運一次」[13]。

李大釗指出，歷代專制帝王把孔丘作為偶像，「尊之祀之，奉為先師，崇為至聖」，因而孔丘之名「遂非復個人之名稱，而為保君主政治之偶像」，並成為「歷代帝王專制之護符」[14]。由此，他認識到帝制復辟需要孔子這尊偶像，而打倒孔家店正是要批判「君主專制之亡靈」。

易白沙揭露了封建君主利用孔子學說的實質和原因。他指出，先秦孔學「不過九家之一」，漢代以後罷黜百家獨尊儒術，而尊儒尊孔不過「利用孔子為傀儡，壟斷天下之思想」。孔子學說所以能被封建統治者利用，其原因在於：「孔子尊君權，漫無限制，易演成獨夫專制之弊」；「孔子講學不許問難，易演成思想專制之弊」；「孔子少絕對之主張，易為人所藉口」；「孔子但重做官，不重謀食，易入民賊牢籠」。他將歷代君主尊孔的秘密揭破無餘。

吳虞對儒家的「家庭──國家同質同構」學說進行了細緻入微的剖判。他明確指出，儒家家國同構的核心在於忠孝兩字，忠孝二字連用，居家為孝，出則為忠，教孝就是為了教忠，「教一般人恭恭順順的，聽他們一干在上的人愚弄，不要犯上作亂，把中國弄成一個製造順民的大工廠」[15]。儒家忠孝學說，遂被封建統治者奉若至寶。

魯迅、吳虞等人還作《狂人日記》、《吃人與禮教》等文，猛烈抨擊封建禮教摧殘人性的罪惡，在當時產生了極大的反響。

歷史上的孔教與帝制密切相關，民國以來的尊孔與復辟也有必然聯繫。這已

---

12 《陳獨秀文章選編》上冊，139頁。
13 《陳獨秀文章選編》中冊，375頁，北京，三聯書店，1984。
14 《自然的倫理觀與孔子》，《李大釗文集》上冊，264頁。
15 《說孝》，《吳虞文錄》卷上，上海，上海亞東圖書館，1921。

為民初歷史所證明。先是袁世凱為做皇帝而大搞尊孔，正如魯迅所揭露的：「袁世凱也如一切儒者一樣，最主張尊孔。做了離奇的古衣冠，盛行祭孔的時候，大概是要做皇帝以前的一兩年。」[16]再是張勳復辟時，孔教運動領袖康有為自始至終參與其中，正如陳獨秀在《復辟與尊孔》中所說的，尊孔派都是復辟黨。歷史事實既如此，孔教是否與帝制相關的爭論，也就自然得到了解決。張勳復辟失敗後，康有為於一九一八年辭去孔教會會長，孔教運動隨之破產。

二、《新青年》與《東方雜誌》之爭

　　一九一五年九月《青年雜誌》（從第二卷起改名為《新青年》）創刊後，以《新青年》主編陳獨秀和李大釗等為一方，以《東方雜誌》主編杜亞泉為另一方，圍繞比較中西文化的異同、優劣問題，又展開了論戰。

　　《新青年》有關反對孔教，反對舊文化，提倡西方文化的言論，引起了守舊文人的不滿。除孔教會一幫人，如辜鴻銘、林紓等起而衛道外，杜亞泉以東西文化應「取長補短」之類貌似持平的議論反對新文化運動，成為《新青年》的重要論敵。他以「傖父」的筆名在《東方雜誌》上發表一系列文章，如《靜的文明與動的文明》（1916）、《戰後東西文明之調和》（1917）和《迷亂之現代人心》（1918）等，反對新文化運動的思想主張。陳獨秀、李大釗等新文化運動的倡導者，十分重視杜亞泉的議論，並認真進行了反駁。李大釗發表了《東西文明根本之異點》（1918）等文。陳獨秀先有《東西民族根本思想之差異》（1915）等文，然後，針對《東方雜誌》的言論，發表了《質問〈東方雜誌〉記者》（1918）、《再質問〈東方雜誌〉記者》（1919）和《本志罪案之答辯書》（1919）等文，批判杜亞泉的觀點。杜亞泉又以《答〈新青年〉雜誌記者之質問》（1918）一文作反詰，並更系統地闡述了他的觀點。至此，論爭形成了高潮。

---

16 《墳·從鬍鬚說到牙齒》，《魯迅全集》第1卷，249頁，北京，人民文學出版社，1981。

新文化運動一開始,陳獨秀就通過中西比較認定中國文化落後,西方文化先進,中國文化在整體上較西方文化為劣,主張對傳統文化作徹底的革新改造,而充分接納西洋新文明。他在《青年雜誌》創刊號發表《法蘭西人與近世文明》,明確地把中國文化定為「未能脫古代文明之窠臼」的「古之遺」,其內容「不外宗教以止殘殺,法禁以制黔首,文學以揚神威」。認為以人權說、生物進化論、社會主義為特徵的歐洲近世文明,才是新的文明。他在《東西民族根本思想之差異》一文中,論證了東西文明的三個基本差異:(1)「西洋民族以戰爭為本位」,「惡侮辱,寧鬥死」,致其國家民族「終不淪亡」,並「取得世界之霸權」;「東洋民族以安息為本位」,「惡鬥死,寧忍辱」,終成「雍容文雅之劣等民族」。(2)「西洋民族以個人為本位」,「舉一切倫理、道德、政治、法律之所嚮往,國家之所企求,擁護個人之自由權利與幸福而已」;「東洋民族以家族為本位」,宗法制度有四大惡果即「損壞個人獨立自尊之人格」、「窒礙個人意思之自由」、「剝奪個人法律上平等之權利」、「養成依賴性,戕賊個人之生產力」,由此形成「東洋社會中種種卑劣不法、慘酷衰微之象」。(3)「西洋民族以法治為本位,以實利為本位」,人與人之間「各守分際,不相侵漁,以小人始,以君子終」;「東洋民族以感情為本位,以虛文為本位」,「外飾厚情,內恆憤忌;以君子始,以小人終」。通過比較,陳獨秀認為「西洋文明遠在中國之上」。

在新文化陣營中,李大釗也十分關注中西文化比較問題。他在《東西文明根本之異點》一文中,將東方文明與西方文明的總特徵概括為「靜的文明」與「動的文明」,並由此推演出幾十項具體差異。他認為,東西文明「平情論之」,「互有長短,不宜妄為軒輊於其間」。他又認為從整體上看,從現實考慮,西洋文明要優於東洋文明。他指出,中國古代文明曾對於人類進步作出過偉大貢獻,但現在必須正視「中國文明之疾病,已達炎熱最高之度,中國民族之命運已臻奄奄垂死之期」。東洋文明在與西方文明的衝突中「已處於屈敗之勢」。西方文明「雖就其自身之重累而言,不無趨於自殺之傾向」,但與東洋文明相比,則「實居優越之域」。因此,他主張「竭力以西方文明之特長,以濟吾靜止文明之窮」。他提倡青年人全力以赴學習和研究西方文明,「將從來之靜止的觀念,怠惰的態

度，根本掃蕩，期與彼西洋之動的世界觀相接近，與物質的生活相適應」。[17]李大釗與陳獨秀對東西文明異同的看法不盡一致，但結論卻大體相同。

　　杜亞泉則提出了與新文化運動的倡導者頗為不同的中西文化觀，並與陳獨秀等人展開論戰。他在《靜的文明與動的文明》一文中，將中西差異歸結為西洋為動的社會，中國為靜的社會，動的社會產生動的文明，靜的社會產生靜的文明。以「動的文明」和「靜的文明」歸結東、西方文明的總特徵，從字面上看，與李大釗的概括似乎一樣。然而，他的結論與李大釗所主張的以動濟靜、提倡西洋動的文明的觀念正好相反，主張用中國固有的靜的文明來救濟西洋動的文明的弊端，他說：歐戰的慘烈使「吾人對於向所羨慕之西洋文明」不能不產生懷疑，「不可不變其盲從之態度」。「而吾國固有之文明，正足以救西洋文明之弊，濟西洋文明之窮者。西洋文明濃郁如酒，吾國文明淡泊如水，西洋文明腴美如肉，吾國文明粗糲如蔬，而中酒與肉之毒者則當以水及蔬療之也。」他也表示動的文明與靜的文明要「取長補短」，卻又強調「不可不以靜為基礎」。「以靜為基礎」一句就表現他提倡中國固有文明的鮮明傾向。他這種文化傾向在稍後發表的《戰後東西文明之調和》、《迷亂之現代人心》等文中，表現得更為明顯。《迷亂之現代人心》一文認定，西洋文明的輸入造成了人心之迷亂、國是之喪失、精神界之破產，「此等主義主張之輸入，直與猩紅熱梅毒等之輸入無異」，「救濟之道，在統整吾固有之文明」。救中國，救世界都有賴於發揚光大中國固有之文明，而所謂「吾固有之文明」則是指「君道臣節名教綱常諸大端」，是指儒家思想。

　　陳獨秀對杜亞泉的言論進行了犀利的批駁。他堅決駁斥了杜亞泉把「儒術孔道」當作中國不可動搖的「國基」、「國是」，把「君道臣節名教綱常諸大端」之類的「固有文明」當作「統整」中外思想文化的「繩索」，而把西方文化輸入說成「直與猩紅熱梅毒等之輸入無異」的言論。他在深刻抨擊舊文化衛道者的同時，更高地舉起了「德」「賽」二先生的大旗，以民主和科學與封建文化勢力相抗衡，在《本志罪案之答辯書》中，他慷慨激昂地宣布：「他們所非難本志的，

17　李大釗：《東西文明根本之異點》，《新青年》第5卷第1號，1918。

無非是破壞禮教，破壞禮法，破壞國粹，破壞貞節，破壞舊倫理（忠、孝、節），破壞舊藝術（中國戲），破壞舊宗教（鬼神），破壞舊文學，破壞舊政治（特權人治）這幾條罪案。這幾條罪案，本社同人直認不諱。但是追本溯源，本志同人本來無罪，只因為擁護那德謨克拉西和賽因斯兩位先生，才犯了這幾條滔天大罪。要擁護那德先生，便不得不反對禮教，禮法，貞節，舊倫理，舊政治；要擁護那賽先生，便不得不反對舊藝術，舊宗教；要擁護德先生又要擁護賽先生，便不得不反對國粹和舊文學。」表現了與封建文化勢不兩立的革命精神。

杜亞泉的文化思想與康有為、辜鴻銘、林紓等守舊人物的主張有所區別，但他們在反對新文化運動的基本態度上是一致的，因此，他的言論遭到陳獨秀等人的尖銳抨擊是理所當然的。杜亞泉通過觀察第一次世界大戰的災難和民國初年的亂象，看到了西方文化的弱點，傳統文化中有價值的特質的迷失和中西文化融合的必然性，有一定的合理性。但新文化運動倡導者的見解，更深刻地把握了時代的主題。他們的深刻之處在於，從文化的時代性視角出發將中西文化判為不同時代的產物並判定其優劣，確認屬於「近世文明」的西方文化在整體上優於作為「古之遺」的中國古代文明，並準確地將現代文明的兩大特徵概括為「民主」與「科學」，從而為自己的新文化主張奠定了理論基石。

三、「林蔡之爭」

一九一九年上半年發生的「林蔡之爭」，即林紓與蔡元培之間的辯駁，是守舊勢力與新文化運動激烈鬥爭的一個縮影。

林紓是五四時期著名的思想保守的文化人。一九一九年二月至三月，他在上海《新申報》上發表了《妖夢》、《荊生》等文言小說，謾罵新文化運動。其中《荊生》一篇，以田必美影射陳獨秀，以金心異影射錢玄同，以狄莫影射胡適，說三少年聚談於京師陶然亭，主張去孔子滅倫常，廢文言行白話，結果遭到隔壁「偉丈夫荊生」的指斥和毆打，荊生「指三人曰，汝適何言？中國四千餘年，以倫紀立國，汝何為壞之？孔子何以為聖之時，時乎春秋，即重俎豆；時乎今日，

亦重科學⋯⋯」「田生尚欲抗辯，偉丈夫駢二指按其首，腦痛如被錐刺；更以足踐狄莫，狄腰痛欲斷，金生短視，丈夫取其眼鏡擲之，則怕死如蝟，泯首不已，丈夫笑曰：爾之發狂似李贄，直人間怪物，今日吾當以香水沐吾手足，不應觸爾背天反常禽獸之軀幹」。這篇小說反映了守舊文人極端仇視新文化運動及其倡導人，企圖藉助荊生那樣的強暴勢力即軍閥勢力扼殺新文化運動的陰狠心態。

在此之前的一九一九年一月，劉師培等組織《國故》月刊社，鼓吹以「昌明中國固有之學術為宗旨」，也反對新文化運動。

當時，北京大學是新文化運動的中心。著名資產階級教育家蔡元培（1868-1940），字鶴卿、號子民，浙江紹興人。從一九一七年一月開始擔任北大校長，他邀請陳獨秀、李大釗、胡適、劉半農等新文化運動的健將來校任教，使北大的學術思想空前活躍。守舊文人對新文化運動的搖籃北京大學和蔡元培非常仇視。林紓在小說《妖夢》中，以「白話學堂」影射北京大學，寫某人夢遊陰曹地府，見一所「白話學堂」，門外大書一聯：白話神通，紅樓夢，水滸，真不可思議；古文討厭，歐陽修，韓愈，是什麼東西。校中有三個「鬼中之傑出者」即校長元緒（影射蔡元培）、教務長田恆（影射陳獨秀）和副教務長秦二世（影射胡適）。某人走進學校，內有「斃孔堂」，門上也有一聯：禽獸真自由，要這倫常何用；仁義太壞事，須從根本打消。《妖夢》對蔡、陳、胡的謾罵比《荊生》更粗俗，更刻薄無聊，最後請出「羅睺羅王」，將他們吃掉，吃了這些「無五倫之禽獸」，「化之為糞，宜矣！」一九一九年三月十八日，林紓在《公言報》上發表了致蔡元培的公開信，挑起「林蔡之爭」。他攻擊北京大學開展新文化運動「盡失常軌，佹為不經之談」，是「覆孔孟，鏟倫常」；誣衊文學革命「盡廢古書，行用土語為文字」，並挖苦說：「若盡廢古書，行用土語為文字。則都下引車賣漿之徒所操之語，按之皆有文法⋯⋯據此則凡京津之稗販，均可用為教授矣」；辱罵蔡元培「憑位分勢力而施趨怪走奇之教育」，還警告他「願公留意以守常為是」。《公言報》同時發表了《請看北京學界思潮變遷之近狀》的長篇評論，指責陳獨秀、胡適等將「舊文學一筆抹殺」，而且「絕對的菲棄舊道德，毀斥倫常，詆排孔孟」，是「魯莽滅裂，實亦太過」，「怪誕不經」，「無異於洪水猛獸」。露骨地表現了舊派文人對新文化運動的憎恨。

面對守舊文人的挑戰，蔡元培並沒有退讓。他讀到林紓給他的公開信後，當天即寫了《致〈公言報〉函並附答林琴南君函》，批駁了林紓對北京大學、對新文化運動的指責。針對「覆孔孟，鏟倫常」的指責，他說：「《新青年》雜誌中，偶有對孔子學說之批評，然亦對於孔教會等托孔子學說以攻擊新學說者而發，初非直接與孔子為敵也」。並且質問：北大教員「曾於何書何雜誌，為不仁、不義、不智、不信，及無禮之主張者？」他重申了「循思想自由原則，取相容並包主義」的原則，表明了容許新思潮新文化在北大存在的態度。他還反問林紓：「公曾譯有《茶花女》、《迦茵小傳》、《紅礁畫獎錄》等小說，而亦曾在各校講授古文及倫理學。使有人詆公為以此等小說體裁講文學，以狎妓、奸通、爭有夫之婦講倫理者，寧值一笑歟？然則革新一派，即偶有過激之論，苟於校課無涉，亦何必強以其責任歸之於學校耶？」[18] 蔡元培義正詞嚴的答辯，使林紓無以反駁。

當時，像林紓這樣思想保守的文化人並非絕無僅有。如北京大學復古派教授辜鴻銘，拖著長辮子講授西洋文學。他於一九一五年出版《春秋大義》（即《中國人的精神》），提倡「尊孔」，鼓吹中國固有文化的價值。《東方雜誌》於一九一八年六月從日文譯載了稱讚辜鴻銘《春秋大義》的文章——《中西文明之評判》。再如劉師培、黃侃等人於一九一九年一月成立國故社，創辦《國故》月刊，以對抗《新青年》、《新潮》等進步刊物。

在新文化陣營中，李大釗等其他人也堅決回擊了守舊文人的挑戰。針對林紓小說《荊生》，李大釗指出：「我正告那些頑固鬼祟，抱著腐敗思想的人：你們應該本著你們所信的道理，光明磊落的出來，同這新派思想家辯駁、討論。……總是隱在人家的背後，想抱著那位偉丈夫的大腿，拿強暴的勢力壓倒你們所反對的人，替你們出出氣，或是作篇鬼話妄想的小說快快口，造段謠言寬寬心，那真是極無聊的舉動」[19]。魯迅在《新青年》上發表了一系列雜文，批判了封建衛道士反對新文化的頑固態度。

---

18 陳崧：《五四前後東西文化問題論戰文選》，北京，中國社會科學出版社，1985。
19 《新舊思潮之激戰》，《李大釗文集》上冊，103頁。

蔡元培等人不僅有力地回擊了守舊文人對新文化運動的指責，從而促進了新思潮新文化的傳播，而且，以自己對待學術文化問題的正確態度對待對方的謾罵和無端指責，以寬容對待蠻橫，顯示了新文化人的恢宏氣度。

第二節 · 五四後中西文化論爭的繼續

　　在五四運動後新的形勢下，原有新文化運動的隊伍發生了分裂。以李大釗為代表的左翼轉向「以俄為師」，接受馬克思主義；以胡適為代表的右翼固守「西方文化」的價值取向，對歐戰後世界及中國歷史的巨大變動無動於衷；一些由歐美歸國的留學生組成的「東方文化派」，主張重新審視中西文化關係和復興固有文化。於是，馬克思主義者、西化派、東方文化派，形成了彼此互相對立的三種文化取向，使一九二〇至一九二七年間的中西文化論爭，呈現了嶄新的格局。

一、新文化運動隊伍的分化

　　當新文化運動興起的時候，一九一七年，俄國爆發了十月革命。這場革命和由它引起的世界革命高潮，對中國產生了難以估量的影響。其最大最深刻的影響，就是給中國人送來了馬克思列寧主義，使新文化運動逐漸由一個資產階級的文化運動，發展成為一個廣泛宣傳馬克思列寧主義的運動。在這一過程中，李大釗發揮了先驅者的作用。

李大釗（1889-1927），字守常，河北樂亭人。早年留學日本。一九一六年回國，積極參加新文化運動。早在一九一八年，他就發表了《庶民的勝利》和《布林什維主義的勝利》兩文，歡呼「試看將來的環球，必是赤旗的世界」，成為中國最早的馬克思列寧主義的文獻。一九一九年五月，他又把《新青年》第六卷第五號辦成了「馬克思主義研究專號」，並發表了《我的馬克思主義觀》一篇長文，比較全面地介紹了馬克思主義的思想體系。此文雖還有不完善之處，但畢竟是「先驅者的遺產，革命史上的豐碑」。此外，他還在北京大學組織「馬克思主義研究會」，在其所主持的《晨報‧副刊》上開闢馬克思研究專欄，對傳播馬克思主義厥功甚偉。

馬克思主義的廣泛傳播，引起了西化派知識分子的反感與恐懼，其代表人物胡適挑起了西化派資產階級知識分子與早期馬克思主義者之間的第一次論爭。一九一八年七月二十日，他在《每周評論》第三十一期上發表《多研究些問題，少談些主義》一文，鼓吹實驗主義和改良主義，公開反對馬克思主義，反對馬克思主義的社會革命論。胡適在該文中，竭力攻擊「外來進口的主義」的「無用」與「危

李大釗像

險」，認為空談好聽的「主義」是極容易的事情，是「阿貓阿狗」、「鸚鵡和留聲機」都能做的事，但這不僅無用，而且「是很危險的」。他尤其反對以馬克思主義為指導，「根本解決」中國社會問題，即實行社會革命。他說，自以為尋著包醫百病的「根本解決」，這是自欺欺人的「夢話」。他主張社會改良主義，提出要從「具體的問題下手」，一個一個地去解決那些「火燒眉毛緊急問題」，諸如「從人力車夫的生計問題到大總統的許可權問題；從賣淫問題到賣官賣國問題；從解散安福俱樂部問題到加入國際聯盟問題；從婦女解放問題到男子解放問題」等。這無疑是投入革命潮流中的一服極其有害的渙散劑。

李大釗在《每周評論》第三十五期上發表《再論問題與主義》一文反駁胡適。他的反駁緊緊抓住胡適對於「主義」與「根本解決」二者的錯誤見解而展開。他認為，「主義」與「問題」，「有不能分離的關係」，宣傳主義與研究問題

二者「交相為用，並行不悖」，前者為後者提供賴以指導的世界觀與方法論，更具有重要的意義。李大釗不僅堅持「主義」指導的重要性，而且強調「根本解決」即實行社會革命對於解決中國社會危機的重要意義。他說，在一個「一切機能都已閉上」的社會裡，「恐怕必須有一個根本解決，才有把一個個的具體問題都解決了的希望」。他按照馬克思的唯物史觀指出，社會經濟制度的變革「是根本解決」；由此，政治、法律、婦女、家庭許許多多的問題，才能迎刃而解。

此後，胡適又在《每周評論》上連續發表了《三論問題與主義》、《四論問題與主義》，進行辯駁。馬克思主義者也繼續批評胡適的觀點。如陳獨秀於一九二〇年底發表《主義與努力》一文，批評「有一班妄人」，「主張辦實事，不要談什麼主義、什麼制度」。瞿秋白於一九二四年在《新青年》上發表《實驗主義與革命哲學》，從哲學的高度上批判實驗主義和改良主義。

「問題與主義」之爭的爆發，表明了原有的新文化陣營發生了分化，分化成了以李大釗為首的「唯物史觀派」和以胡適為首的「西化派」。

繼「問題與主義」的論爭之後，早期馬克思主義者與西化派資產階級知識分子間，從一九二〇年底起圍繞「社會主義還是資本主義」又展開了新的爭論。張東蓀於這一年十二月在《時事新報》上發表了《由內地旅行而得之又一教訓》一文，認為中國極端貧窮，多數人沒有能過「人的生活」，中國需要的是「得著人的生活」，因此要開發實業，發展資本主義。梁啟超發表《復張東蓀論社會主義運動》等文，支持張東蓀關於只有資本主義才可以救中國的主張。張東蓀、梁啟超等人的觀點，受到了陳獨秀、李達等早期馬克思主義者的批評。

「問題與主義」的論爭與「社會主義還是資本主義」的論爭首尾銜接，彼此呼應，又恰好在關係此後中國命運與前途的兩大根本問題即社會主義方向與馬克思主義思想指導上，構成了一次完整的思想戰。中國早期馬克思主義者以自己敏銳的洞察力和一往無前的批判精神，取得了對西化派資產階級知識分子論戰的勝利，向人們顯示了科學社會主義的無限生命力。從文化史角度看，中國從此出現了文化生力軍，它向帝國主義文化和封建文化展開了英勇的進攻；馬克思主義與中國民族文化的結合使新文化的發展走上了光明的道路。西化派堅持資產階級實

驗主義和改良主義的觀點，反對馬克思主義在中國的傳播，無視歐洲暴露的西方資本主義文明的弊端，繼續盲目頌揚西洋文明而鼓吹民族虛無主義，後來甚至宣揚失之偏頗的「全盤西化」論。

二、「新舊調和」問題

隨著新文化運動的深入，全然拒絕新文化的態度被證明是不合時宜的。於是一些保守文人不再像過去的封建衛道士那樣把舊文化說成完美無缺，把新文化說成一無是處，來反對新文化運動，而是從新舊文化應當調和的角度否定新文化運動激進的反傳統主義。一九一九年下半年，發生了關於「新舊調和」問題的爭論。

五四以前，就有過東西文化能否調和的議論。杜亞泉的《戰後東西文明之調和》一文，就提出了東西文化的調和問題。李大釗在《東西文明根本之異點》裡，主張東西文明「必須時時調和，時時融會」。陳獨秀在《東西民族根本思想之差異》裡則認為東西民族根本思想「若南北之不相並，水火之不相容」，因此，主張不能調和。新舊文化能否調和的問題成為論戰的主題，卻是在五四以後。

論爭是由章士釗提出的「調和論」引起的。一九一九年九月，章士釗在寰球中國學生會發表題為《新時代之青年》的演講，闡述了新舊調和論。他指出：新舊時代連綿相承，不可劃出明確之界限，「宇宙之進步，如兩圓合體，逐漸分離，乃移行的而非超越的……最後之新社會，與最初者相衡，或厘然為二物，而當其乍占乍蛻之時，固仍是新舊雜糅也」。他所謂的「調和」就是「新舊雜糅」。他主張的「新舊雜糅」是以「保舊」為基礎的，他說：「凡欲前進，必先自立根基。舊者根基也。不有舊，絕不有新，不善於保舊，絕不能迎新；不迎新之弊，止於不進化，不善保舊之弊，則幾於自殺」。他還以歐洲第一次世界大戰後的情況為例，論證「道德上復舊之必要，必甚於開新」。儘管章士釗聲明自己不是守舊者，但他的「調和論」側重在「舊德不可忘」，這顯然是與新文化運動的精神

相違背的。不過，他提出了如何處理文化發展中的新舊或中西關係問題。

　　章士釗提出「調和論」後，杜亞泉、陳嘉異等人起而響應。杜亞泉指出，新舊的意義因時而異，戊戌時代以主張西洋文明者為新，現時則以創造未來文明者為新，那麼，如何創造未來文明？他認為，西洋文明已不能適應新時勢，「中國固有文明，雖非可直接應用於未來世界，然其根本上與西洋現代文明差異殊多，關於人類生活上之經驗與理想，頗有足以證明西洋現代文明之錯誤，為世界文明之指導者」。因此，他認為未來文明之創造當是「新舊思想之折中」，這種調和折中以中國固有文明為指導，把西洋文明「融合於吾國固有文明之中」。陳嘉異則提出，「以極精銳之別擇力，極深刻之吸收力，融合西方文化之精英」，並「盡量灌輸東方文化之精蘊於歐美人士」，則「所抉擇所消化之西方文化之菁英，必有與東方文化之菁英相接相契者，則雖不孜孜謀兩文化之調和，而自有彼此莫逆而笑相見一堂之一日，於是世界文化或世界哲學之完成庶幾可睹」。可見，調和論的實質是變相的「中體西用」論，主張調和者實際上是主張以東方文化融合西方文化，以中國固有文明「統整世界之文明」。

　　「新舊調和論」既然是以「保舊」為基礎的，自然遭到了提倡新文化的人們的反對。張東蓀的《突變與潛變》、《答章行嚴君》，蔣夢麟的《新舊與調和》、《何謂新思想》，常乃德的《東方文明與西方文明》等文，體現了西方文化派對「調和論」的批判。張東蓀對「調和」的概念進行了辨析，指出它與「共存」、「相同」兩個概念是有區別的。他指出，章士釗所舉的「新舊雜存」現象誠然存在，但那只是「共存」即兩個東西同時存在，這兩個雖則同時存在，卻不是調和，譬如章太炎與徐世昌同時生存在中國，他們的主張卻是相反的；「相同」也不是調和，「譬如說舊道德主張克己，與新道德主張利他是相同的」，「只要取了新道德便夠了」，也無所謂調和。蔣夢麟認為，新舊調和是自然的趨勢，「抱新思想的人漸漸把他的思想擴充起了，抱舊思想的人自然不知不覺的受他的影響，受他的感化，舊生活漸漸自然被新生活征服——舊思想漸漸被新思想感化」。這種調和不是人為的，新舊之間是用不著調和派的。他實際上提出了雖在客觀上存在調和的趨勢但在主觀上卻不應講調和。常乃德徑直強調中國固有文明「很欠完備」，「非走西方文明的路不可」。西方文化派在批駁「調和論」時肯定了批判舊

文化、提倡新文化的必要，但並沒有科學地解釋新舊文化的關係，在強調以新代舊時，出現了「全盤西化」、民族虛無主義的傾向。

一九一九年十二月，陳獨秀在《新青年》上發表《調和論與舊道德》一文，認為新舊雜糅、調和作為一種客觀的自然現象是存在的，但不能當做主觀的故意主張。這種現象是由人類惰性造成的，「改新的主張十分，社會惰性當初只能夠承認三分，最後自然的結果是五分；若是照調和論者的意見，自始就主張五分，最後自然的結果只有二分五」。因此，提倡調和論必然不利於社會進步。他還批駁了「物質上應當開新，道德上應當復舊」的主張，指出「若說道德是舊的好，是中國固有的好，簡直是夢話」[20]。陳獨秀還不能運用唯物史觀對新舊調和論進行批判，不時顯示出簡單化和偏激的毛病。

在當時的新文化陣營中，真正高人一籌的是中國最早的馬克思主義者李大釗。他於一九一九年十二月和一九二〇年一月在《新青年》上發表《物質變動與道德變動》、《由經濟上解釋中國近代思想變動的原因》兩篇文章，最早運用唯物史觀回擊了「調和論」的挑戰，並論證了新文化運動發生的歷史必然性。針對「物質開新、道德復舊」的論調，他指出：「新道德既是隨著生活的狀態和社會的要求發生的，就是隨著物質的變動而有變動的，那麼物質若是開新，道德亦必跟著開新，物質若是復舊，道德亦必跟著復舊。因為物質與精神原是一體，斷無自相矛盾、自相背馳的道理。可是宇宙進化的大路，只是一個健行不息的長流，只有前進，沒有反顧；只有開新，沒有復舊；有時舊的毀滅，新的再興。這只是重生，只是再造，也斷斷不能說是復舊。物質上，道德上，均沒有復舊的道理！」[21]這就從理論上否定了東方文化派提出的將舊道德與新物質，將東方的精神文明與西方的物質文明加以調和的模式，表明唯物史觀是批判錯誤文化思潮的銳利武器。

有關調和論問題爭論的實質是「以舊容新」，以東方文化為基礎調和西方文

---

20 《陳獨秀文章選編》上冊，443-445頁。
21 《李大釗文集》下冊，151-152頁，北京，人民出版社，1984。

化；還是「以新代舊」，以西方文化改造東方文化。陳獨秀、蔣夢麟等也承認調和是客觀的自然現象，但反對人們提倡調和，因為當時「調和論」的主旨在「保舊」。因此，當時主張調和與反對調和之爭，實際上是在建設未來文化時是立足於「復舊」還是立足於「開新」的爭論。新文化運動戰士反對「調和論」的鬥爭，是五四前後反對復古思潮鬥爭的重要組成部分。這次爭論涉及的是「新舊關係」這一具有相當理論深度的問題，新文化運動的倡導者很大程度上沒有能科學解釋如何評價傳統文化、如何處理文化遺產和新文化的來源等內容。

三、「東方文化優越論」

一九二〇年，梁啟超發表了《歐遊心影錄》一書。同年，梁漱溟先後在北京、濟南等地講演《東西文化及其哲學》（1921 年十月將講演稿整理出版）。他們通過抨擊在第一次世界大戰中得以集中暴露的西方資本主義文明的弊端，標榜「東方文化」的優越性，鼓吹在中國保留固有文明，並以中國固有文明拯救西方。這番議論自然遭到了主張全面學習西方資本主義文化的胡適等人的批駁。與此同時，一些先進分子已經舉起「社會主義文化」的戰旗，他們在主要反對東方文化派的同時，又對資本主義文化進行初步的解剖。於是，以《歐遊心影錄》和《東西文化及其哲學》的發表為起點，東方文化派、西方文化派和馬克思主義文化派圍繞中國文化應走什麼道路的問題，又展開了激烈的爭論，從而把東西文化論戰推向高潮。以下將三派的主要觀點介紹如下。

（一）東方文化派的基本主張

關於東方文化派的主張，我們先看一下《歐遊心影錄》和《東西文化及其哲學》的基本傾向。

梁啟超在《歐遊心影錄》中描述了歐洲資本主義世界在第一次世界大戰後的淒慘衰敗景象。他認為自己曾經嚮往的西方文明破產了，應該轉向東方。據他介

紹，一個法國人曾對他說：「西方文化已經破產，正要等到中國的文化來救我們，你何必又到我們歐洲來找藥方呢？」一位美國新聞記者也對他說：「西洋文明已經破產了……我回去就關起大門等，等你們把中國文明輸進來救拔我們。」聽慣了歐美人士這類話，梁啟超更覺得西方物質文明是製造社會險象的種子，更覺得近代科學是靠不住的，科學成功「人類不唯沒有得到幸福，倒反帶來許多災難」。他覺得既然歐美人士嚮往世外桃源的中國，中國人就不應藏寶不獻，而要肩負起對於世界文明之大責任，以中國文化拯救世界。他呼籲：「我們可愛的青年啊，立正，開步走！大海對岸那邊有幾億人，愁著物質文明破產，哀哀欲絕地喊救命，等著你來超拔他哩！我們在天的祖宗三大聖（指孔子、老子和墨子——引者注）和許多前輩，眼巴巴盼望你完成他的事業，正在拿他的精神加佑你哩！」

梁漱溟所著《東西文化及其哲學》一書歸宗於儒學，其主旨如該書序言所說是要把中國人和西洋人「都引導到至善至美的孔子路上來」。該書提出了「文化三路向說」。梁漱溟認為文化不同是由於人生的路向不同，而人生路向不同又由於意欲所向不同。他認為意欲所向有向前、自為調和持中、反身向後三種，故就有人生三路向：第一路向就是「奮力取得所要求的東西，設法滿足他的要求，換一句話說是奮鬥的態度」；第二路向「遇到問題不去解決，就是在這種境地上求我自己的滿足……他並不想奮鬥的改造局面，而是回想的隨遇而安」；第三路向「遇到問題他就想根本取消這種問題或要求」。由於意欲所向，人生路向不同就呈現了西方文化、中國文化、印度文化三種類型。西方文化是以意欲向前要求為其根本精神的，他們所走是第一路向；中國文化是以意欲自為、調和、持中為其根本精神的，中國人是走第二路向；印度文化是以意欲反身向後為其根本精神的，印度人是走第三路向。

在梁漱溟看來，西方、中國、印度三大系文化無所謂誰好誰壞，都對人類有很偉大的貢獻，只有「合宜不合宜」的問題。從前，古希臘人、古中國人、古印度人分別走上了第一、第二和第三路向。西方人中世紀折入第三路向一千多年，到文藝復興又重新去走第一路向，因其合於時宜故在征服自然、科學、民主上取得極大成功，成就了近世的西洋文化。中國人明明還處在第一問題未了之下就拐

到第二路向，印度人更是不待第一路第二路走完而徑直拐到第三路上去，都因不合時宜，只有節節失敗。但從今以後，將是另一番情景，西洋人由於第一路向的過度發展而病痛百出：西方獲致了物質生活的滿足卻造成了內心生活的疏離，「人與自然之間，人與人之間生了罅隙……弄得自然對人像是很冷而人對自然更是無情，無復那古代以天地擬人而覺其撫育萬物，像對人類很有好意而人也恭敬他，與他相依相親的樣子……人對人分別界限之清，計較之重，一個個的分裂、對抗、競爭，雖家人父子也少相依相親之意……人處在這樣冷漠寡歡，乾枯乏味的宇宙中，將情趣斬伐的淨盡，真是難過的要死……外面生活富麗，內裡生活卻貧乏至於零！」梁漱溟宣稱西方文化在第一路向已走到了盡頭，將轉而走第二路向。中國文化以前為不合時宜而此刻則機運到來，「不合時宜的中國態度遂達其真必要會」。梁漱溟預言：「人類文化要有一根本變革：由第一路向改變為第二路向，亦即由西洋態度改變為中國態度」。他深信：「世界未來文化就是中國文化的復興」，更具體地說，是孔家文化的復興。《東西文化及其哲學》為復興儒學開闢了道路，成為新儒家思潮的開山之作。

《東西文化及其哲學》鼓吹全世界都要走「孔家的路」，無疑宣布新文化運動已選錯了道路，因而應當改弦更張。所以，該書出版後，受到了反對新文化運動的一派人的熱烈歡迎。嚴既澄的《評〈東西文化及其哲學〉》一文，表示對梁漱溟的思想「差不多全體贊成」，尤其讚賞梁對「孔家思想」的發揮，相信現今世界「中國化是救時靈藥」。一篇署名「惡石」的、同一篇名的文章推崇梁漱溟的著作是「新文化裡第一部有價值的著作」，是「繼絕學、開太平的大發明」。

當時，東方文化派還有學衡派和甲寅派兩個分支。一九二二年一月，南京東南大學教授胡先驌、梅光迪、吳宓等創辦《學衡》雜誌，學衡派因此得名。這些人多是留學歸來，乃擺出「學貫中西」的架勢反對新文化運動和文學革命。在《東西文化及其哲學》問世後，學衡派發表了一些鼓吹東方文明優越，反對新文化運動的文章，呼應梁漱溟的觀點。這些文章如梅光迪的《評提倡新文化者》、吳宓的《論新文化運動》等。

甲寅派以章士釗一九二五年所辦的《甲寅》週刊得名。章士釗以「孤桐」的

筆名，在該刊上發表《新舊》、《評新文化運動》和《原化》等文，抨擊新文化運動，鼓吹舊文化。《原化》一文推崇《東西文化及其哲學》是「近今罕見之名著，國論歸之久矣」，表示只有發揚立足農業國基礎之上的、充滿調和持中精神的中國文化，才能拯救瀕於破產的世界文化。[22]

東方文化派的復古主張，遭到了西方文化派和馬克思主義者的批判。

（二）來自反對方面的回應

以胡適、常乃德等為代表的西方文化派批判了梁漱溟等人的文化觀，並提出了自己對中西文化的一些看法。

胡適於一九二三年四月在《努力週報》上發表了《讀梁漱溟先生的〈東西文化及其哲學〉》。他批評梁著是「主觀化的文化哲學」，「犯了籠統的毛病」。其出點是「籠統的斷定一種文化若不能成為世界文化，便根本不配存在；籠統的斷定一種文化若能存在，必須翻身成為世界文化」。指出梁著關於「西方化的根本精神是意欲向前要求；中國化的根本精神是意欲自為調和持中；印度化的根本精神是意欲反身向後要求」的文化公式是「閉眼說的籠統話」。事實上，印度人也是奮鬥的，說印度人膽小不敢奮鬥以求生活，實在是閉眼瞎說。至於「調和持中」、「隨遇而安」，更不能說是哪一國文化的特性。他進一步指出，梁著關於「西洋生活是直覺運用理智」、「中國生活是理智運用直覺」、「印度生活是直覺運用限量」的第二串公式「更是荒謬不通了」。一切知識都需要現量、理智、直覺三種工具，只有成分輕重的不同。人腦的構造，無論在東在西，絕不能因不同種而有這樣的大差異。胡適在批駁梁漱溟的「三路向說」的同時，提出了自己的看法。他認為中、西、印各種民族的文化走的都是一條路，只因時代環境的關係，「走的路有遲速的不同，到的時候有先後的不同」。現在由於種種原因，歐洲人走到前頭去了，中國和印度只有急起直追，也走這條路，將來中國和印度也

---

22 所引東方文化派之論著，均見陳崧：《五四前後東西文化問題論戰文選》，北京，中國社會科學出版社，1989。

趨向「科學化與民治化」是無可置疑的。

一九二六年六月，胡適在《現代評論》上發表《我們對於西洋近代文明的態度》一文，進一步批判了東方文化派，全面肯定西洋近代文明。他指出：「今日最沒有根而又最有毒害的妖言是譏貶西洋文明為唯物的、而尊崇東方文明為精神的……近幾年來，歐洲大戰的影響使一部分的西洋人對於近世科學的文化起一種厭倦的反感，所以我們時時聽見西洋學者有崇拜東方的精神文明的議論。這種議論，本來只是一時的病態的心理，卻正投合東方民族的誇大狂；東方的舊勢力就因此增加了不少的氣焰。」這一分析，切中了東方文化派的要害。他指出，凡一種文明都包括物質的、精神的兩種因數，沒有一種文明單是物質的，也沒有一種文明單是精神的。他認為，西洋文明不僅在物質方面勝過東洋，而且在精神方面也遠非東洋舊文明所能夢見。

吳稚暉、張東蓀、李石岑、常乃德等人也都對東方文化派提出了尖銳的批評。吳稚暉指出：梁漱溟的「三路向說」「說的整齊好玩」，但「矛盾百出」，他的《東西文化及其哲學》「全書儘管天花亂墜，引征的翔實，在矛盾中，不免都成了童騃廢話了」。[23] 張東蓀指出《東西文化及其哲學》只是在論哲學而不是論文化，只說了文化的一部分問題；指出「梁君說中國的自得其樂主義將代西洋向前奮進主義而興」是不符合事實的。李石岑指出：「中國、印度和西洋都是朝前面坦蕩蕩的一條大路走的，不過走法不同，或走的快慢不同。」都是同一個路向，並不必像梁漱溟所說是三路向。常乃德主張「世界上並沒有東西文化之區別，現今一般所謂東西文化之異點，實即是古今文化之異點」，主張根本吸收西洋近代文明。[24]

西方文化派批判東方文化派，堅持了反對復古主義的正確方向。但他們對於西方資本主義文明的辯護和美化，則是馬克思主義者不能同意的。

---

23 吳稚暉：《一個新信仰的宇宙觀及人生觀》，《科學與人生觀》，上海，亞東圖書館，1923。
24 陳崧：《五四前後東西文化問題論戰文選》。

（三）馬克思主義者對東方文化派的批判

馬克思主義者對東方文化派作了真正深刻的批判。

關於文化的定義。瞿秋白否定了梁漱溟唯心論的文化觀，並努力以歷史唯物論觀點來說明文化的本質。他給文化下的定義是：「所謂文化是人類之一切『做作』：一、生產力之狀況；二、根據於此狀況而成就的經濟關係；三、就此經濟關係而形成的社會政治組織；四、依此經濟及社會政治組織而定的社會心理、反映此種社會心理的各種思想系統。」[25]他指出，研究文化只知道高尚玄妙的思想是首足倒置。

關於東西文化的差異。馬克思主義者批判了梁漱溟以意欲不同來解釋文化不同，將中、西、印三大系文化的差別絕對化的觀點。瞿秋白指出：「東西文化的差異，其實不過是時間上的」。這種時間上的差異，乃由於「生產力發達的速度不同，所以應當經過各種經濟階段的過程雖一致，而互相比較起來，各國各民族的文化於同一時代乃呈先後錯落的現象」。因此，「西方文化，現已經資本主義至帝國主義，而東方文化還停滯於宗法社會及封建制度之間」。楊明齋指出，梁漱溟以意欲不同來解釋文化的不同「是梁君的主觀的觀念太深之故的主張」。他指出，意欲是「受自然及物質支配的」，不是人類生活的根本，更不是產生文化的本因。[26]

關於科學和物質文明的價值。馬克思主義者批判了東方文化派把世界大戰的災難和資本主義制度的罪惡歸咎於科學和物質文明，宣布「科學破產」、「物質文明破產」的觀點。陳獨秀指出：資本主義世界相互爭奪和殘殺的根源是由於財產制度乃個人私有而非社會公有，完全不是科學及物質文明本身的罪惡。我們敢說，科學及物質文明，在財產私有的社會，固可用為爭奪殘殺的工具；在財產公有的社會，便是利用厚生的源泉。

---

25 陳崧：《五四前後東西文化問題論戰文選》。
26 楊明齋：《評中西文化觀》，10-14頁，北京，北京印刷局，1924。

關於所謂東方文化的實質。瞿秋白指出，東方文化派「所心愛的東方文化」無非是三種元素：一是宗法社會之「自然經濟」；二是「畸形的封建制度之政治形式」；三是「殖民地式的國際地位」。這種舊文化「早已處於崩壞狀態之中」。

　　關於中國文化的發展道路。陳獨秀揭露梁漱溟等東方文化論是要把中國引向「幽谷」中去。他說：東方文化派鼓吹的是「禍國殃民亡國滅種的議論，要把國人囚在幽谷裡，我們不得不大聲疾呼的反對，看他們比曹錕、吳佩孚更為可惡，因為他們的害處大過曹、吳。梁漱溟說我是他的同志，說我和他走的是一條路，我絕對不能承認。他要拉國人向幽谷走，我要拉國人向康莊大道走，如何是一條路，又如何是同志？」[27]瞿秋白指出了東方民族發展新文化的道路。他說：「宗法社會，封建制度及帝國主義顛覆之後，方能真正保障東方民族之文化的發展。」他還說：只有當西方的無產階級與東方的弱小民族一起起來反對帝國主義，顛覆宗法社會、封建制度、世界的資本主義，以完成世界革命的偉業，「如此，方是行向新文化的道路」。

　　馬克思主義者的批判，使東方文化派受到了沉重的打擊。當然，年輕的馬克思主義者對文化問題的認識還有許多不足，如強調文化時代上的差異而對文化的民族性缺乏認識；再如對中國古代文化缺乏具體的、歷史的分析。[28]但畢竟在現代中國的文化論壇上崛起了一支最有生機和活力的新軍，他們將擁有未來。

---

27 《精神生活　　東方文化》，《陳獨秀文章選編》中冊，402-403頁。
28 有關馬克思主義者對「東方文化派」思想的批判，可參見劉輝：《簡論早期共產黨人對「東方文化派」思想的批判》，《西北師範大學學報》（哲社版），1989年增刊。

第三節·
科學與人生
觀論戰

　　新文化運動「以科學與人權（民主）並重」。在新文化運動的倡導者看來，科學不僅能促進生產力發展，推動社會進步，而且能使人了解宇宙和人生的秘密，擺脫愚昧無知，樹立正確的人生觀。正當新文化運動高揚「科學」大旗的時候，在西方卻有人喊出了「科學破產」。在中國思想界，受這種思潮影響，先是梁啟超於一九二〇年出版的《歐遊心影錄》中跟著歐洲人叫起「科學破產」。隨後，與梁啟超一同遊歷歐洲的張君勱於一九二三年二月十四日跑到清華大學發表《人生觀》講演，宣稱科學不能解決人生觀問題。這種菲薄科學的言論，是對新文化運動的挑戰，理所當然地要遭到提倡科學的西化派和此時已轉變為馬克思主義者的陳獨秀等人駁斥，於是發生了科學與人生觀論戰。

　　科學與人生觀論戰大體分為三派：一是以張君勱、梁啟超為代表的玄學派；一是以丁文江、胡適為代表的科學派；一是以陳獨秀、瞿秋白為代表的唯物史觀派。張君勱的《人生觀》一文發表後，丁文江於一九二三年四月在《努力週報》上發表《科學與玄學》一文，最先起來駁斥張君勱，稱其為「玄學鬼」，提出要「打玄學鬼」，強調科學而不是玄學（即宋明心學）才能支配人生觀。丁文發表後，張君勱又發表了《再論人生觀與科學並答丁在君》（上、中、下三篇），丁文江則還以《玄學與科學——答張君勱》。在這一過程中，其他人也參加了辯論。一九二三年十二月，上海亞東圖書館將科學派、玄學派雙方論戰文章二十五

萬言彙集成《科學與人生觀》一書。陳獨秀在為該書作序時，對科學派、玄學派都進行了批評，指出唯物史觀才能解決人生觀問題。陳序引起了胡適、張君勱、梁啟超的反批評，陳獨秀又發表了《答適之》、《答張君勱及梁任公》，瞿秋白發表《自由世界與必然世界》、《實驗主義與革命哲學》，對科學派、玄學派進行答辯、批判。前一階段科學派與玄學派雙方的爭論是資產階級哲學營壘內部不同唯心論的爭論，而由陳序引發的爭論具有新的性質，已轉變為無產階級的唯物史觀與資產階級的各種唯心論的爭論。從文化視角看，菲薄科學或推崇科學，提倡宋明心學或反對玄學，反映了對西方文化、傳統文化的不同態度。

玄學派主將張君勱在《人生觀》的講演中提出以推求「公例」為特徵的科學無法解釋「天下古今最不統一」的人生觀。科學可以解釋物質現象，是因為這些現象有因果律可循，有一定的「公例」，但並不是天下事皆有「公例」，人生觀問題就東西古今「極不一致」，沒有規律可循。他認為人生觀受「自由意志」支配，其特點是主觀的、直覺的、綜合的、自由意志的、單一性的。人們忽而主張此，忽而主張彼，飄忽不定，頃刻萬變，自由轉移；人們彼此意見相異，是單一性的，即所謂「甲一說，乙一說，漫無是非真偽之標準」。他列舉九項相互對立的人生觀問題說明人們對人生的看法因時因人而異，這就是所謂大家族主義與小家族主義，男尊女卑與男女平等，私有財產制與公有財產制，守舊主義與維新主義，物質文明與精神文明，個人主義與社會主義，為我主義與利他主義，悲觀主義與樂觀主義，有神論與無神論等。「凡此九項，皆以我為中心，或關於我以外之物，或關於我以外之人，東西萬國，上下古今，無一定之解決者，則以此類問題，皆關於人生，而人生為活的，故不如死物質之易以一例相繩也」。人生觀無一定的「公例」，無客觀的標準，「故科學無論如何發達，而人生觀問題之解決，決非科學所能為力」[29]。

既然科學對人生觀無法解釋，於是就不得不別求一種解釋於玄學中。他認為人生觀問題的解決只能靠玄學。「玄學之名，本作為超物理界超官覺解釋。唯其

---

29 張君勱：《人生觀》，《科學與人生觀》。

有此解釋，於是凡屬官覺以上者，概以歸之玄學」。可見，他所說的「玄學」，也就是心性之學，內省之學。一方面，他推崇孔孟以來的修身養性與內求於身的人生哲學尤其是宋明心學。認為自理論、實際兩方面觀之，昌明宋學都有必要：「知所謂明明德，吾日三省，克己復禮之修省功夫：皆有至理存乎其中，不得以空談目之。所謂理論上之必要者此也。」「當此人欲橫流之際，號為服國民之公職者，不復知有主義，不復知有廉恥，不復知有出處進退之準則。其以事務為生者，相率於放棄責任；其以政治為生者，朝秦暮楚，苟圖飽暖，甚且為一己之私，犧牲國家之命脈而不惜。若此人心風俗……誠欲求發聾振聵之藥，惟在新宋學之復活，所謂實際上之必要者此也。」[30]張君勱以復興儒學尤其是宋明心性之學為己任，是現代新儒家的重要代表人物之一。另一方面，又吸取了西方柏格森的直覺主義與倭鏗的精神生活論。張君勱將西方生命派哲學與中國傳統心學拼湊在一起，形成了「中外合璧式的玄學」。這種人生哲學，既有別於中國古代儒家人生哲學，又不同於西方資產階級的人生哲學。這種人生哲學具有兩重性。他主張「自由意志」，提倡思想與個性解放，表明其人生觀作為一種資產階級人生哲學具有反封建的一面；同時他又貶低科學，否認社會歷史領域的客觀性、規律性，表明資產階級人生哲學不可能正確地解釋人生觀問題，只能以神秘主義作為依歸。

這種矛盾性在另一位玄學派代表人物梁啟超身上也得到了反映。他在《人生觀與科學》一文中採取了折中主義的態度，認為「人生問題，有大部分是可以——而且必須要用科學方法來解決的。卻有一部分——或者還是最重要的部分是超科學的」。「人生關涉理智方面的事項，絕對要用科學方法來解決，關於情感方面的事項，絕對的超科學」。他認為，情感方面至少有兩件就是「愛」和「美」的確有神秘性，是「科學帝國的版圖」所管轄不了的。「假令有兩位青年男女相約為科學的戀愛，豈不令人噴飯？」若要以科學方法來解釋「愛」和「美」，那就是「癡人說夢」。這種折中態度反映了梁啟超一方面感到在西方「科學萬能」的神話已破產，另一方面又感到中國還需要提倡科學精神的矛盾心理。

---

30 張君勱：《再論人生觀與科學並答丁在君·下篇》，《科學與人生觀》。

丁文江等科學派人物堅持主張科學可以解決、支配人生觀。丁文江認為，「一個人的人生觀是他的知識感情，同對知識感情的態度」，人生觀不能離開知識，「在知識界內科學方法萬能」。他所謂以科學解決人生觀問題，主要是指將科學的方法、實證主義的方法、倫理學的方法運用於人生觀。他指出，今天人生觀不統一是一回事，但求人生觀的統一是人們的義務，這就離不開科學方法，他說：「科學的目的是要摒除個人主觀的成見——人生觀最大的障礙——求人類所能共認的真理。科學的方法，是辨別事實的真偽，把真事實取出來詳細的分類，然後求他們秩序的關係，想一種最簡單明了的話來概括他。所以科學的萬能，科學的普遍，科學的貫通，不在他的材料，在他的方法。」丁文江指出，應以科學作為教育同修養的工具，反對復活宋明心學。他以中國歷史上空談心性貽害國家的事實揭露張君勱所講的「精神文明」會導致什麼結果，指出宋朝提倡內功理學，一般士大夫沒有能力，沒有常識，其結果為蒙古人所滅，漢族文化遭極大摧殘，所謂「精神文明」究竟在什麼地方。他批駁了玄學派借歐戰來貶低科學，提倡心性之學的做法，指出應對歐戰負責任的是政治家和教育家，而不是科學家。[31]

針對梁啟超把用科學來解釋「愛」和「美」說成是「癡入說夢」，心理學家唐鉞寫了《一個癡人的說夢》，批判玄學派。他指出：「關於情感的事項，要就我們的知識所及，盡量用科學方法來解決的。」指出情感中的「愛」和「美」兩件同樣是可以用理智分析，受理智支配的。人們的愛情受理智的支配的程度愈大，結果就愈好；反之，結果就愈壞，「世間許多罪惡，是由於不受理智支配的愛情發生的」。至於「美」，他說，線、光、韻、調等是支配美感的要素，這些要素作某種組織，就生出美來，所以分析出線、光等，至少是分析美的一部分。

王星拱認為：「科學是憑藉因果和齊一兩個原理而構造起來的。人生問題無論為生命之觀念，或生活之態度，都不能逃去這兩個原理的金剛圈，所以科學可以解決人生問題。」[32]

---

31 丁文江：《科學與玄學》，《科學與人生觀》。
32 王星拱：《科學與人生觀》，《科學與人生觀》。

丁文江等主張科學可以解決人生觀問題，但沒有說明科學的人生觀是什麼。吳稚暉在《一個新信仰的宇宙觀及人生觀》一文中提出了「人欲橫流」的人生觀。他認為人並不神秘，不過是「用手用腦的一種動物」；人生並不複雜，不過是「兩手動物唱戲」，內容無非是「吃飯、生孩子、招呼朋友」三件事。這三種人生觀都離不開科學，解決吃「許多飯」問題，要「依仗物質文明的科學」；解決避孕問題，要「請教科學」；招呼朋友中「直覺」、「良心」、「良知」，也需要「理智」的幫助。這種人生觀並不科學，但對玄學派鼓吹人生觀的「玄秘」是一種挑戰。

胡適也對什麼是「科學的人生觀」作出了解釋。胡適在論戰開始時發表了《孫行者與張君勱》，指出張君勱雖反對科學、否認倫理學的普遍適用性，但「仍舊不曾跳出賽先生和羅輯先生的手心裡」，猶如孫行者十萬八千里總跳不出如來的手掌。在玄學派、科學派的論戰告一段落後，胡適為彙集雙方論文的《科學與人生觀》作序。他在序文中，根據自然科學知識，提出了自己的「科學的人生觀」或「自然主義的人生觀」，內容大體為十條：叫人知道（1）空間的無窮之大；（2）時間的無窮之長；（3）宇宙及其中萬物的運行變遷皆是自然的，──自己如此的，用不著什麼超自然的主宰或造物者；（4）生物界的生存競爭的浪費與殘酷；（5）人不過是動物的一種，他和別種動物只有程度的差異，並無種類的區別；（6）生物及人類社會演進的歷史和演進的原因；（7）一切心理的現象都是有因的；（8）道德禮教是變遷的，而變遷的原因都是可以用科學方法尋求出來的；（9）物質不是死的是活的；不是靜的，是動的；（10）個人──「小我」──是要死滅的，而人類──「大我」──是不死的，不朽的。胡適還說明了因果律與意志自由的關係。指出在自然宇宙裡，「物質是有自由法則的，因果的大法支配著他──人──的一切生活」。但人們可以利用自然的法則，利用因果律充分運用「創造的智慧」，自然法則、因果律不見得會束縛人的自由。

胡適在序文中還說明了科學派參加論戰的思想動機：中國「正苦科學的提倡不夠，正苦科學的教育不發達，正苦科學的勢力還不能掃除那迷漫全國的烏煙瘴氣，──不料還有名流學者出來高唱『歐洲科學破產』的喊聲，出來把歐洲文化破產的罪名歸到科學身上，出來菲薄科學，歷數科學家的人生觀的罪狀，不要科

學在人生觀上發生影響！信仰科學的人看了這種現狀，能不發愁嗎？能不大聲疾呼出來替科學辯護嗎？」他們是要維護新文化運動所提倡的科學，維護科學在中國的地位。這從一個角度說明了科學人生觀論戰的性質及意義。

科學派雖聲稱科學可以支配人生觀，但他們並不能圓滿地回答科學何以能支配人生觀；他們提出的「科學的人生觀」有合理成分，但在總體上並不科學。丁文江受西方馬赫主義的影響，宣揚「存疑的唯心論」，認為科學的研究物件是「覺官感觸」的物體，至於「覺官感觸的外面，直覺的後面，有沒有物，物體本質是什麼東西」應當存疑，應該存而不論。胡適把人生觀看成「建築在二三百年的科學常識之上的一個大假設」。這些觀點都表明科學派未超出唯心主義的範疇。吳稚暉、胡適等人把人等同於動物，以生物界的生存競爭解釋人類社會的演進，並提倡享樂主義，這種人生觀具有庸俗唯物論的性質。

真正地對科學與人生觀問題作出比較圓滿的解釋的，是唯物史觀派的陳獨秀、瞿秋白等人。他們以唯物史觀作指導考察人生觀問題，攻破了玄學派大本營，並批評了科學派的局限。

陳獨秀指出，「唯物的歷史觀」雖名為歷史觀，「其實不限於歷史，並應用於人生觀及社會觀」[33]。「我們相信只有客觀的物質原因可以變動社會，可以解釋歷史，可以支配人生觀」。思想、文化、宗教、道德、教育等心理現象，都是由物質環境、經濟基礎決定的。人們對人生有不同的見解，有不同的人生觀，「都是他們所遭客觀的環境造成的，絕不是天外飛來主觀的意志造成的，這本是社會科學可以說明的，絕不是形而上的玄學可以說明的」[34]。

陳獨秀、瞿秋白等批駁了玄學派的觀點。張君勱列舉出九項人生觀，說都是主觀的，起於直覺的、自由意志的，不是客觀的，不為因果律所支配。陳獨秀逐項分析了張君勱的九項人生觀，指出它們都不是由於自由意志憑空發生的，都為種種客觀的因果所支配。如：大家族主義和小家族主義，純粹是由農業經濟宗法

---

33 《答適之》，《陳獨秀文章選編》中冊，377頁。
34 同上書，351、354頁。

社會進化到工業經濟軍國社會之自然現象；男尊女卑和男女平等，是由於農業宗法社會把妻當作生產工具，當作一種財產，到了工業社會，家庭手工已不適用，有了雇工制度，也用不著把家族當生產工具，於是女權運動自然興起；財產公有私有制度，是隨生產力的發展而變化的……他指出，不同時代、不同民族的人們由於面臨的客觀環境不同，觀念也不一樣，如歐美婦女每當大庭廣眾吻其所親，而以為人妾為奇恥大辱；中國婦人每以為貴人之妾為榮幸，而當眾接吻雖娼妓亦羞為之。因此，「什麼先天的形式，什麼良心，什麼直覺，什麼自由意志，一概都是生活狀況不同的各時代各民族之社會的暗示所鑄成的」[35]。

瞿秋白指出，社會現象和自然現象一樣也是有規律的，他說：「社會與自然界同樣是偶然的事居多。然而凡有『偶然』之處，此『偶然』本身永久被內部隱藏的公律所支配。」科學的職任便在於發現這些公律，包括社會歷史領域的規律。張君勱只承認自然界的「相同現象」是科學研究的物件，而不承認科學可以解釋異彩紛呈的社會現象。其實，自然界也是偶然的事居多，「科學的公律正是流變不居的許多『異相』裡所求得的統一性」。「社會現象是人造的，然而人的意志行為都受因果律的支配」。科學應探析這些因果律。瞿秋白具體說明了社會現象中的基本規律，他說：「因生產力的狀況而成當代的經濟關係；因經濟的關係而生政治制度；因政治制度而定群眾動機；因群眾動機而有個性動機。經濟動象流變，故個性動機隨此階級分化而各易其趨向，足以為新時代的政治變革的種種因素之一因素。歷史的規律性便在於此。」玄學派認為情感、義務意識是超科學的，瞿秋白指出，情感和義務意識「都可以以科學解釋其因果。最後的因，便是中國經濟的變遷，從宗法社會到資產制度的動向能規定那社會的情感，及義務意識的流變」[36]。

馬克思主義者對科學派提出了批評。陳獨秀批評丁文江「存疑的唯心論」，「和張君勱走的是一條路」，「你既承認宇宙間有不可知的部分而存疑，科學家站開，且讓玄學家來解疑」，那麼丁文江攻擊張君勱的見解就只能「是以五十步笑

---

35 《陳獨秀文章選編》中冊，351、354頁。
36 《自由世界與必然世界》，《瞿秋白選集》，北京，人民出版社，1985。

百步」[37]。陳獨秀還駁斥了胡適的二元論歷史觀。認為他「堅持物的原因外，尚有心的原因，——即知識、思想、言論、教育，也可以變動社會，也可以解釋歷史，也可以支配人生觀」的觀點是錯誤的。陳獨秀指出：「我們並不抹殺知識、思想、言論、教育，但我們只把他當做經濟的兒子，不像適之把他當做經濟的弟兄。我們並不否認心的現象，但我們只承認他是物之一種表現，不承認這表現複與物有同樣的作用。」[38]因此他堅信：只有堅持物質一元論，才能對一切人生觀加以科學的解釋，方能使玄學鬼無路可走，無縫可鑽。離開了物質一元論，主張心物二元論，科學便瀕於破產。應該說陳獨秀的分析，的確抓住了科學派的薄弱環節。

科學與人生觀的論戰，歷時半年多，各方發表文字三四十萬言。在當時的中國，只有因科學不發達而導致的產業落後、迷信盛行、蒙昧主義迷漫，所謂科學帶來的「災難」還無從談起。科學派捍衛新文化運動所舉起的「賽先生」的旗幟，反對菲薄科學，反對復活宋明心學，是應該肯定的。玄學派注意到科學與哲學的區別、科學精神與人文精神的區別有一定的合理性，但哲學不是根本排斥科學的玄學，不能否定社會現象的客觀性、規律性。玄學派的觀點遠不如科學派的觀點更適合於中國的現代化運動。唯物史觀派批判了形形色色的唯心論、二元論和不可知論，擴大了唯物史觀在思想界的影響，較為科學地說明了人生觀產生的原因，為人們樹立正確的人生觀提供了思想武器。

---

37 《〈科學與人生觀〉序》，《陳獨秀文章選編》中冊，349、354頁。
38 《答適之》，《陳獨秀文章選編》中冊，377頁。

第四節·
「中國本位文化」
與「全盤西化」之爭

一九三五年一月十日，陶希聖、何炳松、薩孟武、樊仲雲、武堉幹、孫寒冰、黃文山、章益、陳高傭、王新命十位教授發表了《中國本位文化建設宣言》（簡稱「十教授宣言」或「一十」宣言），引發了學術界持續一年多的關於中國本位與全盤西化的爭論。這是五四時期東西方文化論爭的繼續。

一、關於「中國本位文化」的爭論

「十教授宣言」聲稱：「當前的問題在建設國家，政治、經濟等方面的建設既已開始，文化建設工作亦當著手。」「十教授宣言」估計了當時中國文化領域的現狀，認為由於新思潮的傳播、西方文化的衝擊，「中國在文化的領域中是消失了，中國政治的形態、社會的組織和思想的內容與形式，已經失去了它的特徵。由這些沒有特徵的政治、社會和思想所發育的人民，也漸漸不能算是中國人」。為了使中國重新在文化的領域中抬頭，使中國的政治、社會和思想都具有中國的特徵，必須從事「中國本位的文化建設」。如何從事「中國本位的文化建設」，他們認為不應「拼命鑽進古人的墳墓」，不能贊成復古派的主張；也不應「抱著歐美傳教士的腳」，一味「模仿」外國，包括「模仿」英、美、蘇俄、意、

德。他們提出「此時此地的需要，就是中國本位的基礎」；應該「不守舊，不盲從，根據中國本位採取批評的態度，應用科學方法，來檢討過去，把握現在，創造將來」；對傳統文化「存其所當存，去其所當去」；對歐美文化「吸收其所當吸收」。

「十教授宣言」從字面上看是平穩周全、冠冕堂皇的。人們了解它發表的政治背景之後，就可以看清這個宣言的用意和針對性。二十世紀三〇年代以後，國民黨當局和蔣介石為維護統治，在文化思想領域一面宣揚法西斯主義，一面提倡「尊孔讀經」的復古主義教育。一九三四年，國民黨當局發起了一場以「禮義廉恥」為內容的新生活運動，並成立了以陳立夫為首的「中國文化建設協會」，提倡恢復中國的固有文化與道德。一時，復古的氣氛彌漫全國。在這種背景下發表的「十教授宣言」，適合了國民黨當局提倡復古的意圖，其實質是以變相的「中體西用」論抵制「全盤承受」外國文化，抵制效仿蘇俄和全盤西化論。馮友蘭先生曾經說：「這個『宣言』是國民黨授意作的。一篇洋洋大文，實際上所要說的，只有三個字：『不盲從』。不盲從什麼呢？不要盲從馬克思列寧主義，『以俄為師』。」[39]為什麼也要抵制全盤西化論呢？問題的關鍵也在這裡，西方文化包括資本主義文化和社會主義文化，全盤西化存在著把社會主義文化也化過來的危險。由於有「中國文化建設協會」作後盾，當時國統區紛紛舉行座談會，發表文章，對「十教授宣言」表示贊同。但西化派的胡適、陳序經等人和一些進步文化人士，對「十教授宣言」則進行了尖銳的批駁。

一九三五年三月，胡適發表《試評所謂「中國本位的文化建設」》，對「十教授宣言」進行抨擊。他指出，所謂「中國本位的文化建設」是「中體西用」的「最新式的化裝」，是張之洞《勸學篇》的翻版。「根據中國本位，不正是中學為體嗎？採取批評態度，吸收其所當吸收，不正是西學為用嗎？」指出十教授說是不守舊，其實是在折中調和的時髦外衣掩飾下主張復古。辛亥革命以來，每一次大震動，頑固勢力總憂慮「中國本位」的殞滅，要維持「中國本位」。何鍵、陳

---

39 馮友蘭：《三松堂自序》，254-255頁，北京，三聯書店，1984。

濟棠、戴傳賢要維持那個「中國本位」，十教授也只是要維持那個「中國本位」。不過，他們都以時髦的折中論調作煙幕彈，十教授的宣言「正是今日一般反動空氣的一種最時髦的表現，時髦的人當然不肯老老實實的主張復古，所以他們的保守心理都托庇於折中調和的煙幕彈之下」。「陳濟棠、何鍵諸公又何嘗不可以全盤採用十教授的宣言來做他的煙幕彈？」所謂「存其所當存」、「去其所當去」、「去其渣滓，存其精英」、「取長舍短，擇善而從」等時髦論調，都不過是遮掩其保守心理的煙幕彈。胡適指出，十教授不必擔心「沒有了中國」，不必焦慮中國文化的特徵失去了，「中國今日最可令人焦慮的」恰恰是「處處都保持中國舊有種種罪孽的特徵，太多了，太深了」。中國的當務之急是全力歡迎和接受西方的近代文化，借它的朝氣銳氣衝擊洗滌固有文化的惰性和暮氣，而不是維持那個「中國本位」。胡適對「十教授宣言」為封建復古派「施放煙幕彈」的實質的揭露是尖銳和深刻的。

不過，胡適認為，由於中國文化的惰性實在大，儘管我們全力接受西化，但結晶品還是一個「中國本位的文化」。這正是陳序經等批評他與十教授宣言一樣是折中派的理由。

陳序經是全盤西化論的一個最徹底的代表。他指出，「十教授宣言」裡固說「不守舊」，但事實上，卻偏於復古、近於復古。退一步說，即使承認他們的「存其所當存，吸收其所當吸收」的說法，「十教授宣言」「至多也跳不出三十五年前張之洞所畫的圈子」，可見，陳序經和胡適一樣，也是把「十教授宣言」看成是「中體西用」的翻版。當時還有許多人從這個角度抨擊「中國本位」論。

蔡元培、黃炎培、歐元懷、張熙若等人則批評「中國本位」的說法過於「籠統」、「空泛」，「易生誤會」。「十教授宣言」裡只說「此時此地的需要」就是「中國本位的基礎」，對什麼是「此時此地的需要」沒有進一步解釋。四個月後，即一九三五年五月十日，他們在《我們的總答覆》中指出「此時此地的需要」就是「充實人民的生活，發展國民的生計，爭取民族的生存」。對此，嚴既澄認為，如今恐怕沒有一國不在努力幹這三項事業，既然是一切國家共有的問題，又何必憑空加上「中國本位」四個字？梁實秋也認為，所謂中國本位的問題，所謂此時

此地的需要，孫中山先生的三民主義早已言之在前，何必另起爐灶杜撰出這樣大而無當的名詞來？王西征指出，《我們的總答覆》所說的三項事業，可以分別歸入民生主義和民族主義，「三民主義在此時此地的需要下成為二民主義」[40]，民權主義被拋開了。張熙若指出：「中國本位文化的要義就是取消『民權主義』，取消『民權主義』是『三民主義』的最高階段的發展！更透徹地講，中國本位文化建設運動就是獨裁政制建設運動。」[41]這種分析一針見血地揭露了所謂「中國本位」，所謂「此時此地的需要」就是迎合國民黨當局恢復中國固有的文化與道德，加強對思想文化界控制的政治需要。可以說，「十教授宣言」的政治色彩要超過其學術色彩。

一些進步文化人士根據歷史唯物主義觀點對「十教授宣言」進行了批判。他們揭露了「十教授宣言」回避中國半殖民地半封建的國情，回避民族危機日趨深重的事實而侈談「文化建設」的要害。魯人指出，「此時此地的需要」最迫切的就是反帝反封建，這是發展文化的基礎，他說：「他們以為此時此地，就是中國本位的文化基礎。但此時此地的中國是什麼？中國是一個半殖民地半封建的國家，因為是半殖民地，所以到處遇見帝國主義的屠刀，因為是半封建，所以到處碰著封建勢力的毒刺，必須先割去中國社會的兩個毒瘤，打倒阻礙中國社會發展的兩個大敵，方才可以發展中國的思想文化。」又說：「思想文化，是社會的上層建築，中國文化的停滯是中國社會的停滯而已，反映現代文化沒有了中國，是帝國主義封建勢力雙重支配下的結果，非擺脫這雙重束縛，中國文化是沒有改道的可能。」[42]鄭振鐸等人也指出，當時的迫切問題是中華民族如何能生存的問題，而不是文化的問題，中華民族的生存不可能在舊文化裡找到出路。換言之，就是只能通過保存中華民族來保存民族文化，而不是通過復興民族文化來復興民族。這可以說是中的之言。

在各方批評下，十教授在《我們的總答覆》中對「中國本位」、「不守舊」、

---

40 馬芳若：《中國文化建設討論集》，上海，文化建設月刊社，1936。
41 同上。
42 馬芳若：《中國文化建設討論集》。

「不盲從」、「此時此地的需要」等作了辯解和進一步的解釋，並力言「中國本位」與「中體西用」的區別。聲稱「中體西用」論是把物質和精神截然分開，主張用中國的精神文明去支配西方的物質文明。從事本位文化建設則視文化為一整體，精神與物質不能分離。然而，這種辯解沒有切中要害，「中國本位」與「中體西用」都是以民族性為文化選擇的最高價值尺度。力辯與「中體西用」的區別本身就可以說明，以民族性的防堤抵禦西方文化的保守主義文化價值觀，是不適應現代化的歷史潮流的。

二、圍繞「全盤西化」的論辯

「全盤西化」作為在這次論戰中與「中國本位」對立的口號、主張，早在二十世紀二〇年代就已提出。有人認為前者是因為反對後者而發生的，這是一種誤解。一九二九年，胡適為英文《中國基督教年鑒》寫了《中國今日的文化衝突》一文，使用了「Wholesale Westernization」和「Wholehearted Modernization」兩個詞。潘光旦在英文《中國評論週報》上發表了一篇書評，指出這兩個詞一個可譯作「全盤西化」，一個可譯作「全力的現代化」或「充分的現代化」。

不過，「全盤西化」最有力的倡導者是陳序經。據他自己後來說，早在一九二五年赴美留學前後，他和盧觀偉、陳受頤已感到全盤西化的必要了，最初使用「全盤接受西洋文化」或「全盤採納西洋文化」等詞。一九三〇年，陳序經在德國留學時寫了《東西文化觀》一文，並公開發表於一九三一年四月的《社會學刊》第二卷第三期，明確提出了全盤接受西方文化的主張。一九三二年，他又寫成《中國文化的出路》一書，此書第五章的題目是「全盤西化的理由」。他把當時在中西文化問題上的主張歸納為三個派別：（1）主張全盤接受西方文化的；（2）主張復返中國固有文化的；（3）主張折中辦法的。他的結論是：「折中的辦法既是辦不到，復古的途徑也走不通。」「我們的唯一辦法，是全盤接受西化」。他提出了全盤西化的四條理由：（1）中國對西洋文化的態度趨向於全盤西化；（2）中國歷史上採納西洋文化的事實趨向於全盤西化；（3）西洋現代文化的確

比我們進步得多；（4）西洋現代文化，無論我們喜歡不喜歡，它畢竟是現在世界的趨勢。一九三三年十二月，陳序經在中山大學做了一次題為《中國文化之出路》的講演，講稿發表在一九三四年一月廣州《民國日報》「現代青年」欄，由此在廣東引起了一場文化論戰。關於中國本位文化建設的討論開始後，他的全盤西化觀點更為人們所注意。他提出全盤西化的理論根據主要有兩個，一個是「整體文化論」，即文化本身是整個的，「本身上是分不開的」，人們把文化劃分成語言、物質、科學、宗教等成分，不過是為了研究上的方便而進行的主觀的分析，本身上沒有這回事，所以各方面是互相連帶，互相影響的，引進西方文化不能要這個部分而不要那個部分。二是「基礎文化論」，即認為某一時代某一環境多種多樣的文化中有一個基礎文化，西洋文化就是現代的基礎文化，是現代化的根本和主幹，而中國文化是處在現代世界基礎文化之下的窒礙物。「所以提倡全盤的和徹底的西化，使中國能夠整個的西化。」

陳序經的「全盤西化」論引起了復古派、折中派、唯物史觀派的詰難與批評，以至西化派也提出了一些修改意見。他則發表《讀十教授〈我們的總答覆〉後》、《關於全盤西化答吳景超先生》、《關於中國文化之出路答張磐先生》、《再談「全盤西化」》等文，進行答辯。

十教授從復古派的立場批駁全盤西化觀點。「十教授宣言」中的「不盲從」就有針對全盤西化的一面。他們在《我們的總答覆》中更把矛頭直指全盤西化觀點。一是強調吸取外來文化必須「根據此時此地的需要」進行審慎選擇，「倘竟不顧時地的條件，貿然主張全盤西化，豈但反客為主，直是自甘毀滅！」二是指出西方文化本身並不是統一的整體，其中的資本主義文化和社會主義文化建立在不同的社會關係上，各自成為特殊的體系，雙方互相矛盾衝突。他們質問全盤西化論者：是承受資本主義文化的全盤？是承受社會主義文化的全盤？還是承受資本主義文化與社會主義文化兩者的全盤？全盤西化究竟從何化起？

持折中論的吳景超也提出了類似的問題。他指出西方文化本身有互相衝突的內容，「所謂全盤西化，是化入獨裁制度呢？還是化入民主政治？是化入資本主義，還是化入共產主義？西方文化本身的種種矛盾，是主張全盤西化者的致命

傷」。吳景超認為陳序經用來論證全盤西化的論據有兩條，第一條是所謂文化分不開，在一方面採納了西洋文化，別的所有方面也非採納西洋文化不可的理論；第二條是我們對西方文化無條件地全盤讚賞，也就是說我們認為西方文化所有方面都比我們的文化先進。他認為還沒有一位學者能夠證明文化分不開的理論，文化的各部分有的分不開，有的分得開，如採納了西洋的電燈，並非一定採納西洋的跳舞；採納了西洋的科學，也並非一定採納西洋的基督教。關於對西方文化的價值，他認為不能接受陳序經「全盤讚賞」的態度。他提出對於西方文化的不同部分可以採取「四種不同的態度」：對自然科學、醫學等，「整個地接受」，並用它們來替代中國文化中的類似部分；對哲學、文學等，「整個地接受，但只用以補充」中國文化中的類似部分；對資本主義生產方式、政策等，「願意用作參考，但絕不抄襲」；對迷信的宗教、兒戲的婚姻、誨淫的跳舞、過分的奢侈，「要加以排棄」。

張磐是受了馬克思主義唯物史觀影響的知識分子，他從唯物史觀的立場上批評了陳序經的全盤西化論。他指出，人類的生活建築在經濟基礎上，文化是人類的生活表現，所以當然要受經濟勢力決定。他認為，全盤西化派企圖把西洋文化全盤移植於中國封建經濟基礎上，是一條死路。目前中國文化運動最迫切的工作，是把封建經濟基礎推翻，建立一個現代化的新經濟基礎，然後才會有現代的文化，否則中國文化永無出路，只能在死路上徘徊。

西化派的胡適、張佛泉、張熙若等人認為全盤西化的表述欠妥當，應當修正。胡適在一九三五年三月的《獨立評論》第一四二號的《編輯後記》中，提出了「自然折中論」。他說，他是主張全盤西化的，但是文化自有一種惰性，全盤西化的結果自然是一種折中的傾向，舊文化的惰性自然會使它成為一個折中調和的中國本位新文化。後又提議用「充分西化」、「充分世界化」代替「全盤西化」。他承認「全盤西化」這個名詞的確不免有一點語病，「這個語病是因為嚴格說來，全盤含有百分之一百的意義，而百分之九十九還算不得全盤」。不用「全盤」而改用「充分」、「全力」等字眼，可免除一切瑣碎的爭論，並得到同情的贊助。張佛泉認為陳序經的「全盤西化」太籠統、含混，而主張提「根本西化」，他說：「我所主張的可以說是從根本上或是從基礎上的西化論。有許多枝

節問題，如是打橋牌好，還是打麻將好，我以為可以不專去討論它。」[43]張熙若認為，中國今日大部分都可以西化，但是這與全盤西化不同。即使大部分是百分之九十九，也不能叫全盤。他提出，「我們今日大部分的事物都應該西化，一切都應該現代化」[44]。這一表述除以「全部分」取代「全盤」，還把「西化」與「現代化」加以區別。嚴既澄也認為「西化」最好改為「現代化」。

來自各方的批評，暴露了全盤西化論的一些理論漏洞，表明「全盤西化」在道理上說不通，在事實上不可能。它和「中國本位」論一樣，沒有也不可能為中國文化的發展指明方向。需要指出的是，這種不無偏頗的觀點，其主要矛頭是針對當時的文化復古思潮，其主要目的是使中國實現資本主義工業化和現代化，在當時的歷史條件下，其進步意義也是不可抹殺的。

第五節 ·
抗戰時期的復古與反覆古鬥爭

抗日戰爭時期，國民黨當局借民族主義高昂的形勢，在思想文化上繼續掀起復古運動。與此同時，文化保守主義思潮也適逢其會，獲得了長足的發展，馮友蘭、賀麟、錢穆等在他們的論著中頌揚中國固有的道德和文化，宣揚了一些文化復古的主張。馬克思主義理論工作者對封建法西斯主義和文化保守主義者的復古主張則進行了批判、鬥爭，成為這一時期文化論爭的主要內容。

---

43 馬芳若：《中國文化建設討論集》。
44 同上。

一、與蔣介石封建復古主義的鬥爭

　　蔣介石以提倡「心理建設」、「倫理建設」為名，宣揚「致良知」，恢復封建道德的復古思想。所謂「心理建設」，就是確立「知難行易」的觀念，推行「力行」哲學和「誠」的哲學，要求廣大民眾不必求知而盲目跟他去行，至誠地去行。所謂「倫理建設」，就是恢復中國固有的德性，恢復「忠孝仁愛信義和平」八德和「禮義廉恥」四維。他在一九四三年拋出的《中國之命運》一書中，要求國人「領悟」「行易哲學、一致起而力行」。極力美化傳統倫理哲學，宣稱：「我們中國古來的倫理哲學，對於人類社會相繫相維之道，有詳密精深的研究。社會的組織雖有不斷的演進，而父子、夫婦、兄弟、朋友之道，上下尊卑、男女長幼之序，乃至鄰里相恤，疾病相助，實為社會生活不變的常理。」還說：「中國固有的人生哲學，經孔子的創導，孟子的闡揚，漢儒的訓釋，自成為崇高的體系，比之於世界上任何派別的哲學實有過之而無不及。」因此，他提出要保衛中國固有的文化和德性。

　　馬克思主義者對蔣介石宣揚的封建復古主義進行了批判。周恩來尖銳地指出：「蔣介石提倡力行哲學，其中心是要於不識不知之中，盲目地服從他，盲目地去行。」蔣介石講誠，「是要別人對他誠心誠意地盲從，他對別人卻絲毫也沒有誠意的」。「蔣介石強調四維八德的抽象道德，若一按之實際，則在他身上乃至他領導的統治群中，真是亡禮棄義，寡廉鮮恥！」「蔣介石的歷史觀，是一套復古的封建思想，反映著濃厚的傳統的剝削階級意識。」

　　艾思奇剖析了蔣介石所謂「誠」的唯心論實質，認為這種「誠」不過是迷信的代名詞。他指出，許多寺廟裡，許多測字攤上，常常掛著「誠則靈」的招牌，求神問卦的人，必須恭恭敬敬，把貢品和金錢送給和尚道士以表示誠心，蔣介石所說的「誠」也不過是勒索貢品的幌子。他進而揭露蔣介石所講的「力行」，指出這種所謂「力行」，是憑藉著「誠」，憑藉著對於「主義」，對於「領袖」的偶像化信仰，是「宗教式的崇神行為」；這種所謂「力行」是盲從的行為，「是想

把封建時代愚民政策的統治施行到今天」[45]。

胡繩在《論「誠」》一文中，也揭露了蔣介石鼓吹「誠」的唯心論實質和愚民目的。他指出，法西斯主義在其哲學基礎上有意地加上神秘主義的色彩，「由此，在東方專制主義下的『誠』的神秘主義就和近代最反動倒退的、反對人民大眾的法西斯思想一脈相通，那正是我們更不能不加以揭穿的。嚴格否定這種專制主義的神秘內容，在實踐生活中發揚『誠信』與『真誠』的精神，那才是我們對於民族的文化遺產所應有的態度」[46]。

此外，範文瀾的《袁世凱再版》、齊燕銘的《蔣介石的文化觀》等文，也對《中國之命運》宣揚的文化復古思想進行了批判。

二、批評文化保守主義者的主張

錢穆、馮友蘭、賀麟等文化保守主義者的「復古」論，也遭到了馬克思主義理論工作者的批駁。

錢穆在《國史大綱》和《文化與教育》兩書中宣揚了「復古」主張。胡繩撰文進行了批評。錢穆認為，中國歷史上自秦到清末的政治並不是專制政體而是一種民主政體。對此，胡繩指出，古代採用宰相制度、考試制度，並不能抹殺君主專制的性質，恰恰說明古代政體是「用官僚制度來補足的君主專制」，孫中山正是要推翻這種君主專制。「假如中山先生還在，他聽到人們說，他所畢生與之鬥爭的君主專制政體，其實是『中國式的民主政治』，不知道他會作何感想！」胡繩還批駁了錢穆有關中國「五千年來」立國和當前抗戰靠的全是傳統文化，傳統文化的「優異」在於「孝」的論調。他指出，假如抗戰靠的是傳統文化，前一百年的迭遭侵略是因為喪失了傳統文化，「那麼又為什麼抗戰一起，傳統文化忽然

---

45 艾思奇：《〈中國之命運〉——極端唯心論的愚民哲學》，《艾思奇文集》第1卷，683、690頁，北京，人民出版社，1981。
46 《胡繩文集》（1935-1948），185頁，重慶，重慶出版社，1990。

能再興了呢？」至於傳統文化中的「孝」，不只是用在家庭關係中的概念，歷代封建統治者最喜講「以孝治天下」和「愛民如子」一類的話，其含意無非是：我做君主的人把你們老百姓看做我的兒子，因此你們也要像孝敬父親一樣地孝敬我，可別把我當做壓迫你們的人。

馮友蘭的「新理學」，也受到了杜國庠、陳家康、胡繩等馬克思主義理論、學術工作者的激烈批評。

杜國庠在《玄虛不是中國哲學的精神》一文中認為中國哲學的精神不是「經虛涉曠」，而是實事求是，馮友蘭由於他自己的形而上學的要求而歪曲事實，把幾個唯心主義「傳統」誣稱為中國哲學的主流。在《玄虛不是人生的道路》一文中他則指出，所謂「專憑其是聖人最宜於做王」的說法勢將助桀為虐，因為一切大奸巨慝未有不被其狐群狗黨譽為「聖明神武，首出庶物」的；所謂「即其所居之位，樂其日用之常」，是讓人安分守己，在精神上麻醉被壓迫者；所謂「同天境界」，是以「理智底總括」始而以神秘主義終，是理智的破產，是玄學唯心論。在《論「理學」的終結》一文中又指出，宋明理學經過黃梨洲、顧亭林、王船山、顏習齋諸人的批判，「是決定地終結了，絕沒有死灰復燃的可能；雖然還有人企圖把它再『新』一下，究竟是過時的果實，變了味道了」[47]。

胡繩寫了《評馮友蘭著〈新世訓〉》、《評馮友蘭著〈新事論〉》等文，批評「新理學」。在後一文中，他指出，馮友蘭否定辛亥革命，抹殺五四運動，「引清末的洋務運動者為同調，而加以稱揚」，「以為中國過去除了『中學為體西學為用』派的工業建設以外，其餘都是毫無意義的事」，這是「歷史的翻案」。他指出，否定辛亥革命就是否認政治上求改進的必要，否定五四運動就是否認對舊思想意識進行改造的必要，馮友蘭所指的中國走向自由之路「就是五十年前張之洞的道路」，這種「中體西用」的主張「早已經在歷史的實踐中被否定了」[48]。

此外，陳家康的《真際與實際》，周谷城的《評馮友蘭的〈新理學〉》、《評

---

47 《杜國庠文集》，377頁，北京，人民出版社，1962。
48 《胡繩文集》（1935-1948），145-156頁。

馮友蘭的〈新原人〉》，趙紀彬的《理學的本質》等文，也都對「新理學」的玄學性質及消極作用進行了批評。不過其火藥味甚濃，學術性卻略顯不足。

胡繩、蔡尚思等馬克思主義理論工作者對賀麟的「新心學」也進行了批判。胡繩在《目前思想鬥爭的方向》一文中，指出賀麟把中國的舊東西和西洋的最新精神結合，是「新復古主義」，他指出：「復古的主張雖由來已久，但敢公然主張維持三綱五常之道的，恐怕只有一些不識字的軍閥。但現在卻有一個學者說，三綱實在是比五常更崇高的道德，因為君君、臣臣、父父、子子還容許：倘君不君，臣也可以不臣，是相對性的道德；而『君為臣綱，父為子綱，夫為婦綱』，才是絕對性的道德，他從這裡面『發現了與西洋正宗的高深的倫理思想和西洋向前進展向外擴充的近代精神相符合之處』。這安能不令人為之咋舌！」[49]他在《論反理性主義的逆流》和《一個唯心論者的文化觀——評賀麟先生著〈近代唯心論簡釋〉》等文中，對賀麟的「新心學」也進行了批評，除揭露其復古論性質外，還著重批判了「新心學」的神秘主義、反理性主義。他指出，賀麟雖自以為是介紹敘述康得和黑格爾，但實際上卻是那些把整個康得黑格爾學說神秘化、反理性化的新黑格爾派的同盟兄弟。

蔡尚思在《賀麟的唯心論》一文中，對賀麟的「直覺的方法」、「先天的範疇」、「內心的文化」、「道體的宗教」、「基石的禮教」等唯心論的觀點也作了批評。

馬克思主義理論工作者還批判了當時的其他文化復古主張。

三、毛澤東、張聞天對文化論爭的總結

抗日戰爭時期，毛澤東、張聞天等中國共產黨人對近代以來的中西文化論爭作了科學的總結。

---

49 同上書，102頁。

一九四〇年一月，毛澤東發表了《新民主主義論》。在談及文化問題時，他指出，文化論爭的性質在五四運動前後是不同的，「在『五四』以前，中國文化戰線上的鬥爭，是資產階級的新文化和封建階級的舊文化的鬥爭。在『五四』以前，學校與科舉之爭，新學與舊學之爭，西學與中學之爭，都帶著這種性質……『五四』以後則不然。在『五四』以後，中國產生了完全嶄新的文化生力軍，這就是中國共產黨人所領導的共產主義的文化思想，即共產主義的宇宙觀和社會革命論……這個文化生力軍，就以新的裝束和新的武器，聯合一切可能的同盟軍，擺開了自己的陣勢，向著帝國主義文化和封建文化展開了英勇的進攻。」

　　毛澤東批判了文化復古和「全盤西化」的錯誤主張，提出了對待外國文化和中國古代文化的正確態度。對待外國文化，他指出：「中國應該大量吸收外國的進步文化，作為自己文化食糧的原料……凡屬我們今天用得著的東西都應該吸收。但是一切外國的東西，如同我們對於食物一樣，必須經過自己的口腔咀嚼和胃腸運動，送進唾液胃液腸液，把它分解為精華和糟粕兩部分，排泄其糟粕，吸收其精華，才能對我們的身體有益，絕不能生吞活剝地毫無批判地吸收。所謂『全盤西化』的主張，乃是一種錯誤的觀點。」關於對待中國古代文化，他指出：「清理古代文化的發展過程，剔除其封建性的糟粕，吸收其民主性的精華，是發展民族新文化提高民族自信心的必要條件；但是絕不能無批判地兼收並蓄。必須將古代封建統治階級的一切腐朽的東西和古代優秀的人民文化即多少帶有民主性和革命性的東西區別開來。」[50]後來，他在《論聯合政府》的報告中，也強調對外來文化、中國古代文化都不能採取一概排斥或盲目搬用的態度，否定文化復古和「全盤西化」論。

　　毛澤東把中華民族新文化概括為「民族的科學的大眾的文化」，強調了民族形式與民主、科學內容的統一，民族性和時代性的統一，從文化角度科學地回答了「中國向何處去」的問題。

　　同年，張聞天在《中國文化》第二期發表了《抗戰以來中華民族的新文化運

50　《毛澤東選集》第2卷，696-697頁、707-708頁。

動與今後任務》一文，對「中華民族新文化的內容與性質」、「中華民族的新文化與舊文化」、「中華民族的新文化與外國文化」等問題作了闡述。在談到新文化與舊文化的關係時，他指出新文化要徹底否定「買辦性的封建主義的文化」，但要從舊文化的倉庫中發掘出「民族的、民主的、科學的、大眾的文化因素」，加以接受、改造和發展，這叫「批判的接受舊文化」。在談到新文化與外國文化的關係時，他指出「要吸收外國文化的一切優良成果，不論是自然科學的、社會科學的、哲學的、文藝的」，「絕不像『中學為體、西學為用』的『中國本位文化』論者那樣，只吸收外國的自然科學，來發展中國的物質文明」；但這種「吸收」，絕不是完全抄襲外國文化的所謂「全盤西化」，外國文化中的反動文化（如主張侵略，反對民族解放，主張獨裁與法西斯主義，反對民主與自由，主張宗教迷信，反對科學真理，擁護壓迫剝削，反對大眾，反對社會主義的文化），是應堅決排斥的。

中國共產黨人正確地回答了如何對待外來文化，如何對待傳統文化，如何處理新舊、中外文化的關係等問題，批判了復古主義者、文化保守主義者、「全盤西化」論者的錯誤主張，為中國新文化的發展指明了方向。

第六節 ·

黎明前的
文化選擇

一九四五年抗戰勝利後，隨著建國問題提到議事日程上來，中西文化的問題再一次為人們所關注。

一、兩種中國命運決戰中的文化問題

　　抗日戰爭勝利後的中國，面臨著兩種命運的決戰：走向光明還是走向黑暗？國民黨蔣介石堅持獨裁和內戰的方針，企圖在全國範圍內恢復和加強大地主大資產階級的統治，將中國引向黑暗。中國共產黨則堅持在和平民主團結的基礎上，建設獨立自由與富強的新中國，將中國引向光明。一些歐美派知識分子以「自由主義者」、「中間勢力」、「第三黨」自居，幻想調節國共的「武力黨爭」，建立一個不同於美、蘇，即介於「資本與共產兩主義之中間」的民主共和國，走第三條道路。戰後的中國由此呈現出三種政治勢力並存和互相制約的政治態勢。作為此種現實的政治鬥爭在意識形態領域的反映，中西文化問題在兩種命運決戰的時刻再一次被突顯出來。

　　抗戰勝利後，國民黨蔣介石為適應自己「統一軍令政令」建立獨裁的政治需要，除繼續宣傳儒家以「忠、孝」為核心的傳統道德外，更注重宣傳儒家「大一統」的正統觀念。他們宣稱，孔子的「大一統」遺教，是「救世寶典，救國綱要」；攻擊共產黨「發動內亂」，是犯上作亂，所以首先應當強調「正名」，即肯定國民黨一黨專政的合法性。陳立夫強調中國有「民族文化一統的基礎」，不應該受外來思潮的左右，「中國絕不能離開『中』，而偏向任何一面」。因此，沉寂多年的「中國本位文化」論，又成了時髦。如張道藩指出，中國的建國說到底是「文化立國」，而這個「文化立國」的方向在十多年前的「中國本位的文化運動」中就已經明確了：「吾從中國本位文化運動宣言中，已聽出了新時代的序曲及新人類的呼聲，……不啻『晨雞曉唱』報到新時代的來臨」。在國民黨政府的倡導下，尊孔復古的老調再次高唱入雲。

　　中間派中以張東蓀、梁漱溟為代表的一些人仍然重彈東方文化優越的論調。梁漱溟於一九四九年出版的《中國文化要義》，基本上在重複一九二一年自己在《東西文化及其哲學》中提出的舊有觀點，堅持中國文化是「早熟」而非落後，且愈形僵滯、凝固。他說，中西文化是兩個「永遠不會相連屬的東西」，因此，中國絕不可能「進於科學」、「進於德謨克拉西」；相反，「歐人不足法」，從曾國藩到共產黨，中國正是由於學了西方文化，才「愈弄愈糟」。所以，全部的問

題不在於政治，而在於輸入西方文化破壞了中國文化的特性，造成中國文化「極其嚴重地失調」的緣故。他認定必須「往東走」，中國古代政治已是盡善盡美，「革命」、「民主」是絕對多餘的。張東蓀提出了「中西文化接根」的見解。他認為，中國的傳統政治歷來分成代表帝王利益的「甲橛」和代表平民利益的「乙橛」兩部分。儒家思想主張修身治國、匡救時弊，正在於保護「乙橛」。這一點恰恰與西洋民主思想類似。長期以來，西方文化輸入成了「桔過淮為枳」，原因在於接錯了頭，西方的東西助長了「甲橛」、破壞了「乙橛」。因此，不是要排斥西方文化，而是要用「接根之法」，從本國文化中的「相似之點」即儒家思想出發，把西方民主主義「迎接過來」。可見，他所說的中西文化「接根」，就是主張在儒學的基礎上去「迎接」西方民主主義，就是要求新思想與舊道德的結合。他們沒有擺脫東方文化派的窠臼。以梁漱溟、張東蓀為代表的「中間派」鼓吹「往東走」、「接根」，使自己的文化主張很難和國民黨的尊孔復古和「中國本位文化」論明顯地區分開來。

為揭露國民黨蔣介石尊孔復古、反共獨裁的實質，更好地爭取中間勢力，中國共產黨人和進步人士，對傳統文化的再反省和進一步闡明新文化建設的正確方向，也就成不可避免之事。

二、對傳統文化的再批判

應當指出，其時自稱或被稱為「中間勢力」、「自由主義者」的人中，情況是不同的。梁漱溟等人，大致延東方文化派的餘緒，強調中國文化的特異，而鍾情於舊有文化；吳世昌等人則承西化派的衣缽，信奉西方資產階級民主，在文化上堅決反對國民黨鼓吹尊孔復古和「中國本位文化」論，構成了其時對傳統文化再批判的一個助力。

一九四八年，吳世昌出版《中國文化與現代化問題》一書，批評有人打著「特別國情」、「正統」、「衛道」等幌子，對五四所培養起來的一點科學與民主的觀念，實行「無情的打擊」。他對國民黨蔣介石鼓吹儒家道德頗為反感。他

說，中國的傳統文化並沒有給子孫留下真正有價值的道德遺產。儒家教「忠」、教「孝」，扼殺了人們「為客觀的真理學術而奮鬥」的精神，其效果無非是造就了一批奴隸般的「忠臣孝子」，為一姓之爭而甘誅九族，為倫理上的尊長而臥冰割股。所以，從梁惠王到蔣介石，「倫理立國」論從來都只是愚民的工具。吳世昌批判了鼓吹「中國本位的文化」的人總是強調儒家也有民主的學識，可以成為民主建國的依據的觀點。他說，這種說法的根據，無非是因為經書中有諸如「民貴君輕」、「民為邦本」、「天聽自我民聽」一類的話，但這至多是一種民「本」思想，而不是什麼民「主」思想。「本」就是「本錢」或「資本」，民之對於帝王，如同本錢、資本之對於商人，都只不過是可用的「工具」，而不是「主人」。近代民主最基本的條件是「保障人權，重視人權」，而中國文化中恰恰沒有「人權的觀念」。因此，要想從傳統文化中引導出民主建國的基礎，那不過是自欺欺人。他指明了古代「民本」思想與近代資產階級民主觀念的本質區分，在於前者從屬於君權的範圍，而後者卻是奠基在民權之上的。吳世昌把「中國本位文化」論比作扛著十字架跑步。他說，扛著十字架是跑不動的，中國現在即便馬上扔下它，也因扛了幾千年，筋疲力盡，非好生補養不可；可是居然還有人主張把這十字架繼續扛下去。這些人顯然對於中國的民主和現代化毫無興趣，或者說保持落後的中國也許對他們更有「好處」。

吳世昌的批判反映了一部分崇奉西方資本主義文明的知識分子的見解，對於揭露蔣介石借尊孔復古實行思想禁錮，具有相當的尖銳性。但他不相信唯物論，據以批判舊文化的思想武器，仍不外是陳舊的進化論與天賦人權說。所以，儘管他的批判在某些方面是很精彩的，但從整體上看，沒有超出新文化運動初期的水準。「全盤西化」的偏向在吳世昌的身上也有明顯的反映。如他認為傳統文化無非是「一套世故、功利、懶惰、權詐、諂諛、作偽的文化」，談不上是「精神文明」，即便其中也有某些「好處」，「那也是祖宗的事，與子孫無關」。

此期共產黨人和進步知識分子運用唯物論思想武器對傳統文化進行了更為深入、有力的批判。王亞南對儒家思想與封建政治互為表裡的關係進行了深入的辨析。他認為，中國文化傳統的核心是儒家學說，它包含三大中心思想網路：「天道觀念」、「大一統主張」和「倫常教義」。幾千年來，儒家思想萬變不離其宗，

成為封建專制政治的精神支柱，尤其是孔孟綱常名教，是維護封建大一統的重要思想工具。從表面上看，在儒家的綱常教義中，只有君主的關係是涉及政治，父子、夫婦的關係僅限於家族之中。但是，它的真正精神卻正在於二者間的政治關係。儒家講修身、齊家、治國、平天下，從一方面說，是家族的政治化；從另一方面說，又是政治的家族化。此種倫理政治的精髓，絕不像梁漱溟所說，使「全國的人，都變成一家人一樣的相互親愛，而在使全國被支配的人民，都變成奴隸一般的馴服」。儒家倫理通過家族和族姓關係，把防止「犯上作亂」的責任，讓為人父、人夫、人族長、人家長們「去分別承擔」。父子、夫婦的關係既然無處不有，封建專制政治的功能，也就無形中浸透進社會的每一個角落。結果人人習以為常，封建專制政治也就因此「天下太平」了。所以他說，正是因為儒家思想成了千年專制政治的保護層，因此尤其是近代以來，「任何一種不利於專制官僚體制的社會政治行動，必然同時會表現為反傳統思想的行動」。同樣，任何專制政治的復活，也都必然要帶動尊孔復古思潮的氾濫。「當現代專制官僚體制發生動搖的過程中，傳統思想也相應失墜了一向的權威，啟蒙運動反專制、反封建、反官僚，同時也反孔家學說，打倒孔家店。當新專制主義、新官僚主義、新封建主義在蒙頭蓋面的活動著，孔子學說也在各種各色的國粹主義中變相復活起來」。在王亞南看來，現實中尊孔復古思潮的重新氾濫，正是國民黨蔣介石加緊獨裁統治的必然結果。所以他批評梁漱溟、張東蓀等人說：「在這種認識下，我真不解為什麼有的政治革新運動者，竟毫不覺得矛盾地提倡孔子學說」。[51]

王亞南此期還出版了《中國官僚政治研究》一書，作為馬克思主義者，從歷史與現實的結合上對舊的文化傳統進行系統批判。但他並不簡單地否定傳統文化。

---

51 《論中國傳統思想之取得存在與喪失存在的問題》，《中國現代思想史資料簡編》第5卷，杭州，浙江人民出版社，1983。

三、「人民本位文化」論的提出

在中國面臨兩種命運決戰的時刻，人們在文化問題上的立場也變得愈加涇渭分明：國民黨蔣介石及其御用文人的「中國本位文化」論、梁漱溟的「往東走」、張東蓀等人的「接根」說，概而言之，都可歸入「儒家本位文化」的名下；胡適、吳世昌等自由主義者的「走向自由民主的大道」實未脫「全盤西化」論的故轍；而共產黨人和擁護人民革命的進步知識分子，則鮮明地提出了「人民本位文化」的主張。

胡繩在《新文化的方向和途徑》一文中指出，八年抗戰已經開闢了新文化的必然歸向，這就是：「面對實際，走向人民」。「所以，文化運動當前的任務，就該是確立為人民服務的方針……求得新文化和人民在一起而共同提高起來。」[52] 馮契則概括出了「人民本位」的提法，他說，我們正在進行的「這個文化革命的基本特點」，「首先，它是人民本位的，至少是要求人民本位的」。[53] 王亞南也說，新文化「一定是屬於人民的，便於人民取得社會政治權力的」[54]。

他們提出「人民本位文化」論，是基於從文化的時代性與民族性相統一的觀點看待中西文化的正確思路。「人民本位」是實現文化的民族性與時代性統一的現實基點：「站在中國人民的立場，我們所要建立的新文化，就一定是新時代與新中國的。是新中國的，所以我們反對全盤西化，因為那是等於在文化上受人奴役。是新時代的，所以我們也反對中國本位，因為若無條件地接受舊傳統，就等於向封建勢力投降。更進一步說，也只有站在中國人民的立場，以中國人民為原動力，新時代的中國文化才能建立起來」。[55] 從「人民本位」出發，堅持時代性與民族性的統一，既要反對忽視文化的時代性，以中國國情特殊為理由排斥外來文化；又要反對忽視文化的民族性，以為既然是新文化就不能帶有任何民族的色彩。他們還強調，在文化的民族性與時代性中，時代性為更本質更能動的主導方

52　《中國現代思想史資料簡編》第5卷。
53　《中西文化的衝突與匯合》，《中國現代哲學史資料彙編》第4集，第1冊，內刊資料。
54　《論中國傳統思想之取得存在與喪失存在的問題》，《中國現代思想史資料簡編》第5卷。
55　《中西文化的衝突與匯合》，《中國現代哲學史資料彙編》第4集，第1冊，內刊資料。

面。馮契指出，中國傳統文化與西洋中世紀文化比較，沒有太大的不同。中國沒有工業，缺乏科學與民主，西洋又何嘗有？但「中國傳統的封建文化」與「西洋現代的文化」的衝突卻是不可避免的。蔡尚思指出：中國傳統文化是代表「較舊的封建社會時代的文化」，英美文化是代表「較新的資本主義社會時代的文化」，蘇聯文化是代表「最新的社會主義時代的文化」，其間根本的差異和衝突是時代性的而不是民族性的。

總之，他們從肯定文化的時代性與民族性相統一的觀點上，強調近代中西文化衝突的本質是時代性的；從中國革命的性質上，強調新文化「人民本位」的必然性。二者相輔相成，所達到的結論是：文化的時代選擇，就是中國人民大眾的選擇，即中國人民爭取新民主主義革命最終勝利的現實的選擇。由此還可引申出一個更具普遍性的原則：「中國所需要的文化思想，一定要是從中國的實際出發，並能夠解決得了中國的實際問題」。即中國文化的時代選擇，就是服從中國人民革命與建設事業需要的現實的選擇。這是近代關於中西文化論爭所沉澱下的最有價值的思想之一。

在人民解放戰爭隆隆的炮聲中，「人民本位文化」的口號，清新激越，蓋過了「中國本位文化」、「全盤西化」一類嘈雜的聲音。新文化的輪廓已清晰可見。

第四章

國際國內的
文化交流

　　無論是從文化交流的廣度、深度還是從對中國文化的影響程度來看，民國時期都堪稱中外文化交流的一個前所未有的高峰期。就特定的意義而言，一部民國文化史，也可以說就是一部中外文化交流史。

　　一方面，此期承接晚清，外國文化特別是西方文化的介紹、傳播如火如荼，呈大規模和全方位立體輸入的態勢，「西學東漸」仍保持著晚清以來中外文化交流的主流地位。其高潮階段起自新文化運動的興起，一直延續到二十世紀三〇年代中期以後，

對中國文化的方方面面都產生了既深且巨的影響。這一時期的西方文化對中國人來說，較晚清時期呈現出更為多姿多彩乃至相互矛盾的複雜風貌，學說紛呈，主義迭來，特別是馬克思主義及其以之為指導的蘇聯新文化的傳導，對近代西方資本主義文化具有否定和超越意義。中國社會與文化命運的根本改變有賴於是，其影響至今尤耐人尋味和深思。

另一方面，同樣承接晚清，中學外傳主要是向西傳播的文化回流連續而深沉。雖然西方世界的文化歧視態度依然不同程度地存在著，但西方人對中國的文學、哲學、歷史和宗教，乃至自然科學的研究與了解越來越多，總的說來日漸廣泛、深入和細緻。其中，兩次世界大戰對這一傳播產生了不可忽視的影響。這是中國文化走向世界的一個新的歷史階段。

與晚清時期相比，民國時期的中外文化交流，除了範圍更為廣泛、內容更為豐富、交流的工具更先進、對中國文化的影響更加巨大深遠之外，還有以下幾個特點值得一提：其一，政府文化機構，民間學術文化團體彼此正式互邀代表講學、訪學和考

一九三三年二月十七日中國民權保障同盟部分成員
歡迎英國著名作家蕭伯納訪問中國

察，進行文藝表演、參觀和展覽等，成為交流的重要途徑，發揮了較大作用。這一時

期，外國著名學者、科學家、作家和其他文化人通過各種方式，來華從事文化交流活動的人為數眾多，如杜威、羅素、泰戈爾、蕭伯納、海明威、芥川龍之介、愛因斯坦、李約瑟等都曾來華；中國學者和文化人走出國門進行參觀、訪學和講學活動也十分頻繁，蔡元培、林語堂、老舍、李四光、劉海粟、徐悲鴻、梅蘭芳等都曾多次出國從事此類活動。另外，民國政府各文化部門還多次派出專門的代表團，到西方各國對教育、科學等方面的問題進行考察等。這類活動的增多，成為此期中外文化交流步入現代的體現。其二，出現了不少政府間或民間合作創辦、旨在進行文化交流而不與傳教事業直接掛鉤的專門組織和機構，如中蘇文化協會（1935 年成立），中德文化協會（1935 年成立），中英科學合作館（1944 年創辦），北京的中法大學、東方學社和巴黎大學的中國學院、法蘭克福的中國學院等。此外，中美、中英、中法等國之間還就退還「庚款」餘額從事文化事業問題，成立了「中華教育文化基金董事會」，「中英文教基金董事會」和「中法教育基金董事會」等機構，由中外學者、文化人共同組成。這些機構情況不一，但除了日本操縱的「東方文化事業委員會」（後中方成員主動退出）外，一般都為彼此間的文化交流做過一些實際的工作。像這類機構與組織在晚清時期是很少見的，它們此時的大量出現，與民國社會的開放程度和中國國際地位的相對提高有直接關係。其三，無論在西學東漸、還是中學西傳過程中，中國人的自覺性和主動性都較晚清時期大為加強了，同時，傳播西方文化的準確性也大有提高。這是因為此期中國人大量出國留學，對西方世界及其文化了解日益深入，外語能力大大增強的緣故。而具備了這種自覺性、主動性和準確性，彼此間的文化交流也就更加富有了成效，特別是在吸收西方文化方面。

這一時期，國內各民族文化的交流也獲得了新的歷史條件，有了進一步的發展。漢族與各少數民族之間互通有無，共同進步，越來越緊密地融合在一起。

第一節 ·
外國文化的
進一步傳播

　　正如我們在前文所提及的那樣，民國時期外國文化在華傳播的最大特點，是較晚清時期規模更大，範圍更廣，同時內容也要更為豐富和準確，在根本上已經超越了清末時「本末不具、派別不明」的「梁啟超式輸入」。就傳播的主體而言，中國留學生發揮的作用也越來越大，尤其是歐美留學生。此外，相對於晚清，外國來華學者的作用明顯加強，而傳教士的工作卻變得微不足道了。可以毫不誇張地說，這一時期，中國文化的每一個重要方面，幾乎都不可避免地受到了外國文化特別是西方文化的影響。下面，我們就分五四前後、十年內戰、抗日戰爭和解放戰爭三個歷史階段，對此期外國文化在華傳播的內容，作一簡要概述。

一、五四前後外國文化的傳播

　　辛亥革命以後，隨著中華民國政治體制的確立，一定程度上為西方政治、經濟、文化思想大量而深入的傳播創造了有利條件。特別是經過新文化運動和五四運動的洗禮之後，人們的思想得到了進一步的解放，在民族危機的驅動下，越來越多的中國人自覺地尋求救國救民的真理，將眼光更廣泛地投向了世界各地，引進和學習國外的先進文化，從而使得五四時期外國文化的傳播呈現出全新的景

象。

與以往不同的是，這一時期的外國文化的傳播，不但規模空前，而且是全方位地傳入中國。從引進文化所屬的時間跨度上看，自古希臘、羅馬文化，到二十世紀初的現代西方文化，全都程度不同地流入國內；從傳入文化的所屬地區來看，晚清以來文化傳播的重點——歐美文化依然勢頭強勁，而當時涉及較少的阿拉伯文化、波斯文化、印度文化，此時也有了較多介紹；就傳播的文化性質而言，無論是馬克思主義文化、蘇聯文化，還是西方近現代資產階級文化以及性質各異的其他文化均紛至遝來；就文化部門種類而言，則政治、經濟、軍事、法律、哲學、文學藝術、科技、教育以及各種各樣的思潮、學說，甚至各種風俗習慣、生活方式都介紹和傳播到神州大地；在輸入方式上，原先從日本轉運西方思想的情勢繼續有所發展，而直接從西方引進文化成果的工作更呈直線上升趨勢。總之，西方社會從文藝復興到二十世紀初期，用了數百年時間的文化思潮嬗變過程，從五四之前的新文化運動到一九二七年，就大致在中國經歷了一遍。如此巨大規模、全方位的外國文化輸入，無疑達到了中國有史以來空前的高峰。

為探索擺脫民族危機、實現國家富強的道路，國人在這一時期大量輸入了西方各種社會思潮，從中尋找、分析、比較和綜合，以提出各種改造中國社會的方案，一時間形成了百家爭鳴的生動局面。當時，社會主義成為公認的、最時髦的新思潮，許多刊物幾乎每期都發表一篇或數篇有關文章，向國人介紹和宣傳社會主義。其中，除了馬克思、恩格斯的科學社會主義之外，還有當時被稱為社會主義的形形色色的無政府主義，諸如施蒂納的無政府個人主義、蒲魯東的社會無政府主義、巴枯寧的團體無政府主義、克魯泡特金的無政府共產主義和無政府工團主義，還有武者小路實篤的新村主義、托爾斯泰的泛勞動主義、柯爾的基爾特社會主義、伯恩施坦和考茨基的社會民主主義等等。在這些思潮中，又以無政府互助論、托爾斯泰的泛勞動主義、新村主義為最有影響。其中，克魯泡特金的《互助論》被周佛海等人譯出（周氏譯本 1921 年商務版，為該書最早的全譯本），值得一提。該書的根本主張雖不免落入空想，但其批判社會達爾文主義，強調人間的互助互愛，卻頗投契當時中國知識分子的心靈，因此傳播尤廣。

同清末最後十餘年一樣，西方人文社會科學仍是此期外國文化傳播的主要內容。哲學方面，「這時，我國研究西洋哲學基本上已經超出雜亂的無選擇的階段，進而能作比較有系統的原原本本地介紹了，並且已能由了解西洋哲學進而批判並融匯和自創哲學系統，介紹西洋哲學的人數也隨之增加，這是前一個時期進一步發展的結果。」[1]十月革命以後，馬克思主義哲學在中國廣泛傳播，並逐漸被中國人用作救國救民的思想武器，發揮了巨大作用。除了馬克思主義哲學以外，還有西方早期資產階級革命時期以及馬克思主義哲學產生後的現代西方哲學思想和流派，如康得的批判哲學、尼采的唯意志論、杜威的實用主義、羅素的新實在論、柏格森和杜里舒的生命哲學等等，都在中國得到廣泛傳播，尤其是後三者，對於當時的中國社會特別是思想界產生了較大影響。在傳播實用主義哲學方面，胡適最為有力；對羅素研究有素、介紹其思想最有影響者，首推張申府；而傳播柏格森貢獻最大的則屬張東蓀（1919 年他最早翻譯出版其名著《創化論》）。這一時期，除了翻譯一些西方哲學家的原著，系統介紹西方哲學所撰寫的專著之外，中國學者還發表了大量研究和傳播西方哲學的論文。據不完全統計，所發表的這類文章近三百篇，數量之多、內容之豐富均屬空前。許多雜誌還開設了介紹某一西方哲學流派的專號，如一九二二年，《民鐸》雜誌開設了「柏格森號」；一九二三年四月，《東方雜誌》開闢了「杜里舒號」；一九二四年的《民鐸》和一九二五年的《學藝》分別發行了「康得專號」；另外，尼采、杜威、羅素等人也都被設有介紹和研究專號。不僅如此，一些著名的哲學家還被邀請到中國來，直接把他們的哲學思想介紹給中國人民，如杜威、羅素、杜里舒等都曾應邀來華講學，前兩者影響尤為巨大，他們除了講授其哲學外，還闡述了其他方面的思想，如杜威的平民主義教育學說、羅素的社會改造原理學說等，它們在中國的影響毫不遜色於其哲學思想。這種外國思想家和學者來華講學並發生巨大影響的情形，可謂民國中外文化交流的一個突出特點。

　　值得指出的是，此期西方哲學在華傳播及其影響是相當複雜的，如興盛一時的生機派或生命派哲學，就是一個典型的例子。馬克思主義者李大釗欣賞柏格森

1　賀麟：《康得黑格爾哲學東漸記》，《中國哲學》第2輯，366頁，北京，三聯書店，1980。

生命衝動是意志自由創造的觀點，認為這是反對宿命論、努力進取，不斷變革的利器。換言之，它成為其變革文化傳統的動力；而在東方文化派的代表梁漱溟看來，生機哲學強調直覺、崇尚生命的一面，恰恰是以孔家哲學為代表的中國文化的精神，因而他大談生機主義，宣稱這是其文化學說之理論基礎的重要來源。

杜威來華與中國學者合影

　　引進外國文學藝術，是這一時期外來文化傳播的另一個大熱門。一大批以留學生為主體的文學團體如文學研究會、創造社、未名社等，均以引進外國文學為己任，競相翻譯介紹外國文學作品，形成了隊伍宏大、範圍廣泛、翻譯語言與風格豐富多樣的嶄新局面。據統計，從一九一八至一九二三年，先後有三十多個國家的一七〇多位元作家的文學作品被翻譯介紹到中國。其中以俄國作家的作品為最多，其次為法國、德國、英國、印度、日本等國作家的作品。僅《新青年》和《晨報》副刊刊登俄國作家托爾斯泰、屠格涅夫、契訶夫等人的小說就有四十八篇，法國作家莫泊桑等人的小說也有二十六篇。不少文學作品還對中國社會產生了很大的影響，如挪威作家易卜生的著名劇作《玩偶之家》，其中的女主人公娜拉，成為當時女子爭取個性解放的象徵，對中國的婦女解放起到了積極作用。此後，各種娜拉型的人物在中國作家筆下紛紛湧出，正如有的學者在《娜拉在中國》一文中所指出的：「世界上不知有哪個國家能像中國一樣創作了如此眾多的

娜拉型劇本。中國人把娜拉迎進家門後,進行了新的創造,使她在中國復活和再生。這裡有從沉睡中醒來的娜拉,也有尚在痛苦中呻吟的娜拉;有從家庭出走以謀求自立的娜拉,也有從追求個性解放到投身社會革命的娜拉……可以說,娜拉隨著中國人民走完了整個新民主主義革命的歷程」,[2] 由此可見其對民國文學的影響之大。與此同時,各種文學思想也被引進到國內,極大地豐富了中國作家的創作思想和創作手法。一些著名的外國文學家還親自來到中國,直接宣傳自己的文學作品和思想。如印度詩哲泰戈爾於一九二四年應邀訪華,在華發表多次演說,引起中國文化界的關注。他的作品如《吉檀迦利》、《飛鳥集》等也被大量翻譯成中文出版(鄭振鐸等譯),其文風影響了許多中國作家,如冰心的詩集《繁星》明顯就帶有泰戈爾的風格。這一時期,在中國流傳最廣的翻譯文學作品,當數郭沫若譯德國作家歌德的名作《少年維特之煩惱》。這部小說以其豐富的戀愛激情,對社會的叛逆思想,夢幻般的行動及個人主義的思考方法,受到了經過五四運動洗禮的中國青年讀者的青睞,「影響於青年的心理頗大」(蔡元培語)。從一九二二年首版後到一九三〇年八月,在中國已印行了二十三版之多,是二十世紀二、三十年代中國最為暢銷的外國作品,被有的學者稱之為影響近代中國社會的「一本具有里程碑意義的譯作」。[3] 此外,新文化運動後,西洋美術也開始在中國大放異彩,它以上海為重要據點,向中國陳舊的畫壇發起了猛烈的衝擊。許多留歐學西洋畫的學子歸國後,致力於西洋美術的傳播,新的美術思潮、藝術教育、西畫社團、美術刊物因之紛紛湧現。西洋畫與中國畫開始形成了並駕齊驅的局面。

國外歷史學成果的引進此期也十分引人注目。五四運動以後,外國歷史學的傳播最突出的是馬克思主義的唯物史觀的傳播和在歷史研究領域中的運用,它為中國史學開闢了新境界。中國先進的知識分子先後翻譯介紹了一批有關唯物史觀的著作,如芬蘭郭泰的《唯物史觀解說》,日本河上肇的《唯物史觀研究》,德國考茨基的《倫理與唯物史觀》等,其中以河上肇的影響最大。在唯物史觀廣泛

2　陳平原:《在東西方文化碰撞中》,242頁,杭州,浙江文藝出版社,1987。
3　鄒振環:《影響中國近代社會的一百種譯作》,311頁,北京,中國對外翻譯出版公司,1996。

泰戈爾來華與中國文化人合影

傳播的同時，大量歐美資產階級史學理論和史學方法繼續輸入中國。當時，有關西方歷史研究和歷史研究法的譯著驟然增加，其中比較知名的有法國的朗格諾瓦與瑟諾博司的《史學原理》，美國的魯濱遜的《新史學》和塞利格曼的《經濟史觀》等。一些西方史學著作還被用作課本出現在課堂，如何炳松在北京大學歷史系，就以魯濱遜的《新史學》來教授史學原理和歷史研究法。西方各種流派的歷史哲學也紛紛流傳至國內，除了馬克思主義的唯物史觀外，還有所謂的「生理的史觀、心理的史觀、人種地理學的史觀、經濟學的史觀、天文學的生物學的地質學的史觀」，「五花八門，數也數不清」。[4] 此外，西方社會學、政治學、經濟學、文化學、教育學、心理學、美學、新聞學等新興社會科學，都在中國得到空前傳播，中國人在此基礎上，開始獨立建構這些新科學的學科體系。

4　尹達：《中國史學發展史》，494頁，鄭州，中州古籍出版社，1985。

這一時期，世界各國先進的自然科學成果在中國的傳播，也較此前更加廣泛深入了。有學者統計說：「當時出版了二百多種報刊。僅據《五四時期期刊介紹》，在一六二種報刊中，刊載了有關自然科學方面的評論、介紹、通訊、科學史和專著等文章共約六六〇篇。⋯⋯如果加上科學專刊如《科學》、《理化雜誌》和其他諸如《東方雜誌》等，五四時期發表的自然科學方面的文章不下千篇。」[5] 這些報刊文章的內容涉及物理學、化學、天文學、地質學、生物學、醫學等自然科學的各個方面，其中不少是當時世界上最新的科學成就。如一九一五年，中國物理學家胡明復和地質學家謝家榮等人，通過《科學》雜誌，把當時放射性、勞厄的晶體衍射等最新物理學成就幾乎都介紹到中國來了。這一時期，報刊文章的大多數內容集中於介紹達爾文的進化論和愛因斯坦的相對論，還有少量的關於量子論和放射現象的內容，另有一部分關於科學史、人物傳記和科學常識等方面的內容。達爾文進化論是在晚清中國影響極大的學說，但直到這一時期，該學說才被完整地介紹到中國來。馬君武一九二〇年翻譯出版的《達爾文物種原始》，被時人認為是當時翻譯界「最大的成績」。[6] 與此同時，二十世紀初年的幾個生物學的重大發現，如異己染色體與基因匹配等研究成果，也在這一時期被介紹到了中國。一九一七年，愛因斯坦將他的狹義相對論與廣義相對論融貫起來，合成《狹義和廣義相對論》一書出版，被舉世公認為人類思想史上最偉大的成就之一。該學說也立即傳到中國。一九二二年和一九二三年，愛因斯坦兩次路過上海，都作了關於相對論的講演，羅素在講演中也多次高度評價愛因斯坦及其相對論，致使相對論在中國得到了越來越多人的了解。從一九一七年中國報刊上開始出現有關報導和介紹，到一九二三年上半年，關於相對論的著作、譯文、報告等文章達上百篇，不少雜誌還出版了相對論專號或相對論研究專欄，有關相對論的書籍出版了十五種之多。其中，愛因斯坦的學生、夏曾佑之子夏元瑮一九二二年翻譯，同年商務印書館出版的《相對論淺釋》，是中國最早的有較大影響的譯本。正是在西方自然科學的大量傳播和引進的基礎上，這一時期，中國開始創立了各種近代

5　戴念祖：《五四運動與現代科學在中國的傳播》，《紀念五四運動六十周年學術討論會論文選》（三），376頁，北京，中國社會科學出版社，1980。
6　長虹：《走到出版界》，14頁，上海，泰東圖書局，1929。

自然科學的學科教育與研究機構，逐步建設起自己的科研體系。

二、十年內戰時期外國文化的傳播

　　國民革命失敗後，中國社會進入了一個新的歷史時期，中國人對社會文化前途的探索也進入到一個新的歷史階段。與之相應，對外國文化的學習和傳播得到了進一步發展，取得了新的成就。這一時期，各種思潮和學術文化的論爭，如科學與玄學之爭、中國社會史論戰、中國農村社會性質問題論戰、民族主義文學運動的有關論戰、中西文化與本位文化的論戰等，成為大量引進外國文化的催媒和動力。每一次論爭都將人們的思想認識提高到新的高度，每一次論爭雙方也都需要從外國文化中尋找理論武器，不僅已經翻譯的著作被人們廣泛運用，更多的人還在此激勵下，直接把精力投入到引進新的外國文化工作當中。這一時期，外國書籍的翻譯，迎來了五四後又一個繁榮時期，譯作層出不窮，譯論紛然雜陳，翻譯範圍更加擴大，風格更為多樣，在二十世紀三〇年代中期達到高潮。有人甚至將一九三四年和一九三五年，稱為「翻譯年」。[7]這一時期的翻譯作品，由於翻譯者本身多為學者、作家，能夠做到比較準確地傳達原著的精神，因此水準也比以前有了很大提高。人們還將這一時期稱為外國文化傳播的「名著時期」，因為譯者的眼光高，選擇的翻譯物件多為名人名作，許多世界名著就是在這一時期被完整地介紹到中國來的。在外國文化的傳播過程中，經過國民革命的洗禮和多次論爭，中國社會各界進步人士更加清楚地認識到馬克思主義理論的科學性和革命性，越來越多的人加入到了信仰馬克思主義和傳播馬克思主義的隊伍。

　　社會科學依然是這一時期外國文化傳播的主要內容。哲學方面，在眾多的外國哲學中，馬克思主義哲學以它特有的生命力和戰鬥力，以空前廣泛的規模在中國得到了系統的傳播。首先，馬克思、恩格斯、列寧、史達林的原著被大量翻譯出版。五四時期一些馬列原著就逐漸被介紹到中國來了，但馬克思主義經典著作

7　《今年該是什麼年》，《文學》第4卷，第1號，1935。

的大量翻譯和出版卻是從一九二八年開始的。據不完全統計，僅一九二八至一九三〇年，新翻譯出版的馬恩經典著作就近四十種，[8]列寧的原著也有十四種之多。其中包括《社會主義從空想到科學的發展》、《哲學的貧困》、《勞動在從猿到人轉變過程中的作用》、《家庭、私有制和國家的起源》、《國家與革命》等。此外，蘇聯、日本、德國的馬克思主義者的著作也大量翻譯過來，不僅有普列漢諾夫、狄茲根、德波林、河上肇等著名的馬克思主義理論家和學者的哲學著作，也包括大量蘇聯「少壯派」的哲學教程和著作。與此同時，對西方哲學的研習與宣傳也不再僅僅局限於某個時期和某個流派，而是對西方哲學發展過程的各個時期的哲學都進行了介紹。此期全面介紹西方哲學發展史的著作就出現了二十六本，其中中國學者撰寫了十一本，翻譯外國學者所著哲學史十五本。對古代希臘哲學原著的翻譯介紹也達到了空前系統和深入的程度，亞里斯多德、蘇格拉底、柏拉圖、赫拉克利特、德謨克利特等人的哲學著作在這一時期均被大量翻譯出版，為中國人全面研究西方哲學的源流創造了有利條件。一度趨於沉寂的西方早期資產階級革命哲學的研究介紹，也取得了相當大的進展。十七至十八世紀一些西方哲學家的代表著作，被有選擇地翻譯過來，而且大多數均從原著直接翻譯。例如，關其桐在一九三四至一九三六年間就翻譯了培根、巴克萊、笛卡兒等人的八種著作，由商務印書館出版發行；楊伯愷在一九三四年翻譯了十八世紀法國「百科全書派」的幾位唯物主義哲學家的四部著作，由辛墾書店出版發行。德國

左翼文化工作者翻譯出版的三部蘇聯小說：
《母親》、《鐵流》、《毀滅》

8　中共中央馬克思恩格斯列寧史達林著作編譯局馬恩室編：《馬克思恩格斯著作在中國的傳播》，272頁，北京，人民出版社，1983。

古典哲學的傳播也取得了重大進展，此期翻譯出版德國古典哲學家的著作十一部，還有翻譯和介紹國外學者研究德國古典哲學的著作十一種，此外中國學者還發表了大量的有關介紹文章和論著。據不完全統計，這個時期國內各種主要報刊發表傳播德國古典哲學家的文章共一五〇篇左右，其中有關黑格爾的文章就達到九十三篇、康得的三十篇。現代西方哲學的傳播熱度雖然不如五四時期，但仍占有一定比例，一批近現代西方哲學家的著作經過中國學者的翻譯引進到國內，產生了一定的影響。如在這一時期，中國又出現了近代以來的第二次「尼采熱」。

外國文學在這一時期的傳播成就還要突出些，它超過了以往任何時期。據有關資料統計，一九一九至一九四九年間，全國出版的翻譯文學書籍大約一七〇〇餘種，而一九三〇至一九三六年之間，僅左翼作家聯盟就翻譯出版了約七百種，占總數的百分之四十。而這當中又以翻譯和介紹馬克思主義文藝理論，引進蘇聯文學作品以及其他國家進步作家的文學作品，為傳播的主要內容並成為進步文學的主流。「左聯」在其成立大會上，就明確提出要經常「介紹國外無產階級藝術的成果」，「建設藝術理論」。許多作家在創作的同時大多致力於翻譯介紹外國文學，尤其是魯迅、瞿秋白、茅盾、郭沫若、馮雪峰、周揚、夏衍等人，對翻譯傳播馬克思主義文藝理論和蘇聯社會主義現實主義作品作出了傑出貢獻。馬克思、恩格斯、列寧、普列漢諾夫和盧納察爾斯基的文藝論著，如蘇共中央關於文藝問題的會議記錄及決議彙編《文藝政策》，普列漢諾夫的《藝術論》、《馬克思恩格斯和文學上的現實主義》，列寧的《托爾斯泰：俄國革命的鏡子》、《托爾斯泰和他的時代》等，都被翻譯過來。同時，很多蘇聯文學作品和其他國家進步作家的作品，如高爾基的《母親》（夏衍譯）、果戈理的《死魂靈》和法捷耶夫的《毀滅》（魯迅譯）、綏拉菲摩維支的《鐵流》、肖霍洛夫的《被開墾的處女地》等文學傑作，也相繼出現高品質的譯本。這些進步文學的輸入，如同普羅米修士把天火帶到人間一樣，為中國被壓迫的人民提供了有力的精神武器。魯迅和茅盾還創辦了中國文學史上第一個專門刊登外國文學作品和理論著作的《譯文》雜誌。此外，還有許多不同國家不同時期的優秀文學著作，通過中國文化人的努力被引進到國內。例如，一九三五至一九三六年間，上海生活書店出版發行的《世界文庫》，就陸續刊行了蘇俄、法、美、英、西班牙、希臘、挪威、德國、波蘭、比利時、

義大利等十二個國家的一百多部文學名著。其中包括長、短篇小說、詩歌、傳記等多種文學形式，介紹了賽凡提斯、勃朗特、巴爾札克、莫泊桑、雨果、司湯達、易卜生、海涅、哈代、陀思妥耶夫斯基、托爾斯泰等許多名家名作。在美術方面，西方的近代藝術繼續傳播和發展的同時，第一次世界大戰後在歐洲興起的現代美術運動，也在這一時期影響到中國國內，各種西方現代藝術教育被採用，現代美術流派得到介紹，中國美術進一步納入到世界文化的發展潮流。在西洋畫方面，受西方影響，也出現了諸如「學院派」、「印象派」、「新印象派」、「後期印象派」、「野獸派」、「新寫實派」、「理想派」等藝術流派。建築藝術在西方文化的影響下，也開始引入一次大戰後興起的現代主義建築形式和風格。

歷史學方面，馬克思主義史學的傳播有了較大發展，一批馬列主義的歷史學理論論著被系統翻譯到國內，如恩格斯的《家庭、私有制和國家的起源》、《原始基督教史論》，梅林的《歷史的唯物主義》等，還有一些馬克思、恩格斯有關歷史理論的論文集和專題文選發表。以馬克思主義為指導的外國史學著作也大量介紹進來。如塔爾海瑪的《現代世界史》，蘇聯歷史學家波卡洛夫等的《唯物史觀世界史》等，在此基礎上，中國進步歷史學家開始自覺運用馬克思主義來研究歷史，發表了不少馬克思主義的歷史學著作。與此同時，西方資產階級的歷史學在中國的傳播也取得較大收穫。這一時期對西方著名史學理論和史學名著的翻譯引進，數量之多、規模之大是整個民國時期所僅有的。很多在西方很有影響的歷史著作被譯成中文，範圍涉及歷史研究的許多方面，不少著作的譯本還不止一個。如一九二八年梁思成、向達等人翻譯了赫伯特‧喬治‧威爾斯的《世界史綱》；一九三一年譚建常翻譯了美國歷史學家布爾（Buell）的《歐洲戰後十年史》；一九三三年和一九三四年，民智書局和開明書局先後出版了英國史學家司各特（Ernest Scott）的《史學與史學問題》中文本，一九三四年姚莘農譯出美國史學家海思等人撰寫的《近世世界史》，一九三五年，吳蠡甫、徐崇鐸等人譯出海思等合著的《中古世界史》。此外，著名史學家如美國的班茲、紹特韋爾、桑戴德、湯姆生，法國的拉波播爾，英國的賀益蘭等人的著作，也或多或少地得到翻譯介紹。一些中國學者還以西方歷史學著作為藍本編寫了一些歷史書，如何炳松的《近世歐洲史》，張仲和的《西史綱要》等。除了世界通史和專門史的翻譯

與介紹之外，這一時期國別史的翻譯與研究也發展較快，且不僅僅局限於發達國家，亞洲、非洲一些國家的歷史研究和歷史著述也有介紹。

一九二七至一九三七年間，西方社會學、經濟學理論在中國得到了較為深入的傳播。社會學方面，許多名著被翻譯出版。如黃文山譯素羅金的《當代社會學說》，楊東蓀譯摩爾根的《古代社會》，黃凌霜譯阿伯爾《系統社會學》，鍾兆麟譯《社會思想史》和《社會變動論》，王力譯《社會分工論》，周谷城譯《社會學大綱》等。一些著名西方社會學家還來華或應邀來華講學，如一九二九年，美國社會學家、人文區位學的創始人羅伯特·派克來華講學，傳播其理論；一九三二至一九三三年他再度來華，推動了實地研究的進展。一九三五至一九三六年，英國功能學派的創始人之一布朗應燕京大學社會學系吳文藻的邀請來華講學，開設「比較社會學」和「社會學研究」等短期課程，並指導林耀華等中國學者的博士論文。另外，西方著名社會學家薩皮爾、阿倫斯堡等人也都曾於此期來華講學，對中國社會學的發展產生了積極影響。經濟學方面，二十世紀三〇年代國內專門的經濟雜誌約有五十種，其中絕大多數都將介紹和研究西方經濟思想理論作為重要的工作來開展。大量西方資產階級經濟學著作被翻譯介紹過來，王元化、王造時、陳作謀、王亞南、郭大力等人先後翻譯了李士特、李嘉圖、克萊士、狄爾等人的著作。不少學人還自撰著作介紹西方經濟學理論，如劉秉麟的《經濟學》、趙蘭坪的《經濟學》，均多次再版，在國內影響很大。馬克思主義的經濟學經典著作《資本論》，這一時期也陸續有些譯作（部分）發表。

在自然科學方面，翻譯和引進國外科技成果的工作得到廣泛開展，比以前更加深入和系統。這一時期，回國的留學生和國內學有專長的新一代人才已經成長起來了。隨著各種公私教育研究機構的設立，中國自然科學的教育研究體制逐步確立，使得外國科技成果的傳播已經從以前零散無序的勞動，進入到主要由中國科學家自己來有系統、有目的地引進和吸收的階段。一些自然科學名著，如哥白尼的《宇宙之新觀念》、牛頓的《自然哲學之數學原理》、哈威的《心血運動論》、巴斯德的《酸酵的生理學》、彭加勒的《科學之價值》等，分別被翻譯介紹到國內。其中，牛頓的《自然哲學之數學原理》一書，李善蘭在十九世紀六〇年代便開始節譯，但直到七十年後的一九三一年，才由鄭太朴完整地翻譯過來，

圓成了這場延續了七十年的科學翻譯夢。正如有的學者指出的那樣，「該書所說明和規定的人們可以繼續檢測的方法，無疑是為近代中國科學界提示了一個全新的重要領域，也在相當程度上影響著近代中國知識分子的科學思維和科學探索」[9]。從二十世紀二〇年代後期開始，中國社會對無線電的研究相當時興，不少科學書刊均將無線電的知識作為主要內容加以介紹。一九三二年還成立了中國業餘無線電研究班，編輯出版專門雜誌，介紹國內外有關無線電的科學知識。一些有關無線電的科技書籍也被翻譯介紹過來，如英國人赫卿蓀的《無線電淺說》、《無線電的原理及應用》等。另外，一批外國科學家和學者還到中國開展教學和科研工作，直接傳播西方先進的科技文化。例如，一九三三年，無線電的發明者馬可尼來華訪問，傳播有關學說。美國數學家維納一九三五至一九三六年間曾在清華大學任教；國際航空大師馮‧卡門一九二九年和一九三八年兩次來華，幫助中國進行航空研究；抗戰前夕，量子力學的創始人之一尼爾斯‧玻爾來中國訪問講學等。比較而言，這一時期的自然科學成果的引進主要是為了適應國內近代工業和教育需要，多數與民用技術有關。

最後，還應特別提及一下佛洛德學說在中國傳播的情形。佛洛德學說是二十世紀最有影響的人類文化綜合思想成果之一。它在五四時期作為新思潮傳入中國，到二〇年代末三〇年代初，在中國掀起了一個傳播高潮，人稱「佛洛德熱」。在這一熱潮中，章士釗、高覺敷起了較大作用。章士釗從五四後期開始鑽研佛洛德學說，一九二九年，他寫信給佛洛德表示要研究和介紹他的學說。佛洛德同年回函道：「無論您採用什麼方式完成您的設想，無論是在您的祖國——中國開闢心理分析這門學問，還是……以貴國語言的材料來衡量我們關於古代表達方式的推測，我都非常滿意。」[10]次年，章士釗將弗氏的自傳譯成《佛洛德敘傳》出版。這一時期，佛洛德的著作及其研究他有關學說的著作紛紛譯成中文，其中最有學術價值和影響力的，當推高覺敷一九三〇年翻譯出版的《精神分析引論》和一九三六年出版的《精神分析引論新編》。此外，國內心理學和教育學雜誌，

9　鄒振環：《影響中國近代社會的一百種譯作》，371頁，北京，中國對外翻譯出版公司，1996。
10　余鳳高：《「心理分析」與中國現代小說》，36頁，北京，中國社會科學出版社，1987。

也刊登過不少介紹和研究文章。朱光潛在一九三〇年和一九三三年分別出版了《變態心理學派別》和《變態心理學》，對有關無意識、夢、泛性欲說、心理分析等理論和方法作了較詳細的介紹。當時，文化學術界對該學說的價值評價不一。但無論如何，它對我國心理學、教育學、文藝學、美學等學科的研究產生了一定的影響是事實。尤其是對文藝創作的影響相當明顯。郭沫若、楊振聲、張愛玲等人的作品中，就留下了此種影響的鮮明印記。

法西斯主義這一時期也在中國得到一定的傳播，並曾獲得蔣介石的支援，為其專制統治服務，對中國政治的發展帶來消極影響。

三、抗日戰爭和解放戰爭時期外國文化的傳播

八年的抗日戰爭和三年的解放戰爭，是決定中華民族命運和前途的關鍵時期。烽火連天的戰場並沒有中斷外國文化在中國的傳播，相反，由於民族矛盾和階級矛盾日趨尖銳複雜，相應的文化鬥爭也更為緊迫，在某種意義上為外國文化的傳播提出了新的要求。這一時期，中國人對外國文化的學習和引進，目的十分明確，就是要從中獲得民族獨立和人民解放的理論和實際的幫助。因此，在和中國實際相結合、應用和發展的過程中，外國文化的傳播產生了一些新的特點，如翻譯選題的趨時性和實用性，譯述形式的通俗化和民族化等，並在這些方面達到了新的發展水準，進入一個嶄新的階段，直接推動了中華民族的解放事業。

哲學方面，馬克思主義哲學在以延安為中心的革命根據地和解放區，得到了進一步深入的傳播，並與中國國情相結合，形成了中國化的馬克思主義即毛澤東思想。馬克思、恩格斯、列寧、史達林等人的經典著作的翻譯，也是整個民國時期數量最多的。據不完全統計，此期共計翻譯馬列經典原著三七八種，占解放以前翻譯總數五三二種的絕大多數。[11]其中，馬恩列斯合著的彙編本特別多，如《馬

---

11 張靜廬：《中國現代出版史料丙編》，247頁，北京，中華書局，1956。

克思列寧史達林論民族革命問題》、《馬克思恩格斯列寧論文藝》、《馬克思、恩格斯、列寧、史達林思想方法論》等。一些馬克思主義的理論著作，如西洛可夫的《辯證唯物論教程》、米丁的《新哲學大綱》和《辯證唯物論》等，也被翻譯和介紹。特別是在整風運動過程中，還掀起了一場馬克思主義哲學的學習和宣傳運動。與此同時，西方其他哲學的傳播也有一定的進展，一些哲學流派受到了學界的較大關注。為了推動中國人民深入了解西方哲學，一九四一年，以賀麟為代表的中國哲學家成立了「西洋哲學名著編譯委員會」，設置專職的研究編譯員。經過積極工作，翻譯和出版了一些一流的譯著，如陳康的《柏拉圖巴曼尼德斯篇》、賀麟的《致多篇》、謝幼偉的《忠的哲學》、樊南星的《近代的哲學精神》和任繼愈的《西洋哲學名著選輯》等。其中，陳康的工作最為出色。《巴曼尼德斯篇》乃是柏拉圖對話中最難讀的一篇，對理解柏拉圖後期思想與前期的不同具有重要意義。陳康以其深厚的功力將其譯出，並加了九倍於原文的注釋。這些注釋包括文字校勘、詞句釋義、歷史考證和義理研究四項內容。該注釋一九四四年出版後，受到哲學界的高度重視，被認為是解決了柏拉圖哲學研究中長期得不到解決的問題，「超出一般柏學注釋家遠矣」的力作，「於介紹西洋哲學名著方面，尤其開一新風」。陳康本人也因此被公認為「中國哲學界鑽進希臘文原著的寶藏裡，直接打通了從柏拉圖到亞里斯多德哲學的第一人」[12]。這一時期，一些過去沒有受到重視或充分研究的學派，如邏輯實證論和新黑格爾主義，經過洪謙和朱光潛等人的努力，也傳到中國，使中國讀者得以有機會比較全面地了解它們的形成和理論特點，從而填補了現代西方哲學在華傳播的某些空白。還有一些學派，雖不是新近輸入，但在這一時期得到了新的重視和宣傳，如以尼采為代表的唯意志論，抗戰時期就被「戰國策派」等大力宣揚，形成了近代中國的第三次「尼采熱」。從總體上看，這一時期西方哲學的研究和翻譯比前一時期少了一些，但其中有些優秀之作，不僅開闢了新的研究園地，在內容上也更為精深了。尤其重要的是，此期西方哲學在傳播過程中，與中國傳統的唯心主義進一步結合起來，對建立中國自己的現代資產階級哲學體系產生了推動作用。無論是賀麟的「新心學」、熊十力的「新唯識論」，還是馮友蘭的「新理學」、金岳霖的「論道」等，

---

12 賀麟：《五十年來的中國哲學》，36-37頁，瀋陽，遼寧教育出版社，1989。

都是東西方哲學相互融合的產物，一定程度上也傳播了西方哲學。

外國文學方面，從抗戰全面開始到太平洋戰爭爆發，以翻譯和介紹蘇聯戰前的作品以及世界古典名著為主；太平洋戰爭爆發到抗戰勝利期間，除繼續前期的翻譯介紹外，重點轉向翻譯英美和世界反法西斯戰爭的文學作品；到解放戰爭階段，蘇聯社會主義現實主義作品的翻譯介紹得到了擴大。據不完全統計，此期共譯出外國文學作品（不包括上海時代出版社出版的）百餘種，印數多達數十萬冊，是民國翻譯文學史上出版最多的一個時期。其中，單是俄蘇文學翻譯出版就不下數十種。[13]這期間外國文學的傳播在內容和體裁上都十分豐富，從西歐古典文學到當時反映戰爭題材的文學作品，從古老的希臘文學到當時還沒有祖國的猶太民族的文學，可謂琳琅滿目。有些作品的傳入速度相當迅速，往往是在國外應時而作，國內便應時而譯，一作多譯也不乏其例。蘇聯著名作家肖洛霍夫以衛國戰爭為題材的小說《他們為祖國而戰》，部分內容在蘇聯報刊上發表後，翻譯家陳瘦竹便立即譯出一節並加以發表。美國作家薩洛揚的第一部小說《人間喜劇》，差不多剛出版，中國就有了譯本。名著名家名譯眾多，也是此期外國文學輸入的一個顯著特點。俄蘇文學譯介方面，高植、梅益、曹靖華、耿濟之、戈寶權等人大顯身手，表現不凡。高植先後翻譯了托爾斯泰的三部長篇——《戰爭與和平》、《安娜·卡列尼娜》、《復活》（《戰爭與和平》同郭沫若合譯），梅益譯出奧斯特洛夫斯基的《鋼鐵是怎樣煉成的》，曾教育了幾代中國人；曹靖華翻譯的關於蘇聯衛國戰爭的系列作品，耿濟之翻譯赫爾岑的長篇小說《誰之罪》和陀思妥耶夫斯基的《兩兄弟》，戈寶權翻譯的《普希金詩選》等，均為出色的譯作，暢銷一時。此外，普希金的詩體長篇小說《葉甫蓋尼·奧涅金》，車爾尼雪夫斯基的《怎麼辦》等名作，此期均有了較好的中文譯本。姜椿芳等譯的《蘇聯衛國戰爭詩選》，茅盾組織翻譯的《蘇聯衛國戰爭小說叢書》，也產生了一定影響，並發揮了激勵中國人民抗戰鬥志的作用。英美文學方面，莎士比亞戲劇的翻譯最為引人注目。其中又以朱生豪的成就最為輝煌。朱氏為翻譯莎劇付出了畢生心血，共譯出莎劇三十一部，只剩三部半因英年早逝未及譯出，令人惋惜。朱生

---

13 陳玉剛：《中國翻譯文學史稿》，290-295頁，北京，中國對外翻譯出版公司，1989。

豪的翻譯嚴肅認真，一絲不苟，而且流暢優美，在中國影響極大。馮亦代、朱雯、傅東華等人對美國文學的譯介成績突出。馮氏此期翻譯出版了海明威的劇本《第五縱隊》，朱氏翻譯了賽珍珠的《愛國者》，傅氏翻譯了密西爾的長篇巨著《飄》。此外，幽默諷刺作家馬克·吐溫和小說家傑克·倫敦的作品，此期也都被翻譯介紹過來。在法國文學的譯介方面，傅雷貢獻最大。他此期所翻譯的巴爾札克的《高老頭》、《歐也尼·葛朗台》，羅曼·羅蘭的《約翰·克利斯朵夫》，均膾炙人口、廣為流傳。其他如趙瑞蕻譯司湯達的名作《紅與黑》，高名凱譯巴爾札克的《幻滅》三部曲等，也很有影響。另外，一些國家的文學史專著、名作家談創作等也有翻譯介紹，如蘇聯維諾格拉多夫的《新文學教程》、美國阿弗雷·卡靜的《美國現代文藝思潮》、蘇聯季莫非耶夫的《蘇聯文學史》、日本鹿地亙的文藝理論專著《藝術哲學》以及《列寧與文學及其他》、《馬克思論文學》等，共計二十餘種。

歷史學方面，馬克思主義歷史學的傳播又有了新的進展。一批馬克思恩格斯的原著和用馬克思主義指導的歷史學著作被翻譯到國內，如恩格斯等人的《社會發展史》，蘇聯科學院歷史學研究所編輯出版的《近代新歷史》、《近代史教程》、《聯共（布）黨史》，蘇聯史學家柯斯銘斯基的《中世世界史》等。特別值得一提的是《蘇聯共產黨（布）歷史簡要讀本》的翻譯出版。該書乃世界上第一個社會主義國家執政黨的黨史教科書，一九三八年在蘇聯正式出版，到一九三九年三月為止，已譯成包括中文在內的二十八種文字，被稱為「馬克思列寧主義基本知識的百科全書」。此書中文本出版於一九三九年，並經博古校閱。一九四九年又出版了「幹部必讀」本，在中國得到廣泛流傳，對中國共產黨人的思想和馬克思主義史學的發展，產生過不容忽視的影響。這一時期，雖然翻譯出版的馬克思主義史學著作的數量並不比從前有明顯的增加，但經過整風運動和各種教育，馬克思主義的歷史唯物主義思想得到普及和深入，這是以往任何時候所無法比擬的。同時，西方現代史學流派的著作在這一時期也有不少介紹到國內，如美國史學家班茲的《社會科學史綱》、湯姆生的《西洋中古史》、海思的《世界史》等。一些西方史學思想也得到介紹，如朱光潛多次撰文介紹克羅齊的史學思想。

這一時期，新興的社會科學在中國的傳播也有一定發展。以社會學為例，一

些重要的外國名著被譯成中文。如李安宅譯英國社會人類學家馬凌諾夫斯基的
《兩性社會學》（1937）、德國學者孟漢的《知識社會學》（1944）、吳澤林等譯《白
季二氏社會學大綱》（1937），陶集勤譯《社會學原理》（1942）等。經濟學在此
期最大的譯績，要數郭大力與王亞南合作譯完巨著《資本論》。該工作開始於
一九三五年，一九三八年大功告成，同年分三卷出版。其他學科也有不少名著譯
成中文的，如潘光旦一九四六年譯竣出版的英國名家靄理士的《性心理學》，就
是極有學術價值、備受學人推崇的高品質譯作。

　　自然科學方面，出於戰爭的需要，此期引進的主要是些能直接為戰爭服務的
科技。很多有關工程、鋼鐵、軍工、化工、生物、通信等學科的基礎知識和應用
技術的著作不斷被翻譯到國內，並在教學、生產和科研當中加以運用。如美國人
魯特的《工程數學》，美國人鐵木生可、毛勒、普爾曼等人所編寫的《工程力
學》，夫赤楞的《工程畫》等，均被譯作大學教材。與此同時，盟國以及一些國
際友人、民間組織採取多種管道贊助中國的科學研究，擴大交流，促進了科學事
業的共同發展。抗戰時期，國際科學交流主要在盟國之間進行，且在太平洋戰爭
爆發後頻繁起來。其中，中美、中英科技交流尤多。美國為支持中國抗戰，從抗
戰後期開始主要向中國輸出技術，派遣戰時中國最急需的公共衛生、水土、水
利、電力、礦冶、機械等專業技術專家來華，幫助中國的生產建設，此外還贈送
科學期刊、圖書資料的縮微片，並將中國國內科學論文介紹到國外發表。中英之
間的科學交流，主要是通過李約瑟領導的設在重慶的中英科學合作館實現的。該
館一方面為戰時中國科學界提供極為難得的科學儀器、藥品、圖書資料等；另一
方面，則向世界各國介紹中國科學界戰時的研究狀況及研究成果。實際上，這些
到中國的科學家和技術人員們，不僅帶來了歐美先進的科學技術，也帶來了歐美
人民的深厚情誼。

　　不過，應該指出的是，整個民國時期，外國文化在中國的傳播情況錯綜複
雜，其中有先進的科學文化知識，也包含有落後消極乃至反動的思想。如，有馬
克思主義，也有法西斯主義；有健康的文化娛樂活動，也有腐朽的生活方式⋯⋯
它們在中國所產生的影響自然也是雙面的，關鍵在於中國人自身如何選擇。這一
點，我們在本書前幾章已有談及，此不贅言。

中國文化
的對外傳播

文化的交流總是雙向的。就在外國文化特別是西學大規模和全方位湧入中國，改變中國社會和文化命運的時候，中國文化也在源源不斷地流向國外、尤其是向西方傳播著。這樣一種回流顯得相對和緩，不像主流那樣洶湧澎湃，但對西方文化和世界文化的發展也產生過一定的影響，作出過自己積極的貢獻。

一、兩次世界大戰與中國文化的西播

民國時期，中國文化的外播與外來文化的湧入一樣，呈全方位的態勢，但相比之下，外播之流乃其主向，要更為引人注目。在此期中國文化的外播史上，兩次世界大戰具有界標意義。特別是第一次世界大戰後期及大戰結束後的一段時期裡，中國的傳統文化在西方得到了一次較為廣泛的傳播。這一次傳播的聲勢、持續的時間和影響雖然無法與十七至十八世紀歐洲的「中國熱」相比，但也有著不可小視的「熱」度。

一九一四至一九一八年的世界大戰慘絕人寰，它以血淋淋的事實暴露了西方資本主義近代文明的弊端，使一些對文明前途懷抱憂患意識的西方人，在正視和

反省自身文明缺陷的同時，將眼光情不自禁地投向東方和中國文明。因之，對中國文化價值的重視和弘揚，成為西方不少思想家、學者和知識青年普遍的精神關懷。在這方面，文化巨人英國哲學家羅素的思想頗有代表性。一九二〇—一九二一年他應邀來華講學，回國後出版《中國問題》一書，書中坦承，他在蘇聯旅行之後，是帶著「西方文化的希望日顯蒼白」的「疑惑的痛苦」，開始中國之行，「去尋找新的希望的」。而中國也並沒有讓他失望。在該書裡，羅素激烈批評了西方人推崇競爭、開發、永無止境的追求和一意破壞的人生觀，熱情讚美了中國人崇尚禮讓、和氣、智慧和美，懂得真正人生之樂的文化精神，認為這些精神品質正為「現代世界所急需」。他站在真正平等的基礎上看待中西文化和中國文化的優長，反覆強調，文化交流對於中西雙方都很必要，「事實上，我們要向他們學習的東西與他們要向我們學習的東西一樣多，但我們的學習機會卻要少得多」。在書中，羅素對中國文明和中國民族性也有誠懇的批評，不過，向西方闡釋中國文明的價值，以供西人反省借鑑之用，無疑是該書的主體傾向。它凝聚了哲人心胸高闊、灼見深遠的文明之思。這樣一種思想，既是西方中國文化熱的體現，又對這種熱潮起到了推波助瀾的作用。

一九一九年，梁啟超到歐洲旅行，也到處看到和聽到西方文化人失望於自身的文明，「想輸入些東方文明，令他們得些調劑」的言論。法國大哲學家柏格森的老師蒲陀羅（Bourtreu）就告訴他：「近來讀些譯本的中國哲學書，總覺得它精深博大。可惜老了，不能學中國文。我望中國人總不要失掉這份家當才好。」美國名記者賽蒙氏更是向他哀歎：「哎！可憐，西洋文明已經破產了！」「我回去就關起門來老等，等你們把中國文明輸進來救拔我們。」梁啟超初聽之餘，還以為是人家有意奚落中國人，後來到處聽多聽慣了，才真正感到西方的有識之士深懷文明憂慮的良苦用心。[14]於是他倏然「覺悟」，轉向國人提倡「東方文化」，因此引發了國內流行一時的東方文化思潮。

當時西方的「中國文化熱」在德國熱度最高。這與德國戰敗後對西方文化的

---

14 葛懋春、蔣俊：《梁啟超哲學思想論文選》，251-287頁，北京，北京大學出版社，1984。

反省程度成正比。據留德學生報導，當時德國崇尚中國文化的青年組織不少，其中最有勢力的要推「國際青年團」，「自由德意志青年」和「遊鳥」。前者尊孔，為孔派，後者崇老，屬老派。老派比孔派的勢力還要大些。不少青年極力追求道家的生活境界，奉老子為神明。如有的社團章程就寫道：「吾德青年，今既處於繁瑣組織之巔矣。吾輩之創造精神，為社會強固之形式所束縛者亦久矣。今見此東方聖人，猶不知急引為解放我輩之良師者乎。……東方聖人老子等，其道以超脫世界一切為務，大浸稽天而彼不溺，流金鑠石而彼不熱者也。吾輩精神之權利與無條件之自由、與夫內部之統一，其事只能由吾輩奮鬥與鬥爭而後為功，而絕不可以苟得。此種工作，蓋莫若尋此東方聖人以為首領」。[15]孔派的領袖為「國際青年團」的創立者、哥廷根大學哲學教授奈爾遜。「其黨徒之言行舉止，一以《論語》為本，每有講演，必引孔子格言，以為起落」。[16]他告誡自己的同胞：「中華民族受益於博大精深之孔夫子學說已經兩千年之久，深刻地理解這一學說，一方面可以吸收那些對西方文化有益的和有保留價值的東西；另一方面不至於對導致世界災難的西方文化的弱點視而不見」[17]。

　　由於注重東方文明的精神價值，企望從中吸取完善西方文明的汁養，這一時期，在西方，有關中國的哲學、宗教和文藝的各種譯著大量出版，尤其是老子的《道德經》和莊子的《南華經》，最為暢銷。儒、墨、釋各家經典也十分流行，如早有譯本的《易經》和《論語》，此期才出現了西文全譯本的《荀子》和《墨子》等。德國著名漢學家衛禮賢的中國經典的系列翻譯，英、美漢學家翟理斯、亞瑟·韋利和詩人龐德等人的中國詩文翻譯，在西方各國大受歡迎。以研究和傳播中國文化為宗旨的文化學術組織與機構，也大量湧現。如法國巴黎大學的中國學院，德國法蘭克福大學的中國學院和達姆斯塔特的「東方智慧學院」等，從而形成了十九世紀以來中國文化西播的一大高潮。它對戰後西方文明的反省與重建，起到了一定的積極作用。

---

15 《德人之研究東方文化》，《亞洲學術雜誌》，1922年第4期。
16 同上。
17 辜鴻銘著、奈爾遜譯：《吶喊》譯者前言，1920年德文版。

二十世紀二〇年代末至第二次世界大戰之間，西方對中國文化的那種多少有些不太正常的過分熱情大為消減。但對中國文化各個方面的譯介和研究卻繼續得到發展，尤其在文藝方面。這一時期，中國文藝界、學術界人士如梅蘭芳、劉海粟和李四光等應邀到西方各國講學、交流，直接開展傳播中國文化的活動。就整個民國時期而言，此類活動在這一時期是最為頻繁的。

　　一九三七年至第二次世界大戰期間，中華民族遭受到日本帝國主義的野蠻侵略，全國人民奮起抗戰，贏得了蘇聯、英、美等西方反法西斯國家人民的深切同情和敬意，各國文化界人士紛紛發表宣言，譴責日本的侵華行徑和摧殘中國文化的罪行，聲援中國人民的正義鬥爭。與此同時，許多歐美文化組織，如蘇聯作協對外文化協會、英國「左翼書籍俱樂部」、法國和美國的「中國人民之友社」等，則向國內大力宣傳中國人民的抗戰事蹟和精神，傳播中華民族的文化，翻譯中國現代文學和抗戰文學。特別是中國抗戰文學，此期成為歐美知識分子熱切關注、積極譯介的重要內容，它構成了世界反法西斯文學不可分割的有機組成部分。如這一時期，蘇聯作協對外文化協會的機關刊物《國際文學》，就以六種文字大量翻譯中國抗戰文學作品，幾乎每期必載，還出版「中國抗戰文藝特輯」。法國「中國人民之友社」在中國抗戰爆發一年內，竟散發了二十五萬多份傳單，舉行三五〇多次講演，向法國人民介紹中國抗戰情況和中國人民的抗戰精神。同時創辦《中國》月刊雜誌，專載中國抗戰文學作品和中國政論文。此外，它還與「法國文化協會」一道舉辦了中國文化展覽會，大力宣傳中國文化對於人類的貢獻和日本摧殘中國文化的罪行。美國的「中國人民之友社」則創辦了《現代中國》和《中國月報》等，從事同樣的文化傳播活動。

　　這一時期，西方各國記者、作家、政治家、藝術家等紛紛來華，了解中國的抗戰和抗戰的中國，出版了大量具有國際影響的有關著作，其中最著名的有美國記者斯諾的《紅星照耀中國》（亦譯為《西行漫記》），政論家和作家威爾基的《天下一家》，記者毛那的長篇報告《臥龍醒了》，著名女作家史沫特萊的《大地的女兒》、《中國在反攻》，斯特朗的《五分之一的人類》和《中國的一百萬人》，英國作家勃特蘭的《華北前線》，「牛津派」冠冕詩人奧登與作家伊修烏特合著的《到戰爭去的行程》，中日問題專家阿特麗的《戰爭中的中國》，蘇聯著名攝

影家卡爾曼的報告文學作品集《在中國的一年》，美國攝影師伊萬思和萬農、賈白在炮火中拍攝、反映台兒莊抗戰壯景的《四萬萬人民》等。這些作品有一個共同特點，就是在頌揚中國人民抗日鬥爭的同時，讚美了中華民族古老而鮮活的民族精神，表達了對於中華民族及其文化空前的同情與尊重，從而使世界人民進一步認識到中國人民的勤勞、勇敢、堅韌、善良和熱愛和平的美好品格。

正是在這一時期，十九世紀以來西方世界對中華民族及其文化的那種無理歧視，得到了很大程度的改變。美國作家威爾基感慨地說：「現在不是土地，而是人民，給了我最強烈的印象」[18]；捷克世界語翻譯家柏羅斯·約斯在給中國人民的信中寫道：「你們中國的勝利，也就是我們的勝利……我寄上國旗一面，來向你們這個有著偉大聖人和哲學家的大國致敬」[19]；英國戲劇家菩菉斯特勒致信給中國人：「以我這樣一個讚美中國藝術及產生此種藝術的古文明的人自然認為日本的進攻你們愛好和平的民族是一種可怖的罪惡，我所讀到聽到中國對此種進攻的抵抗，只有增加我對貴民族的欽佩。」[20]英國女詩人阿克蘭和女作家阿特麗，也都對中國人民及其文化表示了欽敬之情，前者向本國人聲稱：「現在在戰爭中中國人民的英勇與堅毅，在戰略上的優勢，和他們的英雄主義與道德主義，我們可以看出這種無匹的文明的前途。這是全世界一切知識分子在反侵略鬥爭中站在中國一方面的原因」[21]；後者則告訴中國人民：「未到中國之前，我就欽佩中國文化的高深與偉大。在這次抗戰中，我十分相信中國會為世界保存這最高的文化而戰勝」[22]。這樣的例子還可舉出很多，它清楚地表明了中國的抗戰對西方人認識和了解中國文化的直接影響。

值得一提的是，此期西方關於抗戰中國的那些名揚天下的作品，許多當時也被譯成中文回饋到國內，如斯諾的《紅星照耀中國》和威爾基的《天下一家》等，它們對中國人更好地認識自我，對鼓舞中華民族的抗戰鬥志，都起到不容忽

18 東君：《世界必須自由，天下才能一家》，《新華日報》，1943-08-09。
19 《一位捷克兄弟的來信》，《新華日報》，1938-07-25。
20 王禮錫：《英國作家對中國抗戰的表示》，《文藝陣地》第2卷，第9期。
21 王禮錫：《英國文化界的援華運動》，《抗戰文藝》第3卷，第8期。
22 《阿特麗女士歡迎小記》，《抗戰文藝》第2卷，第4期。

視的積極作用。這也是此期中西文化交流互動明顯的特點之一。

二、中國文藝的對外傳播

　　文藝總是文化交流中最活躍的領域，尤其是文學，常常成為各民族之間文化相互傳播最為重要的內容之一，民國時期亦不例外。這一時期，中國文藝外播的一個明顯特點是，古典文藝仍占主流，但近現代文藝即民國當代文藝也受到一定重視，且總體說來，世界各主要民族對中國文藝的了解較以往大大加強了。

　　中國古典文學方面，首先表現為古典小說名著被大量譯成各國文字出版，無論是內容的完整性還是準確性都有提高。如《紅樓夢》，民國前僅有英國人焦里的前五十六回英譯本，此期則先後出現了華人王良志的第一個全書英文節譯本（1927 年紐約版），華人王際真的第二個全書英文節譯本（1929 年紐約和倫敦同時出版）。後者由英國著名漢學家亞瑟·韋利作序，他在序中高度讚揚《紅樓夢》說：「《紅樓夢》是世界文學的財富，它的出現給世界文學增加了榮譽，它使世界文學創作者都受惠不淺。」[23]此譯後來又被轉譯成泰國文字。《紅樓夢》最有影響的德文譯作，是德國著名漢學家、中國古典文學翻譯家弗朗茨·庫恩一九三二年翻譯出版的節譯本。他在譯序中指出：「《紅樓夢》的內容是迷人的，它的人物描寫是生氣勃勃的和充分個性化的，它的故事背景是令人難忘的。」[24]該譯本後來不斷修訂重印，並被轉譯成英、法、意、匈、荷等多種文字。日本這一時期也出現了一些新的《紅樓夢》譯作，其中影響較大的有幸田露伴、平岡龍城的全譯本（1920─1922 年作為《國譯漢文大全》第 3 卷出版），岸春風樓的節譯本《新譯紅樓夢》（1916）等。著名漢學家大高岩等人，還對《紅樓夢》進行過高水準的研究。

　　《三國演義》的翻譯和傳播此期也有了新的發展。一九二五年，英國人鄧羅

23　王麗娜：《中國古典小說戲曲名著在國外》，273頁，上海，學林出版社，1988。
24　同上書，275頁。

（布魯威特・泰勒）在上海出版了第一部也是迄今為止唯一的一部英文全譯本，後來曾在美、日等國重印，並有波蘭文等其他文字轉譯本。譯文雖有不少問題，但在東西方產生了較大影響。一九四〇年，庫恩根據中文節譯出版《三國志：中國故事》，這是最具魅力的《三國演義》德文譯作，曾被轉譯成荷蘭等國文字。在日本，此期《三國演義》的譯本至少有六種以上。不少譯作還是繪圖本，如吉川英治一九三〇年翻譯出版的《三國志》，譯者在序中情不自禁地讚歎道：「《三國演義》結構之宏偉與人物活動地域之廣大，世界古典小說均無與倫比。其登場人物數以千百計。其描寫筆調或華麗豪壯，或悲憤慷慨，或幽默誇張，讀來趣味橫生，不禁令人拍案三歎！」[25]

越南、朝鮮、泰國、馬來西亞等東南亞國家的人民也非常喜愛《三國演義》。從現有的材料來看，越南翻譯《三國演義》大約始於一九〇八年，有影響的譯作多是民國時期所譯，如阮安康一九一八年的譯本和嚴春覽一九三一年的譯本等。一九二三年，潘繼丙譯《三國演義》全譯本在河內出版，後經裴紀校訂，多次再版，是越南最為成功的譯作之一；一九四九年，洪越又譯成一二〇回《三國演義》越文全譯本。《三國演義》的故事對越南文藝特別是戲劇產生過積極影響，據俄國漢學家李福清介紹，一九一二至一九四九年間，僅他所見到的越文版三國故事劇本就有二十餘種。在朝鮮，《三國演義》對文學的影響也是很深的。這一時期，許多朝鮮作者都致力於把《三國演義》裡的故事改寫成朝鮮流行的中篇小說，這類小說有《關雲長實紀》、《張飛馬超實紀》等，李福清提到的就達十五種之多，且許多都是再版四次以上，如《關雲長實紀》就有 1919、1923、1925、1932 各年版，可見朝鮮人民對它的喜愛程度。[26]中國古典小說在泰國也極受歡迎，模仿《三國演義》等作品的文筆寫作風行一時。從二十世紀二〇年代起，泰國的許多報紙雜誌都經常刊登中國小說。泰國作家喜歡將其中部分精彩情節編成舞劇表演，除《三國演義》外，《封神演義》和《說岳全傳》等也是經常的取材物件。泰國歌劇、暹南的六坤戲，亦大都上演《三國演義》的故事。[27]二

25 同上書，25頁。
26 王麗娜：《中國古典小說戲曲名著在國外》，47-48頁。
27 周一良：《中外文化交流史》，518-520頁，鄭州，河南人民出版社，1986。

○年代在馬來西亞的一家馬來文報紙上，有兩人竟同時翻譯《三國演義》，彼此競爭激烈，互為不服，並要求報紙公開評判譯文的優劣，由此可見中國小說在海外的影響之一斑。

《西遊記》的英、法、德、捷克等西文譯本都是在民國時期才出現的。最早的西文譯本是李提摩太的英譯本《聖僧天國之行》（1913）。影響最大的西文譯本是亞瑟‧韋利英譯的《猴》（1942），它有德、捷克等多種文字轉譯本。最早的法澤本由法國漢學家莫朗一九二四年提供。在日本，此期則出現了宇野浩二等人翻譯的《西遊記》新譯本達六種以上。

《水滸傳》較早的英譯本出現於一九二九年。最有影響的英文譯本是賽珍珠譯的《四海之內皆兄弟》，它一九三三年首版後曾多次再版。法文選譯本出版於一九二二年。德文譯本出現於一九二七年。庫恩一九三四年出版的一二○回節譯本，是德譯本中最成功的，它名為《梁山泊的強盜》，有義大利文和匈牙利文等多種轉譯本。在譯「跋」中，庫恩說：「沒有必要對《水滸傳》的價值多費唇舌，作品本身就說明了它的價值。《水滸傳》對於研究中國的歷史學家、軍事家和政治家來說，都是非常寶貴的財富；而從文藝角度來說，一個文學家如果不知道《水滸傳》這部作品，那將會成為笑柄。」[28]至於日譯本，此期則起碼出現了不下五種。同時，日本學者還發表了不少有價值的研究論著。

《金瓶梅》、《聊齋志異》、《儒林外史》和「三言」、「二拍」等中國古代著名小說，此期也在國外得到了較為廣泛的介紹和傳播。《金瓶梅》最有影響的西文譯本，是庫恩的德譯本，它出版於一九三○年，此後曾多次再版，並被譯成英、法、瑞典和芬蘭等多種文字。他在「跋」中稱讚此書「描寫常有辛辣諷刺，手法是現實主義的。……談到它的藝術性，那無可爭辯的是屬於最好的作品。」在歐洲，《聊齋志異》此期至少出現了四種法譯本和六種德譯本。英譯本除了翟理思的舊譯重出之外，新翻譯的也不下三種。

---

28 王麗娜：《中國古典小說戲曲名著在國外》，68頁。

華人吳益泰的法文著作《中國小說書目與評論》（1933），曾在歐美長期流行，是西方學者研究中國白話小說的必備書。賽金花的英文小冊子《中國小說》（1939），雖不盡準確和深刻，但對中國小說的介紹還是引人入勝的，對西人了解中國古典小說產生過一定影響。

　　中國古典詩歌向外傳播特別是在西方的傳播，民國時期也是一個重要階段。其中第一次世界大戰前後又是高潮。英國的亞瑟·韋利和龐德，美國的費諾羅薩等人在這方面最富創造性和影響力。韋利以擅譯漢詩著稱，他的譯作以自由體譯成，樸實無華，但講求格律，在歐美較為流行，代表作有《中國詩選 170 首》（1916），《中國詩選續集》（1919）等；費諾羅薩是美國的東方學家，二十世紀西方詩歌革新運動的先驅，他認為西方的分析性思維不符合藝術的本質，藝術需要綜合性思維，而綜合性思維則需藉助於豐富多彩、意義雋永的詩歌般語言。在這方面，西方拼音文字由於受到字形、語法和邏輯等因素的限制，遠不如漢字理想，於是他寫出《漢字作為詩歌媒介》一文，盛讚漢字的形象性、動態感、隱喻作用以及字與字之間關聯、烘托的特點，致力於詩歌的革新運動。英國意象派詩人龐德得到他的有關手稿後，如獲至寶，他一面整理出版了費氏的《神州集》（1915）、《漢字作為詩歌媒介》（1919），宣傳和發展費氏的詩媒理論，一面在翻譯和創作實踐中，千方百計用拼音文字體現他認定的表意文字——漢字的特點與活力，盡量實現視覺意象，努力把詩句分成若干較小的視覺單位，用並置法加以聯結，藉以增強意象的含蓄性和流動感。其代表作有《五年間》等。他翻譯的中文詩和創作的英文詩生動活潑，不拘泥於音步和韻腳，以傳達原作的意境為主，一時風行於歐美。他的實踐對西方現代派詩歌產生過很大的影響。

　　費諾羅薩和龐德的詩媒理論對中國文學的吸收，雖未必會得到嚴謹的漢學家的認可，卻是文學交流的一種正常途徑。他們所表現的其實是一種非中非西、亦中亦西的事物，也就是西化的中國文學，這種創造性加工有時比直接借用更具有啟發意義，即使對於輸出國中國來說，也可以借此更加明晰地反觀自己的文字及其文學的特質。[29]此種創造性吸收和消化中國文化的現象，在此後的美國戲劇家

29 周發祥：《二十世紀中國文學西播大勢》，《傳統文化與現代化》，1994年第4期。

奧尼爾，德國戲劇家布萊希特等人那裡也有體現，前者化用道家思想，後者翻新中國戲劇美學，都屬於這方面的突出例子。

　　法國漢學家莫朗編譯《中國文學論集》（1912），華人曾仲鳴、徐仲年、羅大綱分別用法文編譯《中國歷代詩選》（1922）、《中國詩文選》（1933）和《唐人絕句百首》（1942），德國學者奧托‧豪塞爾翻譯《中國詩作》（1921），漢學家查赫翻譯唐詩，弗萊徹爾出版《瓷亭：中國抒情詩歌模式》（1927），阿列克謝耶夫主編俄文《中國古代抒情詩選》（1923），安東尼思‧卡斯楚‧費若翻譯葡萄牙文《中國詩選》（1922），馬塞洛‧德‧胡安翻譯西班牙文《中國詩歌精華錄》（1948）等，都曾在歐美各國產生過一定影響，為西方人了解和學習中國古典詩歌作出過貢獻。

　　古典戲劇乃此期中國文學外播不容忽視的又一方面。《西廂記》、《牡丹亭》、《長生殿》、《竇娥冤》、《灰闌記》等名劇在不少國家都有新譯本或譯文出版。以《西廂記》為例，英譯本此期主要有熊式一和亨利‧哈特二十世紀三○年代分別翻譯的兩種，尤以熊式一一九三五年的譯本影響為大。熊氏為華人，著名的戲劇翻譯家，他所翻譯的劇本《王寶釧》在倫敦也享有盛名。法譯本主要有莫朗和華人陳寶吉二十世紀二○至○年代分別翻譯的兩種全譯本。德文和義大利文譯本分別以洪濤生一九二六年、奇尼一九一六年的譯本較有影響。日譯本則至少有中村碧湖等所譯《西廂記》四種以上。

　　另外，此期比較系統地研究和介紹中國戲劇的著作，無論在西方還是日本都大量出現。在西方，以英文、法文方面為最多，英文代表著作有凱特‧布斯的《中國戲劇研究》（1922），阿靈頓的《古今中國戲曲概論》（1930）等；法文則有卡米爾‧普佩的《中國戲劇》（1933），華人學者陳綿和蔣恩凱分別用法文寫作的《中國近代戲目分類注解》（1929）、《昆曲：關於中國古典戲劇》（1932）等；民國傑出的音樂理論家王光祈在德國學習西方音樂的同時，也致力於向西方傳播中國音樂，他用德文寫作的博士論文《中國古典歌劇》，一九三四年在日內瓦出版，對德國人了解中國戲劇不無貢獻。在日本，此期研究中國戲曲成績最為突出，湧現了不少專家，如青木正兒、今觀天彭、長澤規矩也、豐田穰等，其中

尤以青木正兒的《支那戲曲史》等著作最為著名。

民國時期，中國戲劇家們還紛紛走出國界，弘揚中國戲劇，為中國藝術贏得了榮譽。京劇表演藝術家梅蘭芳、程硯秋，著名昆曲演員韓世昌、侯永奎，粵劇演員紅線女、文覺非等人，都曾到歐美、日本或東南亞各國表演、考察或進行藝術交流活動，其中尤以梅蘭芳的出訪最有影響。一九一九至一九二四年，他兩次到日本訪問演出，受到日本文藝界和廣大民眾的熱烈歡迎，其表演舞姿被譽為「梅舞」。一九三〇年二月十六日，他又率京劇團訪問美國，歷時半年，演出七十二天，受到的歡迎較在日本尤有過之。喜劇大師卓別林、戲劇評論家羅伯特・里特爾等都對他帶去的京劇藝術給予了極高的評價。後者激動地說：「我也許只懂得其中的百分之五，而不了解其他大部分，但這足以使我為我們的舞臺和一般西方的舞臺上的表演感到惶恐謙卑，因為這是一種令人迷惑而撩人的方式使之臻於完美的、古老而正規的藝術，相比之下我們的表演似乎沒有傳統，根本沒有往昔的根基。」南加州大學特授予梅蘭芳文學博士學位，在授予學位的典禮上，鄧肯博士稱讚他是「中國大藝術家」，「藝術之高，世界已公認」，「這次訪美演出又溝通東西方文化，梅先生有功於世界」。[30]

一九三五年三月，梅蘭芳劇團赴蘇聯訪問演出，同樣引起了轟動。蘇聯著名藝術家尼・瓦・彼得洛夫公開承認他完全「迷上了」梅蘭芳藝術，他的許多同行「都為這位出神入化的演員的登峰造極的演技和中國古典戲劇所具有的最深奧的秘密所傾倒了」。著名戲劇家梅耶荷德在演出座談會上指出：「梅蘭芳博士這次來我國演出的意義，比起我們在座的任何一位今天所能想像得到的意義要重要得多。我們目前僅僅處於驚訝和著迷的狀態。可是，在我們的中國貴賓走後，他們給予我們這些本國新戲劇的創建人的影響，將會像一枚定時炸彈那樣爆炸開來。」他尤其欣賞京劇中廣泛使用的「假定性手法」，認為它可以使人的想像力自由馳騁，斷言「梅蘭芳的假定性最接近於我們的時代」。[31]在看過梅蘭芳演出的當年，他排演《黑桃皇后》時，就大膽運用了這種假定性手法。

30 施建業：《中國藝術在世界的傳播與影響》，18-19頁，濟南，黃河出版社，1993。
31 同上書，19-20頁。

德國戲劇大師布萊希特在莫斯科看過梅蘭芳的表演後,也留下了極為深刻的印象。一九三六年,他寫了《中國戲曲表演藝術中的間離效果》一文,盛讚中國戲劇的象徵手法、演員與劇中人物保持某種距離等方法,認為中國戲劇是一種更符合人的審美本性與欣賞習慣的藝術。布萊希特的夫人魏格爾曾明確表示,布萊希特戲劇與中國文化有密切關係,「柏林劇團的藝術中流著中國藝術的血液」。[32]

在西方,這一時期對中國藝術宏觀研究最有成績的,要數長期在瑞典工作的芬蘭籍漢學家喜龍仁,他的巨著《中國早期藝術史》(1930)和《中國藝術三千年》,是較為全面宏觀研究和介紹中國古代藝術的傑作,僅前者就有百萬言。他還著有《中國的園林及其對十八世紀歐洲的意義》、《中國藝術家畫論》等名著,後者是一部最早較完整地把中國藝術理論介紹到西方的著作。[33]此外,美國漢學家福開森對中國藝術也頗有研究,編著有《中國藝術綜覽》、《中國藝術大綱》、《中國畫》、《歷代著錄吉金目》等有價值之書。在日本,大村西崖的《中國美術史》,伊東忠太的《中國建築史》,太田孝太郎的《古銅印譜舉隅》等著作,也對研究和傳播中國美術作出了可貴的貢獻。

民國繪畫藝術大師輩出,佳作名作如林,不少作品連同古代藝術品此期流傳到海外,深受各國藝術家的喜愛。英、法、德、俄、日等國還曾多次舉辦過各種形式的中國藝術展覽。劉海粟、徐悲鴻等藝術大師也經常出國講學,舉辦畫展,弘揚中國的繪畫藝術。如二〇年代末至三〇年代中,劉海粟就曾先後到日本和歐洲講學、展畫,被日本藝術大師橋本關雪譽為「東方藝壇的獅子」。遊歐期間,他與馬蒂斯、畢卡索等名家交遊論藝,積稿三百餘幅,並主持中國現代繪畫展覽在漢堡、海牙、日內瓦、倫敦等地巡迴展覽,使中國文化「震動全歐」(蔡元培語)。一九三三年,徐悲鴻組織中國近代繪畫展覽在巴黎舉行,此後移展於比、德、意、蘇。展覽七次,成立四處中國近代美術展覽室於各大博物館與大學。這是民國美術史上最早出國的大型中國美術展覽會。四〇年代,徐悲鴻還曾應邀到印度和東南亞其他國家舉行畫展。

---

32 同上書,20-21頁。
33 張靜河:《瑞典漢學史》,185頁,合肥,安徽文藝出版社,1995。

中國近現代文學此期在海外的傳播，以現代文學為主。魯迅、茅盾、郭沫若、沈從文、曹禺、艾青等人的作品，都曾被譯成英、俄、日等國文字出版。如蘇聯一九二九年即翻譯出版魯迅文集俄文版，包括《阿Q正傳》（由瓦西里耶夫翻譯，曹靖華協助而成）、《孔乙己》等篇；日本傑出的國際主義鬥士鹿地亙克服重重困難，於一九三七年九月前完成了日文本《大魯迅全集》的翻譯，後來以六大卷出版。倫敦也出版過《阿Q正傳》英文本，題為 The True Story of An Q。茅盾的《動搖》、《子夜》分別於一九三五年和一九三六年被譯成俄文出版。此外，被譯成英文或俄文的還有沈從文的《邊城》，謝冰瑩的《女兵日記》，姚雪垠的《差半車麥秸》等小說以及艾青、田間等的詩歌和劉白羽等人的散文。英美等國還翻譯發行《中國抗戰小說選》、《中國抗戰詩歌選》等，這些文學作品，既增加了海外人士對中國文化的了解，也有力地激勵了他們的反法西斯鬥志。

三、其他方面中國文化的外播

在哲學、宗教、史學、語言文字乃至科學技術等方面，中國文化對外也有傳播。哲學方面，翻譯、研究和闡釋中國古代經典為其重要內容。以《易經》為例，這一時期，翻譯和研究《易經》最有成績的，首推德國漢學家衛禮賢。他在中國學者勞乃宣的協助下，將《易經》譯成德文，於一九二四年正式出版。這一譯本以思辨語言譯出，經瑞士心理學大師榮格和著名作家黑塞的努力，被譯成多種歐洲文字，僅英譯本就發行了一百萬冊，在西方世界廣為流傳，至今仍是最有價值和影響的《易經》翻譯。

榮格對衛禮賢的《易經》翻譯十分推崇，他促使自己的學生將其轉譯出英文，並親自撰寫了一個內容充實的序言，極力加以推薦。榮格晚年的心理學就從中得到不少啟發和印證。他還同衛禮賢合作完成《金華養生秘旨與分析心理學》一書。瑞士大文豪黑塞也非常喜歡衛譯《易經》，他為衛譯《易經》專門寫過評論文章，認為這是一本最古老的智慧之作。他不僅從思想方面闡述《易經》的意義，還將從《易經》中獲得的感受融匯到文學創作中。他的小說《玻璃珠遊

戲》，基本構思中就明顯可以看出《易經》的影響。這部小說後來獲得諾貝爾文學獎。

衛禮賢極力強調《易經》所具有的世界性、普遍性的意義和價值，認為它「是世界上最重要的一部作品」。這一點給以後接觸、研讀過他的譯著的西方人以深刻的印象。有學者曾指出：「在一定的意義上可以說，本世紀以來國際範圍的易學演進過程中引發的一系列重大的討論和爭議，都是基於、或者說是圍繞著衛禮賢的易學遺產而展開的」。[34]除了《易經》外，衛禮賢還翻譯了《莊子》、《孟子》、《呂氏春秋》等中國古代經典，著有《中國文化史》、《中國人的精神》等書，並創辦法蘭克福中國學院等，弘揚中國文化不遺餘力，被譽之為溝通中西文化的友好使者。當時和以後許多德國文化人都曾毫不掩飾對他傳播中國文化所帶來的精神享受表示感激之情。中國人也對這位胸懷博大的文化偉人深懷敬意。

二十世紀三〇年代中期，中國學者沈仲濤英譯《易經》，並用英文撰寫了《易經的符號》等著作，向西方的讀者介紹了卦在物理學、邏輯學和天文學上精妙的應用，同時還力圖闡明卦中所蘊含的宇宙變化原理。他是國際上倡導《易經》的現代科學研究、揭示該經典的現代科學意義的首創者之一。其著作在西方有較大的影響。

這一時期，海外系統研究和介紹中國哲學較有成績的，西方有佛爾克等人，日本有宇野哲人等人。佛爾克是德國著名漢學家，所著《中國哲學史》三卷，一九三八年最後出齊，系統闡述了從先秦到二十世紀中國哲學發展的歷史，介紹了一五〇個中國哲學家，包含大量的譯文和注釋，被認為是長期以來「西文著述中有關中國哲學史的最便利、完備的參考書」。[35]宇野哲人著有《支那哲學概論》和《支那哲學的研究》等多部著作，對中國哲學的認識頗有創見，前者三〇年代還曾被譯成中文出版。

由於中國哲學思想的深入傳播，不少海外思想家和學者都具有相當廣泛的中

---

34 楊宏聲：《本土與域外──超越的周易文化》，203頁，上海，上海社會科學院出版社，1995。
35 張國剛：《德國的漢學研究》，54頁，北京，中華書局，1994。

國哲學知識，能較為普遍地使用中國哲學概念。英國歷史學家湯因比就是一個典型的例子。在他那於此期開始撰寫的巨著《歷史哲學》中，便多處將中國的「陰陽」概念作為一個具有普遍意義的歷史哲學原理來闡述，認為「陰陽特別在作為闡釋人類起源和演進的基本原則時是有意義的」。他還用「陰陽」概念來闡釋神話故事的結構及其寓意，並進而用以具體地解說某些歷史民族的非「原生性」的「子體文明」起源的哲學原理。

中國宗教的傳播，不僅表現在宗教經典的進一步翻譯外傳，還表現在海外介紹與研究中國的宗教越來越深入，宗教界與海外同仁間的交流有了新的發展等方面。法國著名漢學家葛蘭言的《中國人的宗教》，戴遂良的《中國宗教信仰及哲學觀點通史》，美國學者樂民樂的《中國宗教的歷史沿革》，何樂益的《中國的佛教與佛教徒》，挪威漢學家艾香德的《中國宗教》和《中國大乘佛教研究》，奧地利漢學名家納色恩的《中國的宗教與經濟》等著作，都對各自國內的人們認識和了解中國宗教發揮了積極作用。相對於其他宗教而言，民國時期佛教的對外傳播是較為活躍的，太虛大師就曾多次出國弘法，還在中國發起召開世界佛教大會。佛教界同日本和東南亞各國的交流，此期尤為密切，如一九二八年，中華淨業團就到泰國提倡淨土法門，並由華僑創辦了中華佛學研究社。從二十世紀三〇年代起，大乘佛教在泰國也得到了空前的發展，成立了許多佛教組織，建造和擴修了不少金碧輝煌的寺塔。

這一時期，海外對中國歷史、語言文字的介紹和研究也進入一個新階段。德國漢學大家福蘭閣的五卷本《中國通史》，法國漢學家考狄的四卷本《中國通史》，美國漢學家賴德烈所著《中國歷史與文化》，德效騫英譯的《漢書》等，是歷史方面的代表作。語言文字方面，則以瑞典漢學家高本漢的研究最有創獲和著名。高本漢所著《漢語音韻學研究》（一譯《中國音韻學研究》）、《中國語與中國文》、《中國語言學研究》、《漢語詞類》等都是高品質的漢學著作，特別是《漢語音韻學研究》，堪稱西方漢語研究史上不朽的豐碑。它以較科學的方法對比分析了多種漢語方言，開創性地研究了古漢語語音系統的重新構擬問題，被漢

學界公認為「本世紀科學研究漢語語音的第一部宏偉著作」[36]。趙元任等人曾將其譯成中文出版，對包括中國語言學界在內的中國漢語研究產生了極大的影響。此外，法國漢學大師伯希和、馬伯樂等人對中國歷史、語言和敦煌學的研究也都極有成績，為西方世界更好地了解中國文化作出了貢獻。他們的成果回饋到國內，還對中國本土的學術研究起到啟發和推動作用。

在自然科學方面，中國學者的工作已經與世界科學的研究緊密地結合在一起。他們的研究成果許多都直接發表在國外的科技刊物上。不少傑出的中國科學家還應邀到海外講學，地質學家李四光就是一個突出代表。李四光曾留學英國七年。一九三四年他應邀到英國劍橋等大學巡迴演講「中國地質學」專題，他根據多年積累的大量地質文獻資料，創造性地完成了觀點新穎又具有中國特色的學術講義，特別是向英國同行師友成功地介紹了中國地質獨特的區域特點和自在的完整性，受到英國地質學界的重視和歡迎。一九三六年，他回國前將英文講稿整理完畢，三年後在倫敦出版。這是中國學者撰寫的第一部中國地質學專著，問世後在國內外地質學界引起了熱烈反響。在中國科學的外播方面，最具有象徵性的人物是英國著名科技史家李約瑟。從一九三八年起，李約瑟就立志撰寫「一本過去西洋文獻中曠古未見的關於中國文化中的科學、技術、醫藥的歷史專書」[37]。一九四三年，他受英國文化委員會派遣，來華從事文化交流工作。次年在華成立「中英科學合作館」，任館長。其間，李約瑟向國外推薦發表了中國學者撰寫的大量科學論文，並出版《中國科學》、《科學前哨》等書，熱忱地向西方介紹戰時中國科學界的艱苦努力和科學研究情形。同時，他那系統研究中國古代科技史的計畫也更加成熟了。戰後，李約瑟用了畢生精力，組織中英科學家陸續完成了七卷本的《中國科學技術史》，對中國古代科學成就和科學思想在世界文化史上的地位和價值進行了深入的比較研究。這一劃時代的傑出工作雖然主要是後來完成的，但在此期已經卓有成效地揭開了序幕。

最後，我們想特別強調一下中國人在外播中國文化方面所作出的難能努力。

---

36 羅常培：《介紹高本漢的中國音韻學研究》，《中央圖書館月刊》第1卷，7-8期合刊，1941。
37 張孟聞：《李約瑟博士及其〈中國科學技術史〉》，上海，華東師範大學出版社，1989。

由於中外交往的逐漸深入，中國人外語能力的提高和現代文化自我意識的增強等原因，投身到外播中國文化事業中的中國人人數越來越多。除了前文已提及的熊式一、沈仲濤等人外，較突出的還有林語堂、辜鴻銘、林文慶、江亢虎、蔡廷幹等學者文士。辜鴻銘曾用西方文字著《中國人的精神》、《呐喊》等書，在第一次世界大戰時期的西方尤其是德國廣為流傳。其書雖立論偏頗，但對西方人認識儒家文化的價值，反省自身文明的缺失，並在此基礎上重建文明不無積極作用。林文慶英譯的《離騷》曾在西方產生過一定影響。蔡廷幹著有英譯中詩集《唐詩英韻》。江亢虎同英國學者合作英譯的中國詩歌，在西方流傳較廣，曾為林語堂所引述。他還用英文著有《中國文明》等書。

在民國時期，華人外播中國文化最有成績和影響的，首推林語堂。林氏用英文寫作有《吾國吾民》、《生活的藝術》、《京華煙雲》、《蘇東坡傳》、《中國新聞輿論史》等散文集、小說和學術著作，以輕鬆優美的文筆，向西方人介紹中國文化的智慧。許多著作一版再版，暢銷不衰。他對中國文化的認識雖不無偏頗之處，但他的著作對西方人了解中國文化的某些方面還是有益的。無論怎麼說，他在西方世界為中國文化贏得了空前的好感，並影響了整整一代西方人的中國觀。此外，林語堂還翻譯了中國儒家和道家的一些經典如《論語》、《大學》、《中庸》和《老子》等，並將《浮生六記》全部和《老殘遊記》部分譯成英文。[38]

一部民國文化史，是不應該遺忘這些苦心孤詣、努力外播中國文化的中國人的。

---

38 施建偉：《林語堂在海外》，天津，百花文藝出版社，1992。

國內各民族文化
的新交融

與國際文化交流的發達相一致，民國時期國內各民族之間文化的交流也得到了較大發展，形成了一種多民族文化進一步交融的新局面。

一、國內各民族文化進一步交融的歷史條件

中華民國臨時政府正式成立之時，大總統孫中山就莊嚴宣告，「國家之本，在於人民，合漢、滿、蒙、回、藏諸地為一國，即合漢、滿、蒙、回、藏諸族為一人，是曰民族統一」[39]。《臨時約法》更明確規定：「中華民國人民一律平等，無種族、階級、宗教之區別。」甚至教科書的編纂要點也規定：「注重漢、滿、蒙、回、藏五族平等，以鞏固統一國民之基礎。」[40]此處的「五族」是泛稱，它代表著當時國內約五十五個少數民族。這就是通常所說的「五族共和」、平等相處、共同發展的政治原則。與此同時，用以概括這種多民族統一的「中華民族」的稱謂，民初開始也廣泛流傳開來。這種以法律的形式加以確認、通過教科書廣

---

39 《孫中山全集》第2卷，2頁，北京，中華書局，1982。
40 陳景磬：《中國近代教育史》，302頁，北京，人民出版社，1981。

泛傳布的政治原則，對民族融合和文化融合起到了相當積極的作用。

民國初建，政府即改理藩院為蒙藏事務局，兩年後，又改為蒙藏院，與各部同等，下設民治、宗教、翻譯、邊衛等科；同時，教育部也特設蒙藏教育司，專管少數民族地區的政治、經濟和文教事物。一九一三年經蒙藏事物局批准，將清代咸安宮三學及理藩院蒙古學校合併為蒙藏專門學校，成為民國第一所專門招收蒙藏少數民族學生的國立官費學校。國民黨掌權後，將蒙藏院改為蒙藏委員會，蒙藏專門學校也繼續開辦，對少數民族地區的管理和文化教育事業，至少表面上還是較為重視的。一九二八年，國民政府大學院在南京召開第一次全國教育會議，通過教育實施原則，其中第七條就表示，要注重滿、蒙、苗、回、藏、瑤等教育的發展。抗戰爆發後，由於客觀環境的變化和形勢的需要，其重視程度又有所加強，這對縮小民族之間文化的差距是有益的。

但必須指出，國民黨後來對孫中山確立的「民族平等」原則，存在著嚴重的背離傾向。

一九四三年，蔣介石在《中國之命運》一書中竟不承認漢族以外的少數民族為民族，而稱之為「同一血統的大小宗支」，即「宗族」。聲稱「中華民族是多數宗族綜合而成的」。因此，他們推行一種以「化一風同」為目的的民族同化政策。不尊重少數民族的宗教信仰，風俗習慣和語言文字等方面的文化傳統，這種大漢族主義傾向，曾對少數民族的民族感情造成過極大的傷害。

同國民黨相比，中國共產黨稱得上是「民族平等」原則真誠的信奉者和徹底的實踐者。早在一九二二年的「二大」宣言中，中共就提出了民族平等團結的原則。以後又不斷加以重申和發展。如 1938 年，在中共六屆六中全會上，毛澤東就比較全面地闡述了中國共產黨關於民族問題的總方針和基本政策，指出其總方針是「團結中華各民族為統一力量，共同抗日圖存」；基本政策包括四個方面：其一，「允許蒙、回、藏、苗、瑤、彝、番各民族與漢族有平等權利，在共同對日原則之下，有自己管理事務之權，同時與漢族聯合建立統一的國家」；其二，在各少數民族與漢族雜居地區，當地政府須設置由少數民族人員組成的委員會，在各級政府中享有一定的位置；其三，「尊重少數民族的文化、宗教、習慣，不

但不應強迫他們學漢文漢語，而且應幫助他們發展用各族自己語言文字的文化教育」；其四，糾正存在著的大漢族主義傾向，提倡漢人用平等態度和各族接觸，使其日益親善密切起來，同時禁止任何對他們帶侮辱性與輕視性的言語、文字和行動。[41]在邊區，中共還注意幫助少數民族發展文化教育事業，如幫助他們開辦伊斯蘭小學、蒙民學校、抗日回蒙學校等。邊區各大學如延安馬列學院、抗日軍政大學、魯迅藝術學院等，也都注意招收少數民族學員。陝北公學還專設民族部，一九四一年又擴大為民族學院。為蒙、回、藏、苗、彝等少數民族培養人才和幹部。此外，邊區還成立了蒙古文化促進會和回民文化促進會，建立了蒙古文化陳列館和成吉思汗紀念堂等，為推動少數民族文化的發展和各民族文化的交融作出了貢獻。

這一時期，各民族文化得以進一步交融的最深厚的社會政治基礎，乃是為實現中華民族統一體的獨立和富強而從事的反帝反封建的民主革命。民國年間所湧現的眾多的全民族英雄之中，有不少就屬於少數民族同胞。像回族的馬本齋、郭隆真和馬俊；土家族的向警予；壯族的韋拔群；水族的鄧恩銘；侗族的龍大道；白族的周傳中和朝鮮族的許亨植等，便是其中傑出的代表。可以說正是在相濡以沫、艱苦卓絕的民主革命鬥爭中，各族人民之間加強了接觸，彼此增進了了解和情誼。

另外，交通業和文化傳播業的空前進步，社會流動幅度的急劇加大，也為此一時期各民族文化的交流與融合創造了有利條件。前者的紐帶作用自不待言。關於社會流動的影響，最為突出的事件，莫過於紅軍二萬五千里長征，和抗戰時期全民族被迫向西南西北地方的大規模轉移。紅軍長征先後轉戰了十七省，經過了苗、瑤、壯、侗、布依、土家、白、納西、彝、藏、羌、回、裕固、東鄉等十餘個少數民族聚居區，與少數民族的這種大規模直接接觸，此前似乎還不曾有過，從而為彼此的了解和文化交流提供了絕好的機會。由於紅軍所到之處均執行了正確的民族政策，又把這種機會變作了真正的現實。[42]這一點，從各民族文學史中

---

41 朱漢國：《中國社會通史·民國卷》，104頁。李紹明：《民族學》，269頁，成都，四川民族出版社，1986。
42 王躍飛：《紅軍長征中的民族工作》，《吉首大學學報》（社科版），1993年第2期。

所記錄下來的大量關於紅軍長征的動人故事和頌歌中，可見一斑。

抗日戰爭爆發後，民國政治、經濟和文化重心被迫向西南西北少數民族聚居區轉移，特別是科技、教育和文化機構以及漢族文化人的大量內遷，直接縮短了各民族之間的空間距離，密集型先進的科學文化知識，對少數民族地區的開發和文化的發展產生了巨大影響，使抗戰時期成為各民族文化交流與融合的一個高峰。這時，探討少數民族問題和文化的各類報刊大量創辦，民族學的調查與研究也蓬勃開展起來，凡此都為此期國內各民族文化的交流創造了有利條件。

二、漢族對少數民族文化的吸收

民國時期國內各民族文化的交流，主要體現在漢族與少數民族之間。各少數民族彼此的文化交流，也大多以漢漢文化為媒介。這種交流有歷史的延續性，也帶有民國時期的特點。

其特點之一，是漢民族對各少數民族文化的重視、研究、了解和吸收的程度空前加強了。與此同時，不少少數民族學者和有識之士，也都致力於向漢族人民介紹和傳播各少數民族文化。

民國建立後，隨著「五族共和」原則的正式確立和深入人心，一般文化人大多認識到各少數民族文化乃是中國文化的有機組成部分，從而把對少數民族社會和文化的了解認識，視作發展文化學術、增強民族團結和振興中華民國義不容辭的責任。

這一時期，研究、介紹各少數民族歷史發展、政治制度、經濟生活、社會狀況、宗教信仰、風俗習慣和語言文字的各種漢文著作、譯著大量出版。關於蒙古族，比較重要的著作有卓宏謀撰的《蒙古鑒》（1923），何健民著《蒙古概觀》（1932），東方雜誌社編的《蒙古調查記》（1923），王雲五編的《蒙古與新六省》，謝彬、王勤分別撰述的兩本《蒙古問題》（均出版於 1933），以及黃奮生的《蒙藏新志》（1938），屠寄的《蒙古史史記》（1934），柯劭忞的《新元史》等。

此外，施雲卿的《蒙古語會話》（1933），蒙古著名學者克興順編寫的《蒙漢合璧字典》，特睦格圖編寫的《漢蒙分類詞典》，也為漢蒙文化交流特別是漢人學習蒙古語言和文化，作出了貢獻。此期，從外文翻譯成漢文的關於蒙古族的著作，較有影響的有從俄文譯的《蒙古及蒙古人》（1914），《蒙古社會制度史》（1939）；從法文譯的《蒙古史略》（1934）等。

對於西藏及藏族文化的研究和介紹，在民國時期是較為突出的。一九一六年和一九二四年，著名學者謝彬先後出版了《西藏交涉史略》和《西藏問題》兩書，剖析帝國主義對西藏的侵略，喚醒國人的愛國主義精神，旗幟鮮明地維護祖國的統一，產生了積極影響。一九二五年，李明榘冒著生命危險深入西藏調查土地、政治、人民、風俗，寫成《籌藏政策》一書，受到當時政府的重視，被認為「於國家邊政一科，不無小補」。北京大學教師吳燕紹著的《西藏史大綱》，洋洋六十四萬言，對唐至清乾隆時期的西藏歷史作了系統的論述，流傳很廣。藏學家任乃強畢生致力於康藏史地研究，所著《西康圖經》三部，被學術界譽為「邊地最良之新志」，「開康藏研究之先河」，有很高的學術價值。[43]

民國漢藏佛教的交流，是歷史上繼魏晉、隋唐之後的又一個高峰。從漢人對藏傳佛教的重視程度來看，此期也是值得注意的。佛教大師太虛曾在北平組織藏文佛教學校，專門研習藏文。一九二五年，該校畢業生中有二十多人組成西藏留學團，赴藏研習佛教，為佛教界培養了一大批人才。後來，太虛大師又手創漢藏教理院，發表《漢藏教理融會談》等文，指出無論是「空有問題」方面還是「顯密問題」方面，都有漢藏教理彼此融會的必要，從而被佛學界譽為「溝通漢藏教文化的第一個偉大人物」。[44]

赴西藏研習佛學的這批人中，不少人後來都成為著名的法師，如法尊、觀空、滿度、永燈和能海等。法尊居藏地十八寒暑，撰成《西藏民族政教史》，後長期主持以弘揚顯教為重心的漢藏教理院。他一生致力於漢藏佛教經典的互譯工

43 程裕禎：《中國學術通覽》，418-419頁，北京，北京語言學院出版社，1995。
44 滿月：《漢藏佛教之光》，《現代佛教學術叢刊·漢藏佛教關係研究》，臺北，大乘文化出版社，1979。

作，成就卓著。能海則專攻密宗的金剛經，充當了佛教密宗在中國的重要傳人。

在藏傳佛教的研究和介紹中，李安宅、妙舟等人也取得了傑出成績。李安宅二十世紀三〇年代深入甘南藏區進行調查，寫成《藏族宗教之實地研究》一書，被國內外公認為藏族宗教史第一部傑作。妙舟著《蒙藏佛教史》也是這方面的重要學術成果。

此外，韓儒林、聞宥、于式玉等學者，也就各自的專業所及發表過不少有關西藏問題的有分量的論著，對藏族文化的各方面都進行了有益的探討。

關於回族及其伊斯蘭教文化，漢人的了解也較以往為多。李國幹等著的《新疆與回族》，回族著名學者白壽彝著的《中國回教小史》（1944），《中國伊斯蘭教史綱要》（1946）等，是這方面的重要著作。馬堅從敘利亞、埃及、荷蘭等國漢譯過來的《回教真相》、《回教哲學》、《回教哲學史》、《回教教會史》等書，王敬齋的《阿漢字典》，以及馬、王二氏漢譯的伊斯蘭教經典，對漢族知識分子了解伊斯蘭教文化貢獻尤大。

關於滿族，學者們的研究主要體現在歷史領域。大量滿文檔案（如滿文老檔、滿文木牌、滿文起居注、滿文黃冊等）的發現、整理和研究，使人們對滿族歷史耳目一新。著名清史專家孟森、金毓黻、張爾田、謝國楨、蕭一山對滿族歷史與文獻的探研，成績斐然。李德啟編印的《滿文書籍聯合目錄》，為學者研究滿族歷史文化提供了便利。

苗族、彝族、壯族、維吾爾族、哈薩克族、高山族、瑤族、白族、水族、侗族、赫哲族、朝鮮族等少數民族的宗教、文學、歷史、習俗等，這一時期也在漢人中得到了研究和廣泛介紹。特別是二十世紀二〇年代末民族學在中國興起後至抗戰時期，伴隨著社會學和民俗學的有關研討和推動，這種研究更加自覺和普遍了。其明顯特徵是，出現了大量以漢文寫成的珍貴的少數民族調查報告。如《湘西苗族調查報告》、《涼山夷（彝）家》、《臺灣番族之原始文化》、《花蘭瑤的社會組織》、《松花江下游的赫哲族》等。還有一些以少數民族聚居區為單位的民族調查報告，較著名的如楊成志的《雲南民族調查報告》、陳志良的《新疆的民

族與禮俗》等。這些調查研究報告，連同此期出現的《彝族史稿》、《哈薩克族簡史》等，極大地促進了漢族人民對少數民族及其文化的了解，反過來也有助於少數民族的自我認識。

民國時期，不少少數民族的文化典籍還直接被翻譯成漢文，大大豐富了漢族文化的內容。藏傳佛教典籍方面，法尊、呂澂、張孝若等人均有貢獻。其中，以法尊成就最大，他以驚人的毅力漢譯了《廣破論》、《入中論》、《密宗道次第略論》、《菩提道次第廣論》等幾十部藏傳佛教經典。所譯佛典以黃教中宗喀巴一系為主，翻譯精到，「不減玄藏特色」，成為藏傳佛經漢譯的一代大師。

藏族的英雄史詩《格薩爾王傳》，文學經典《屍語故事》，傳記文學作品《米拉日巴傳》、《馬爾巴傳》，藏戲的有些劇碼如《卓娃桑姆》、《蘇吉尼瑪》和《文成公主》的故事，也曾先後被譯成漢文，在有關刊物上連載或編成單冊印刷發行，受到文學愛好者的歡迎。特別值得一提的是，享譽世界的藏族文學奇葩《倉洋嘉措情歌》，這一時期公開發表的漢文譯本就至少有四種以上，或以整齊的五言七言譯出，或以生動活潑的自由體詩譯成，用詞都很優美，影響所及，漢族文人學者競起誦讀和研習。其中，于道泉教授一九三〇年推出的譯作以出版較早、譯文準確並保持原詩韻味，尤受時人稱讚。

藏文史學經典《續藏史鑒》、《西藏王統記》等，也被譯成漢文出版。前者是著名翻譯家劉立千所譯。他在譯著中另闢蹊徑，將原著中不詳盡之處，現於他書者，引注於原文之後，使其譯著具有較高的史學價值。

回族、維吾爾族、東鄉族等少數民族信奉的伊斯蘭教經典《古蘭經》此期被譯成漢文出版的不少，其中以馬堅的《古蘭經》譯本和王敬齋的《古蘭經譯解》為流行本，品質較高，影響較大。

滿文老檔是滿族早期歷史的珍貴記錄。一九三三年，滿族學者金梁將盛京崇謨閣所藏的舊滿文檔，節譯出版《滿洲老檔秘錄》二卷。之後，又有金毓黻記錄的《盛京崇謨閣滿文老檔譯文》（1943年東北文獻叢書本）出版。漢族學者從此看到了一片廣闊而新奇的學術領地。

一九三六年，商務印書館出版彝族長篇文獻叢書《爨文叢刊》，共收彝族文獻十一部，是丁文江在貴州大定縣（今大方縣）收集編輯，由彝族學者羅文筆譯成漢文的。其中《宇宙源流》為五言哲理詩，具有一定的哲學價值。著名詩人光未然（即張光年）在雲南路南工作時，也曾搜集整理了流傳在彝族民間的長篇敘事詩《阿細的先雞》，這是用漢文整理我國少數民族文學遺產的一項開拓性工作。

哈薩克族著名學者、詩人、翻譯家尼合邁德·蒙加尼與漢族學者蘇北海一道，將本族經典《哈薩克族世系》和愛情長詩《薩里哈與薩曼》等譯成漢文，另外還以漢文出版了一本《哈薩克族簡史》（1948），為漢哈民族文化的交流作出了貢獻。

對少數民族文化的了解、學習和吸收，不僅豐富了漢族文化的內容，也促進了中華民族整體文化的綜合創新。這方面最為典型的例子莫過於著名舞蹈家戴愛蓮的舞蹈藝術實踐了。戴愛蓮是民國現代新舞蹈的開創者，她在把握舞蹈現代性的同時，特別注重其民族性的特色，尤其是善於吸取少數民族民間舞蹈的養分，在此基礎上進行加工提煉。抗戰時期，她創作表演了包括漢、藏、維吾爾、瑤、羌、彝六個民族的舞蹈，其中，《嘉戎酒令》、《瑤人之鼓》、《保保情歌》、《羌民端公跳鬼》等，均成為民國舞蹈藝術的精品傑作。正是從抗戰時期開始，邊疆舞蹈得以風行全國，走向世界。

三、漢族文化對少數民族文化的影響

民國時期國內各民族文化交流的第二大特點，是各少數民族對漢族文化的了解認識空前增多，受漢族文化的影響日益加大，其自身文化發展的速度急劇加快。

其表現首先在於：這一時期，各少數民族人民學習、掌握和使用漢語的現象較以往任何時代更為廣泛。一般知識分子大多都能直接閱讀漢籍和漢文報刊，以

漢文寫作、發表學術著作和文學作品也成為一種更為普遍的現象。

造成這種現象的原因，除了民族交往日益密切外，與少數民族人民大量到內地學校讀書學習，和少數民族中的有識之士對漢族語言和文化的重視與提倡，也有直接關係。

以蒙古族為例。一九一三年至抗戰爆發前夕，僅從蒙藏專門學校畢業的蒙古族學生就有近千人。還有許多蒙古族青年在北京、南京、天津、上海、哈爾濱、瀋陽等大城市讀中學和大學。他們讀書期間創辦有蒙漢文合璧的《蒙古留平學生會會刊》等，以表明其溝通蒙漢文化的志趣。這些人畢業回到本地後，大多致力於發展當地的文化教育事業和漢蒙文化交流。其中，多松年、烏蘭夫為傑出代表。他們創辦的漢文刊物《蒙古農民》，在蒙古族極具影響。

在蒙古族地區各級學校裡，漢語是一門重要的課程。不少蒙古族的學者、文人善於用漢文寫作，如主纂過《綏遠通志》的榮祥，通漢學經史、擅詩律駢賦，印有《瑞芝堂詩草》行世。長期擔任蒙藏院長的貢桑諾爾布，是蒙藏學校的主持創辦者，他積極提倡學習漢族文化，本人也精通漢語音韻學，喜作漢詩（著有《竹友齋詩集》），擅長書法和繪畫，還同漢族著名學者梁啟超、吳昌碩、羅振玉等人往來。抗日戰爭和解放戰爭時期，延安的一些蒙古族文學青年，以蒙漢文創作了許多反映民族民主革命的劇本，如話劇《額爾登格》，歌舞劇《蒙古之路》，歌劇《反抗》，《上延安》和《孟巴特》，秧歌劇《送公糧》等，揭示了蒙古族解放的正確道路，歌頌了漢蒙人民之間的革命情誼。

再如哈薩克族。該族不少知識分子都懂漢文，能直接閱讀魯迅、毛澤東等人的著作，從中汲取思想營養。著名詩人和教育家克孜爾·馬木爾別克，不僅精通漢文，能以漢文寫作，從一九二〇年起，還在本族大力提倡學習漢文，並自己創辦學校給本族青少年教授漢文。[45]

至於那些以前就廣泛使用漢文的民族，如回族、壯族、白族、水族、侗族

---

45 蘇北海：《哈薩克族文化史》，486-488頁，新疆，新疆大學出版社，1989。

等，進入民國後，又都有了較大發展。以侗族為例，這一時期，用漢文創作的侗族文人大量出現，尤其是受漢族文化影響較早較深的侗族北部方言區，發展更為迅速。苗延秀、潘乃霖、舒守恂、王天培和楊和鈞等，是他們中的出色代表。其作品反映侗族人民生活的廣度和深度都較以往有較大提高，作品形式上也有進步，除了傳統的漢文古典詩詞之外，還產生了雜文、新詩、小說、報告文學等新的文學樣式。[46]

　　與此同時，漢族文化典籍也大量被翻譯成各少數民族文字，變成了各少數民族自身的文化內涵。這成為民國時期漢族文化向少數民族流動的又一重要表現。此期被譯成各少數民族文字的漢族文化內容十分廣泛，舉凡文學藝術、史學、哲學、宗教、政治理論乃至大型工具書等方面，都有涉及。其中又以譯成蒙族、藏族、哈薩克族等文字的為多。漢籍譯成藏文方面，法尊的佛教經典藏譯和《西遊記》藏譯本的流傳最有影響。在將藏文佛典譯成漢文的同時，法尊也將《大毗婆沙論》等漢文佛教經典高品質地譯成了藏文。時人稱讚他說：「藏譯漢，漢譯藏，他一個人淨智圓通，無礙無著，濡筆即成，也是空前的事。」[47]《西遊記》的藏文名為《唐僧喇嘛傳》，藏譯者為加那珠古·杜度。杜度出生於光緒年間，為四川省巴塘宗竹巴寺的寺主。他譯《西遊記》的具體時間究竟在清末還是民初目前尚不得而詳，但可以肯定的是，該譯文手抄本民國年間流傳於藏族。《唐僧喇嘛傳》將《西遊記》一百回本壓縮概括成藏文三十回本。全書採用了意譯法，有的地方還加以了改寫，可能是鑒於宗教原因，原本中孫悟空大鬧天宮和三打白骨精的精彩章節，刪除未譯。但它包括了原本中大部分主要故事情節。全書以藏族人民喜聞樂見的說唱形式譯出，語言流暢，通俗易懂，閱讀起來，別有一番風味。它是現今所發現的漢族著名小說譯成藏文的罕見珍貴之作。[48]

　　漢籍譯成蒙文方面，比較重要的有蒙古族現代著名教育家、語言學家和詩人克興額主持翻譯的《聊齋志異》。該譯本歷來被公推為蒙文翻譯作品的典範。喀

46 侗族文學史編寫組：《侗族文學史》，貴州，貴州人民出版社，1988。
47 滿月：《漢藏佛教之光》，《現代佛教學術叢刊·漢藏佛教關係研究》，13頁。
48 該書1981年由民族出版社據手抄本正式排印出版。王沂暖、唐景福的《藏族文學史略》1988年版第243頁稱：「漢文小說，有藏文譯本的，我們現在只見到這一種……雖是略譯，也覺得十分可貴。」

喀沁右旗人博彥畢勒格圖曾用十年時間將民國初年出版的《辭源》譯成蒙文，也是一件盛大的文化工程。其學識精神和毅力，均令人敬佩。一九一七年，呼倫貝爾人成德從漢文復原《蒙古秘史》，並將《元史》譯成蒙文，在蒙漢文化交流史上留下了自己的位置。《蒙古秘史》是我國蒙古族最早的用蒙文寫成的歷史文獻和文學作品，其原本早已失傳，僅存明初的漢字標音本（附漢文翻譯）。成德用蒙文將其復原，滿足了廣大蒙古族人了解本民族的起源、早期歷史、社會、文學和語言的強烈願望，具有重要的文化意義。這一時期，從漢文譯成蒙文的歷史典籍還有《遼史記事本末》、《金史記事本末》以及《西漢演義》、《元史通俗演義》、《清史通俗演義》等通俗歷史讀物。

此外，漢族的文化和思想名著還被譯成哈薩克、維吾爾等其他少數民族文字。如二十世紀三、四十年代，魯迅的《阿 Q 正傳》、毛澤東的《論持久戰》等，就曾被譯成哈薩克文，對哈薩克知識分子產生了積極影響。[49]

民國時期，不僅少數民族中的知識分子階層，一般少數民族人民對漢文化的了解也較以前增多了。在原西康地區（今甘孜藏族自治州地區）就有不少手工業者和民間藝人，能說全本《水滸傳》、《三國演義》和《七俠五義》等作品，在安多地區（今甘肅、青海一帶藏區）也有專門講唱「甲惹卜」的民間藝人，「甲惹卜」即「漢族歷史」或「漢族故事」之意。

通過與漢人和漢族文化的接觸，少數民族從中吸收了一些新的文化內容，促使自身的文化發生了一些積極的變化。如此期壯族戲曲的發展，從內容到形式就都受到漢族戲曲的影響。

南路壯劇民初時演變為馬隘土戲，方言白多用壯語，韻白則多用漢語，服飾和樂器等雖作了一些民族特色的改革（如文生不戴公子巾，而以布巾包頭，樂器增加了民族樂器馬骨胡、葫蘆胡等），但仍保留了明顯的漢族戲曲因素。北路壯劇在蒙古年間大受粵劇影響，該劇原無武打，後來也從粵劇中借用。

---

49 蘇北海：《哈薩克族文化史》，412頁，烏魯木齊，新疆大學出版社，1989。

富寧壯劇受粵劇的影響還要大些，無論是音樂、表演或劇碼方面，還是服裝、道具和化妝方面，都仿效了粵劇。其舞臺語言尤顯漢壯結合的特色。壯語、粵語和當地漢語在劇中冶為一爐。哎伊呀和乖的奴的唱詞基本上全用壯語，道白和上場引子則基本上用漢語，小丑插科打諢時，又用壯語，這種舞臺語言便於當地壯漢人民都能聽懂壯劇，也因此增強了壯劇的民族地方色彩，有利於加強藝術感染力。

水族雙歌的產生，也是此期漢水文化交流的典型結晶。由漢族商人、軍人和戲曲團體帶入水族地區的漢族民歌和故事傳說，經過水族民間藝人移植、加工改造後開始在水族人中流傳，產生了許多帶漢族色彩的水族雙歌。在這方面，著名的水族歌手潘靜流成績顯著，他不僅能唱而且能編，在短暫一生中，自編和抄錄下來的雙歌有一百多則。如《梁山伯與祝英台》、《節孝婦和尼姑》、《伯牙遇知音》等。《伯牙遇知音》根據《今古奇觀》中的《伯牙碎琴》故事改編而成，用於水族結婚席上演唱來感謝送親姑娘，較為典型地體現了這種文化移植的特點。

在水族，受漢文化直接影響還產生了一種四句七字民歌（如《憶古人》等）。它與水族傳統的三、四分節結構不同，是四、三分節的。一般四句一首，其中長的可達數十句。用漢語演唱，曲調也採用當地漢族民歌曲調，演唱者多為一些沒有文化的水族姑娘。

另外，包括水族在內的各少數民族中，此期還出現了許多受漢族傳統影響的民間故事，如水族故事《青蛙人》就是一個典型。故事人物性格鮮明，富於人生哲理，深受水族人民喜愛。凡此種種，都對水族等少數民族文化尤其是民間文化的發展，起了積極作用，開闢了廣闊的道路。

這一時期，各少數民族之間也有直接的文化交流，特別是那些鄰近和雜居的民族之間。例如有些傳統故事和民歌就曾互相發生影響，像水族中流傳的《蓋臉蟲》，布依族中也有類似的故事，名叫《美娘與厄紹》。藏族文學作品《米拉日巴傳》、《屍語故事》、《格薩爾王傳》等，在被譯成漢文的同時，也被譯成了蒙文，在蒙古族廣泛流傳。

四、民國文化發展中少數民族的貢獻

民國時期，少數民族對文化發展的貢獻是多方面的。首先，他們以火熱的激情，參與釀造了救亡圖存的愛國主義精神，這是民國文化的寶貴神髓，是此期一切新文化得以發展的主要動力和源泉。這一點，從前面所提到的向警予等為代表的眾多出自少數民族的英烈們身上，可以真切體會而無需贅言。

除了他們對本民族自身文化發展的推動，對國內各民族之間特別是漢族與各少數民族文化交流方面所作的貢獻外，在民國文化發展的眾多領域裡，也都凝聚著少數民族人民辛勤創造的汗水和卓而不凡的成績。

比如語言學方面，可與趙元任、李方桂等相提並論堪稱一代大師的羅常培先生就是滿族人。羅氏一生從事語言教學和研究工作，對漢語音韻學和漢語方言研究卓有成績，對少數民族語言調查也有不少開創之功。他所著《廈門音系》（1930）、《唐五代西北方言》、《臨川音系》（1939）、《中國音韻學導論》（1949）、《語言與文化》（1950），多已成為民國語言學的經典之作。納西族人方國瑜先生也是著名的語言學家。他專擅東巴文和納西族語言研究，曾著《納西象形文字譜》等。同時，他還是著名的史學家，後來著有《彝族史稿》等名著。此外，像回族的馬堅、王敬齋，也都是從事阿拉伯語教學與研究的著名學者，曾為回教的研究與傳播作出過突出貢獻。

歷史學方面，少數民族中更是大家輩出。著名史學家翦伯贊是維吾爾族人，向達是土家族人，白壽彝是回族人。翦伯贊一九三八年出版的《歷史哲學教程》為我國第一部系統的馬克思主義史學理論著作，從某種意義上說，也是對二十世紀以來新史學發展的總結。它的問世，反映了二十世紀三〇年代馬克思主義史學工作者漸趨成熟。此外，他的《中國史綱》兩卷，也是用馬克思主義觀點系統研究中國古代史的優秀著作。向達學識淵博，學術貢獻殊多，尤其在中西交通史和敦煌學研究方面成就卓著。其代表作有《唐代長安與西域文明》（1933）、《中外交通小史》（1933）和《蠻書校注》等。白壽彝在民國時期也已顯示出史學研究方面的卓越才能，其重要著作有《中國交通史》（1937）、《中國伊斯蘭教史綱要》（1946）等。

哲學方面，水族的鄧恩銘、白族的張伯簡等人值得一提。鄧恩銘是中國共產黨的創始人之一，他在一九二〇年參與創辦了「馬克思學說研究會」，是中國最早研究和傳播馬克思主義的先驅者。張伯簡是我國早期不可忽視的馬克思主義理論家。曾編著《各時代社會經濟元素表》，為中共出版機構多次印行，一九三六年，國民黨當局以「宣傳共產鼓吹階級鬥爭」為名將其查禁。他還譯編有《社會進化簡史》一書，為我國最早運用唯物史觀闡述社會發展簡史的理論著作之一。一九二五年該書在上海和廣州出版。次年，毛澤東在廣州主辦第六屆農民運動講習所時，將其列為十種「授課以外之理論讀物」中之一。直到一九四三年，在毛澤東心目中，此書仍是值得一讀的唯物史觀社會發展史方面的著作。[50]此外，二十世紀四〇年代，蒙古族著名文化人齊燕銘在批判蔣介石文化哲學的鬥爭中，也起了積極作用。

新聞事業和新聞學研究方面，少數民族中也出現了不少傑出人物，其中蒙古族人薩空了是突出代表。他先後擔任過《世界畫報》主編、《立報》總編輯、《光明日報》總經理和秘書長。總編《立報》期間，實行小型報紙精編主義，銷數達二十萬份，為全國之冠。他還是民國著名的新聞學家，曾在民國學院新聞系等校講授新聞學，所著《科學的新聞學概論》，對新聞和報紙發展的規律作了獨到的總結和分析，是一部用馬克思主義觀點系統研究新聞學理論的代表作。[51]

文學方面，僅滿族作家老舍一人已足以讓少數民族感到自豪。《駱駝祥子》和《四世同堂》早已成為民國文學史上極負盛名的傑作，並為我國的文學贏得了世界性榮譽。

藝術更是民國時期少數民族最有貢獻的文化領域之一。以京劇論，不少民族都有自己傑出的京劇藝術家。一代京劇大師程硯秋就是滿族人。他在藝術上勇於

---

50 龔友德：《白族哲學思想史》，267-282頁，昆明，雲南人民出版社，1992。毛澤東在給胡喬木的信中說：「請你就延安能找到的唯物史觀社會發展史，不論是翻譯的、寫作的，搜集若干種給我。聽說有個什麼蘇聯作家寫了一本猴子變人的小說，我曾看過的一本賴也夫的社會學，張伯簡也翻過（或是他寫的）一本《社會進化簡史》，諸如此類，均請收集。」見《毛澤東書信選集》，217頁，北京，人民出版社，1983。
51 徐培汀、裘正義：《中國新聞傳播學說史》，395-398頁，重慶，重慶出版社，1994。

創新，根據自己嗓音的特點，創造出一種幽咽婉轉的唱腔，形成自己的藝術風格，世稱「程派」。他所編寫的劇本如《鴛鴦塚》、《青霜劍》、《荒山淚》等，大多表現舊社會婦女的悲慘遭遇。中年後，他兼致力於戲曲理論研究，對舞臺藝術和劇種源流等的探討，也頗有收穫。日本侵占華北時，他深居簡出，拒絕出演，表現出令人敬佩的民族骨氣和可貴人格。蒙古族人言菊朋，回族人侯喜瑞，也都是一代京劇名家。言氏師承譚鑫培而有所發展，他注意音律和四聲調值，形成一種婉轉跌宕的唱腔，世稱「言派」。所擅演的劇碼有《讓徐州》、《臥龍弔孝》等。侯氏則擅演《青風寨》、《盜御馬》等劇，飾《戰宛城》中的曹操，工架精美，別具一格。

在繪畫和武術等方面，少數民族中也不乏技藝高超、影響全國的高手。土家族畫家張一尊以擅畫馬著稱，山水花鳥造詣亦精。另一土家族人黃永玉，則以牌畫享譽畫壇。在民國武術界，回族人王子平極具影響，他幼習武藝，精於摔跤和各式長拳，先後在北京、濟南、上海等地從事武術活動。曾任中央國術館少林門門長。其後來所作《拳術二十法》為中國武術名著。

以上只是粗略地舉出幾例，遠不能反映少數民族對發展民國文化所作貢獻之全貌，但僅此已足以說明這一時期的文化，乃是華夏大家庭中各個民族共同創造的結晶。

第五章

邁向現代
的哲學

　　民國時期，是中國哲學發展史上非常重要的階段。一方面，它完成了中國傳統哲學向現代哲學的革命性轉變，使中國哲學開始與世界哲學發展的趨向一致；另一方面，初步建構了具有中國特色的現代哲學體系，使中國哲學真正獲得了與現代世界哲學直接對話的條件。

民國哲學發展
的基本線索

民國時期的哲學，與晚清哲學的發展是一脈相承的，但又有其特色。它是在廣泛輸入和消化西方哲學的基礎上逐漸發展起來的。這是一個由西方哲學的輸入和消化，到逐步建構中國現代哲學的發展過程。

正如我們在前章所述，民國建立後，西方哲學在中國得到廣泛傳播，到五四時期便形成一個高潮。無論是馬克思主義哲學，還是康得、尼采、杜威、羅素和柏格森等近現代西方資產階級哲學，都得以輸入、介紹。在馬克思主義哲學方面，五四時期輸入的主要是唯物史觀，二十世紀二〇年代中後期以後，辯證唯物主義哲學開始大規模傳揚，到三〇年代便形成了介紹辯證唯物論的高潮。現代西方哲學方面，傳播的則主要是杜威的實用主義哲學、羅素的新實在論哲學和柏格森的生命哲學。

二十世紀二〇年代中後期，西方哲學得到了更進一步的介紹。從希臘柏拉圖哲學到近代培根、笛卡兒、休謨哲學，再到康得、黑格爾哲學都被廣泛地介紹到中國來。

西方哲學在中國介紹的深入和廣泛，極大地開闊了中國哲學家的視野。他們已經不滿足於單純的介紹和解釋，在不斷翻譯和研究過程中，逐步地形成自己的

哲學觀點和思想。民國時期的中國現代哲學，正是在這樣大規模輸入西方哲學的基礎上建立起來的。

從總體上說，民國時期的哲學經歷了一個從輸入西方哲學到建構自身體系的過程，但由於階級、階層和思想觀念多方面的差異，建構的基礎和努力的方向有著巨大的差別。大體而言，它是沿著三個方面、四種路向發展的。

第一，三民主義哲學思想的形成與演變。晚清以來，西方近代進化論思想在中國得到大規模傳播，在接受並消化進化論思想的基礎上，以孫中山為代表的資產階級民主主義者，將近代進化論哲學，與中國傳統的唯物主義思想結合，創立了三民主義哲學體系。一九一七至一九一九年間，他撰寫了《心理建設》、《孫文學說》，此後，又撰寫了《軍人精神教育》、《知難行易》和《三民主義》等哲學著作，形成了一套三民主義的哲學思想：以「乙太」為宇宙本原的唯物主義進化自然觀，以「行」為「知」的基礎的「知難行易」學說，以「民生是歷史的重心」的民生哲學。

唯物主義進化論的自然觀和知難行易的唯物主義認識論，是孫中山哲學思想的精華，但其社會歷史觀基本上是唯心史觀，其「民生史觀」包含了唯心主義的成分。所以，孫中山的三民主義哲學體系，有合理的精華，也有唯心主義的傾向。正因如此，在他死後，三民主義哲學便逐漸發生了微妙變化。後來，國民黨的「理論家」戴季陶打著「三民主義」旗號，先後發表了《三民主義之哲學基礎》、《國民革命與中國國民黨》，提出了「求生衝動」的民生史觀和唯心主義的「道統說」、「仁愛」哲學，實際上是繼承並發揮了孫中山「民生史觀」中的唯心主義傾向，用以對抗馬克思主義的唯物史觀。

戴季陶之後，國民黨的中宣部長陳立夫又撰寫了《唯生論》和《生之原理》兩部哲學著作，建構了所謂「唯生論」哲學。其主要內容為：「生元」為宇宙的唯一本體、宇宙處於無限進化中的宇宙觀；光大生命是人生的理想的人生觀；民生是歷史進化的動力和文化的中心的歷史觀。他吸收西方現代科學成果，並接受中國古代某些唯物論的因素，對孫中山三民主義哲學思想進行了獨特「發展」，形成了自己的「唯生論」的哲學；但同時，他又繼承並發揮了孫中山唯心論思想

傾向，將「生元」視為生命與宇宙的根本動力，帶有明顯的唯心主義神秘色彩。蔣介石在二十世紀三〇至四〇年代發表了《自述研究革命哲學經過的階段》、《三民主義之體系及其實行程式》、《行的道理》等哲學著作，打著三民主義的旗號，提出了「力行哲學」體系，作為國民黨統治勢力的哲學思想。

這樣，孫中山創立的三民主義哲學體系，從戴季陶的「民生」哲學開始，中經陳立夫的「唯生論」，最後演變為蔣介石的「力行哲學」。他們雖都自稱繼承並發揮了孫中山的三民主義哲學思想，是三民主義哲學的發展，而實際上，無論是「唯生論」還是「力行哲學」，都是從孫中山哲學思想那裡找到一些根據，同時又給予某些改變和補充，從而變成了陳立夫和蔣介石的哲學思想，因而都是對孫中山哲學思想的曲解和唯心主義傾向的發展。從孫中山經戴季陶、陳立夫到蔣介石哲學的演變過程，實際上是經歷了一個從追求所謂「求生的衝動」到追求所謂「生命本體」，再到追求所謂「本能良知」的過程，這是一個越來越趨向於極端主觀唯心主義的過程，也是一個越來越趨向腐朽沒落的過程。

第二，中國現代資產階級新哲學體系的建構和發展。中華民國成立以後西方哲學的大規模輸入，為中國現代資產階級哲學體系的建立提供了必要的前提。中國現代哲學新體系的建構，主要是沿著兩條思路進行的。

一是從中國傳統哲學入手，繼承儒家哲學的傳統，同時吸收西方近代和現代哲學思想和方法，用現代西方哲學思想和方法對儒家思想進行改造和重新闡發，使儒家哲學重獲新生，進入一個新的發展時期。這條思路和努力的方向，就是「現代新儒家」哲學的發展路向。

在五四時期，對中國儒家和佛教思想曾進行過認真研究並對中國傳統文化懷有深深戀意的梁漱溟，在一九二二年初出版了《東西文化及其哲學》，開始用西方現代哲學的重要流派——柏格森的唯意志論來改造中國儒學，率先進行了中國傳統哲學與西方現代哲學結合的嘗試，建構了一套直覺主義的哲學體系。這套哲學體系，是柏格森唯意志論、佛教思想和儒家思想的結合體，但基本精神是儒家的。因此，梁漱溟成為現代新儒家的奠基者。

受過正統儒學訓練，而對西方現代哲學，尤其是柏格森哲學熟悉，並直接師從德國哲學家倭鏗學習哲學的張君勱，在一九二三年的科學與人生觀論戰中，繼承並發揮了宋明理學「陸王」心學一派的思想，同時用倭鏗、柏格森的哲學補充並改造心學，創立了所謂「新宋學」（「新玄學」），發揮了儒家的人生觀，特別是心學家的修身養性、內求於心的哲學傳統，提出了「自由意志」的人生觀和以「我」為界的物質觀。張君勱也成為現代新儒家的代表之一。

二十世紀三〇年代，對佛家唯識宗思想有深刻研究的熊十力，於一九三二年出版了《新唯識論》文言文本；到四〇年代中期出版了《新唯識論》語體文本及《讀經示要》、《十力語要》等哲學著作，建立了新儒家真正意義上的哲學思想。提出於「體用不二」的本體論、「歙辟成變」的辯證法的一套哲學體系，發揮了陸王心學「心性論」思想。馮友蘭發表了《貞元六書》，繼承程朱理學思想傳統，並借鑑了西方維也納學派的經驗主義哲學，重新建立新理學的形而上學，建構了一套「新理學」的哲學思想體系。同時，賀麟發表了《近代唯心論簡釋》、《知行合一新論》和《儒家思想的新開展》等論著，用新黑格爾主義的思想，發揮並改造陸王心學，建構了一套「新心學」哲學體系。

這樣，從五四時期開始，中國一部分哲學家站在中國儒家哲學的立場上，在了解和吸收西方現代哲學的基礎上，開始用西方現代哲學的理論和方法從不同的角度對宋明理學進行發揮和改造，形成了新儒家哲學流派。

二是從西方現代哲學發展的趨向入手，在介紹、消化和接受西方哲學的基礎上，緊跟現代西方哲學發展潮流，把握現代哲學的主要問題並試圖加以解決，從而建構現代中國哲學體系。進行這種努力的主要有胡適、張東蓀和金岳霖等人。

胡適是五四時期在中國介紹美國實用主義最著名的代表。在介紹實驗主義哲學的過程中，他通過自己的理解和消化吸收，對實用主義哲學有了自己的看法，雖未形成自己的一套哲學體系，但的確對實用主義方法論有所發揮，並在當時產生巨大影響。

張東蓀是二十世紀三〇年代哲學界公認的對西方哲學了解最廣泛、介紹西方

哲學思想最積極的哲學家，也是最早在介紹和吸收西方哲學基礎上試圖有所創見的哲學家之一。一九二九年，他出版了《新哲學論叢》，一九三四年又發表了《多元認識論》。受新康得主義的影響，在接受現代西方新實在論和柏格森哲學基礎上，他提出了「泛架構主義」和「層創進化」的宇宙觀，「多元的認識論」和「主智的創造的」人生觀，建構了一套所謂「新哲學」體系。金岳霖則依據對現代西方邏輯實證主義的透徹理解，對認識論問題進行了深刻研究，在四○年代撰寫了《知識論》一書，建構了一套完整的現代知識論體系。成為當時中國哲學界最有成就的哲學家之一。

張東蓀和金岳霖等人，主要是沿著近代以來西方認識論的哲學傳統而建構自己的哲學體系的，他們對於認識論問題，都提出了自己的精闢而富於啟發性的見解。這些見解，顯示了中國哲學家在探討西方哲學問題上的睿智。

第三，馬克思主義哲學的中國化和毛澤東哲學體系的形成。馬克思主義哲學輸入中國後，立即便面臨著一個與中國革命實踐和中國哲學傳統相結合的問題，即馬克思主義哲學中國化問題。中國化的過程，實際在它一開始被介紹到中國來時就已經開始。李大釗、陳獨秀在介紹馬克思主義唯物史觀的同時，便形成了自己的一些哲學思想，並開始進行將唯物史觀運用到具體的實踐中去的嘗試。二十世紀三○年代，隨著馬克思主義哲學──辯證唯物主義和歷史唯物主義哲學的廣泛傳播，一些馬克思主義哲學家便有意識地在接受、消化和理解的基礎上，進行馬克思主義哲學中國化的工作。艾思奇的《大眾哲學》，是馬克思主義哲學通俗化和大眾化的代表；李達的《社會學大綱》，是馬克思主義哲學教科書體系中國化的典範。而毛澤東的《實踐論》和《矛盾論》的發表，則標誌著中國式的馬克思主義哲學體系的形成。

民國時期的哲學，正是從這三個方面、四種路向不斷發展的。這是從橫向上看。

從縱向上說，民國哲學發展大體經過了三個階段。從民國成立到五四時期，主要是大規模輸入和介紹西方哲學和馬克思主義哲學的階段，尚沒有可能進行系統的中國哲學新體系的創建；二十世紀二○年代中後期到三○年代前期，隨著西

方哲學和馬克思主義哲學的進一步傳播，民國哲學開始進入創立新哲學體系的嘗試階段，不僅出現了戴季陶的「民生」哲學和陳立夫的「唯生論」哲學，而且梁漱溟、熊十力、張東蓀都在努力建立現代資產階級的新哲學體系，馬克思主義哲學中國化也有了較大進展。二十世紀三〇年代後期到四〇年代，是民國哲學的成熟階段。三民主義哲學發展為蔣介石的「力行哲學」；熊十力、馮友蘭、賀麟等人已經建構了新儒家哲學；金岳霖的知識論體系逐漸完備，張東蓀哲學更趨成熟；馬克思主義中國化取得決定性成就，毛澤東哲學思想體系最終形成。

哲學作為時代精神的精華，絕不可能超脫現實和時代，而提出和堅持某種哲學的人，更是具有一定的階級性的，它必然代表著不同階級和階層的思想意識。民國時期的哲學尤其如此。由於馬克思主義哲學既是一種革命哲學，又是一種革命者進行革命的思想武器，所以，便自然受到了它政治上的敵人——戴季陶、陳立夫、蔣介石等統治集團的圍攻和謾罵；同時，由於它與西方資產階級哲學體系的根本差異，也受到了所謂要堅持「純正」哲學的中國現代資產階級哲學家的非難和攻擊，二十世紀三〇年代張東蓀挑起的「唯物辯證法論戰」最為典型。然而，最有生命力的馬克思主義哲學並沒有被禁錮和消滅，反而在與其他哲學思潮的衝突和鬥爭中，一步步發展、成熟起來，並最後取得了在中國哲學思想界的主導地位。

這就是民國哲學發展的基本態勢和主要線索。

資產階級新哲學
體系的建構

西方哲學的大規模輸入，帶來了中國哲學思想的巨大變化。一方面，以孫中山為代表的中國資產階級革命家哲學思想更趨成熟，形成了「三民主義哲學」體系；另一方面，以胡適、張東蓀、金岳霖為代表的部分哲學家，在廣泛介紹和傳播西方哲學基礎上，增加了對哲學問題的理解，初步把握住了西方哲學發展的趨向，在接受康得哲學、實用主義、新實證主義等哲學流派基礎上，沿著西方哲學發展的趨向，嘗試建立自己的哲學體系。

一、孫中山的哲學思想

（一）進化論與「突駕」說

孫中山（1866-1925），廣東香山（今中山縣）人，中國民主革命的偉大先行者，向西方尋求真理的傑出代表，同時也是近代中國著名的資產階級哲學家。

孫中山的革命民主主義的哲學基礎，是達爾文的進化論。他依據達爾文的進化論，把宇宙進化分為三個時期：物質進化、物種進化和人類進化時期。一切元

素與天地萬物皆根源於「以太」的運動，這種運動變化的結果便形成了地球。地球上有了生命現象，世界就進入物種進化時期。他說：「物種由微而顯，由簡而繁，本物競天擇之原則，經幾許優勝劣敗，生存淘汰，新陳代謝，千百萬年，而人類乃成。」人類經過數萬年的進化，始形成人性，達於人類進化時期，在此時期，人逐步克服了獸性，培養了人性，人性一旦形成，人類的進化便不僅僅體現為競爭，還表現為互助。他說：「此期之進化原則，則與物種之進化原則不同。物種以競爭為原則，人類則以互助為原則。」又說：「社會國家者，互助之體也；道德仁義者，互助之用也。人類順此原則則昌，不順此原則則亡。」

由此，孫中山把人類歷史分為人與獸爭、人與天爭、國與國爭、國內相爭等幾個時期，認為這是歷史進化的規律，又是世界潮流的趨勢。他說：「所以世界的潮流，由神權流到君權，由君權流到民權；現在流到了民權，便沒有辦法可以反抗。」他認為，歷史的潮流是人民的心理和需要造成的。他說：「一國之趨勢，為萬眾之心理所造成，若其勢已成，則斷非一二因利乘便之人之智力所可轉移也。」

根據歷史發展有其規律和人民心理造成歷史趨勢的觀點，孫中山注重人的能動性，提出了「突駕」說。他說：「夫事有順乎天理，應乎人情，適乎世界之潮流，合乎人群之需要，而為先知先覺者所決志行之，則斷無不成者也。」他認為，歷史不一定是「拾級而上」的，只要人們「決志行之」，可以實現歷史的躍進。中國學習西方，可以後來居上，來一個躍進，趕上或超過西方。這便是他所謂的「突駕」。他說，中國有悠久的文化，近來又有突飛猛進的發展，這樣下去，「十年二十年之後不難舉西人之文明而盡有之，即或勝之焉，亦非不可能之事也。」

（二）「知難行易」學說

在認識論問題上，孫中山主要探討了心物、知行關係問題，提出了獨特的「知難行易」學說。他首先從「名實」、「形神」角度闡明了心和物的關係。他說：「宇宙間的道理，都是先有事實然後才發生言論，並不是先有言論，然後才

發生事實。」他所謂的言論，主要指經過科學方法證實的「真知」。同時，他肯定知依賴於行的唯物主義觀點。認為人們的知識是從「行」中得到的，也只有行才能知。他說：「夫習練也，試驗也，探索也，冒險也，之四事者，乃文明之動機也。……由是觀之，行其所不知者，於人類則促進文明，於國家則圖致富強也。」又說「古人之得其知也，初或費千百年之時間以行之，而後乃能知之；或費千萬人之苦心孤詣，經歷試驗而後知之；而後人之受之前人也，似於無意中得之。」知來源於行，也隨著行的範圍擴大及其發展不斷增加。他說：「吾人之在世界，其智識要隨事物之增加，而同時進步。」所以，人們經歷的事情越多，其知識也越豐富。

關於知行關係，孫中山一方面認為人類文明發端於不知而行，行先知後，強調「不知而行」是人類進化的必要門徑；另一方面，又認為人類獲得科學知識後，又可據此獲得新知，主張行而後知，能知必能行。

孫中山的知行說，是為了革命鬥爭的需要，一反傳統的「知易行難」說而提出的。他認為，人類對許多事情很早就會做了，但長期並不知道其中的道理，大量的事實說明，不是「知易行難」，也不是「知先行後」或「知行合一」，而是「知難行易」、「行先知後」。同時，知與行相比，知是困難的，行是容易的，所以要先「行」而後「知」，這是孫中山「知難行易」說的實質。他認為，「知易行難」思想阻礙了數千年中國社會的進步，也影響了近代中國社會的變革，更重要的是，它妨礙了人們的革命行動，是革命黨人思想上的大敵，中國革命之所以多次失敗，是因為革命黨人思想上受了「知易行難」的毒害。他的「知難行易」說，主要是破「行難」、倡「行易」，堅信「蓋以此為救中國必由之道也」。孫中山的哲學思想，後來被戴季陶、陳立夫、蔣介石等人作了唯心主義的發揮和歪曲，形成了所謂「唯生論」和「力行哲學」等。

二、胡適的實用主義哲學

胡適（1891-1962），字適之，安徽績溪人，曾留學美國，是新文化運動的領

袖之一，民國時期著名的學者。胡適的哲學思想主要來源於赫胥黎的進化論和杜威的實用主義，尤以杜威的實用主義為主，是五四時期介紹實用主義哲學最著名的代表。他的哲學著作主要有：《實驗主義》、《演化論與存疑主義》、《介紹我自己的思想》等。

（一）實用主義的「經驗」論

「經驗」是實用主義哲學的基本概念，胡適在介紹杜威對於「經驗」的見解時說：「經驗確是一個活人對於自然的環境和社會的環境所起的一切交涉」。又說：「經驗就是生活，生活就是對付人類周圍的環境。」[1]他所謂的「經驗」，與科學知識無關，它只是「一個物觀的世界，走進人類的行為遭遇裡面，受了人類的反動發生種種變遷」。這樣，他便把人和環境，主觀和客觀，過去、現在和未來，經驗和理性，知和行等等都被概括在無所不包的「經驗」中，便可以克服已往哲學長期爭論不休的「唯物」與「唯心」問題，從而「超越」了唯物與唯心，將哲學由所謂「哲學家的問題」變為解決「人的問題」的方法，實現「哲學革命」。實際上，胡適的這種觀點，仍然是具有神秘主義色彩的唯心主義，因為既然「經驗」的特性在於一種「投影」，在於「聯絡未來」，那麼它就只能是主觀的感覺的聯繫，而這種聯繫便自然是主觀自生的東西。

與「經驗」相聯繫的另一概念是「實在」。胡適借用詹姆斯的話說：「我們所謂『實在』含有三大部分：（a）感覺，（b）感覺與感覺之間及意象之間的種種關係，（c）舊有真理」。實在不是物質的客觀的東西，而是主觀要素的複合，所以，「實在是我們自己改造過的實在。這個實在裡面含有無數人造的分子。實在是一個很服從的女孩子，他百依百順的由我們替他塗抹起來，裝扮起來。實在好比一塊大理石到了我們手裡，由我們離成什麼像。」[2]這便是適用主義的「創造實在論」。這種觀點，強調了人的主觀對客觀實在的能動作用，但實際上又完

1　胡適：《實驗主義》，《新青年》第6卷，第4期，1919。
2　胡適：《實驗主義》，《新青年》第6卷，第4期，1919。

全否定了實在的客觀性，帶有明顯的唯心主義色彩。

（二）實用主義的「真理」論

胡適從「世界即經驗，經驗即生活，生活即是應付環境」這一基本觀點出發，提出了「有用即真理」的論點。他說：「真理原來是人造的，是為了人造的，是人造出來供人用的，是因為他們大有用處所以才給他們『真理』的美名的。……真理不過是對付環境的一種工具；環境變了，真理也隨時改變。」在他看來，一個觀念的意義完全在那觀念在人生行為上所發生的效果，而一切有意義的思想都會在行為上發生效果；效果就是思想的意義，效果就是真理的標準，不存在絕對的真理。他強調說：「那絕對的真理是懸空的，是抽象的，是籠統的，是沒有憑據的，是不能證實的。」[3]這樣，他便片面誇大了認識的相對性和有條件性，從而走向相對主義。

（三）「實驗室的方法」論

胡適在方法論上既繼承了中國傳統的乾嘉學派的方法，又接受了實用主義方法論的洗禮，並將這兩者結合起來，形成了一套影響很大的實驗主義方法論。他在介紹實用主義時，主要是把它作為科學方法來介紹的。他說：「實驗主義不過是科學方法在哲學上的應用。」這種方法，就是「實驗室的方法」。胡適重點介紹了杜威的思想方法「五步說」，即：「（一）疑難的境地；（二）指定疑難之點究竟在什麼地方；（三）假定種種解決疑難的方法；（四）把每種假定所涵的結果，一一想出來，看哪一個假定能夠解決這個困難；（五）證實這種解決使人信用，或證明這種解決的謬誤，使人不信用。」[4]他進一步將這五步概括為三步：（1）從具體的事實與境地下手；（2）一切學說理想，一切知識都是待定的假設，並非天經地義；（3）一切學說和理想都須用實驗來試驗過，實驗是真理的唯一

3　同上。
4　同上。

試金石。」他後來更概括地將這種方法歸納為十個字：「大膽的假設，小心的求證」。胡適的實驗室的方法，實際上一種經驗歸納法，雖帶有明顯的經驗主義和用主義傾向，但在當時學術界影響巨大。此外，還有所謂「歷史的方法」，即「祖孫的方法」：「從來不把一個制度或學說看作一個孤立的東西，總把他看作一個中段：一頭是他所以發生的原因，一頭是他自己發生的效果；上頭有他的祖父，下面有他的子孫。捉住了兩頭，他再也逃不出去了！」這種歷史的方法，是胡適以實用主義世界觀為基礎，對黃宗羲以來浙東學派史學方法的繼承和發展，對歷史學研究具有很大的方法論影響。

胡適除了宣傳其實驗主義外，在民國哲學史上留下地位的還有其《中國哲學史大綱》（上冊）一書。該書是用新方法整理傳統哲學的開風氣之作。他以傳統的考據學為基礎，又以新思想運動的立場來評論各家學說，尤其是將儒家與諸子學說平等相觀，對墨家等諸子學說多有考訂取材，眼光獨特，給中國傳統哲學的整理研究開一新路途。可惜下冊一直沒有寫出來。

三、張東蓀的「多元」認識論

（一）「多元」的認識論

張東蓀（1886-1973），浙江杭州人，著名哲學家、政論家和社會活動家。他的哲學思想是在介紹西方哲學基礎上，綜合西方各派哲學而形成的。從思想內容上看，具有鮮明的綜合折中性。它是綜合西方哲學特別是近代資產階級哲學的產物。當時有人指出：「張先生治學，綜合各派，不主一家，如柏拉圖、亞里士多德、中古之唯名論與唯實論，近古之經驗論與理性論，現代之新實在論及創化論……無不兼收並包」[5]。從結構上看，張東蓀一反那種從本體論或宇宙觀出發

5　郭湛波：《近五十年中國思想史》，183頁，北平，北平人文書店，1936。

建立哲學體系的傳統，而是沿著康得的方向以認識論為哲學體系的起點。以認識論為哲學體系的起點和核心，由認識論引出了架構論和層創進化論的宇宙觀，又由此宇宙觀引出主智的創造的人生觀，構成了張東蓀哲學體系的基本結構。

張東蓀發現，認識現象非常複雜，認識中的各種因素既不互相隸屬，也非層次遞進，而是並列的。據此，他既反對把能知吸收於所知內，或把所知歸併於能知中的「一元論」觀點，又反對把兩者簡單對立起來的「二元論」觀點，也反對康得的感性、知性、理性層層遞進主張，提出了「多元認識論」思想。張東蓀對多元認識論的闡述，主要包括對「感相」、「外界條理」、「認識上的先驗格式」、「名理上的先驗格式」以及「經驗上的概念」等環節（因素）的分別論述。

張東蓀把「多元認識論」的研究對象確定為研究「知者」與「所知」中間那一段。他認為，在知者與所知中間，「普通認為沒有東西存在，換言之，即好像是空的。所以能知與所知得以直接發生關係。我則以為在這個中間卻有許多東西，換言之，即是複雜的。兩端獨簡單，中間獨複雜。並且可以說是半透明的，不是全透明的（當然不是不透明的）。因為這個中間是半透明的，所以能知之及於所知就好像一個光線經過幾層有色的玻璃，然後再射於外面那個東西的本身之上。我的工作就是分析中間那一段，以明其共有若干層，以及各層如何互相作用。至於兩端的背後，則完全超出我們的可知界了」[6]。

張東蓀認為，外界的條理、交界的感覺、內界的範疇與設准、經驗上的概念，「本來是一個連環的圈子」，不可強分。他說：「我以為在根本上是五種互相獨立的，由感覺不能知外物，由範疇不能知感覺，由設准不能知範疇，由概念不能知設准。」知識乃是由條理、感覺、範疇、設准和概念多種因素綜合作用形成的。這就是張東蓀的「多元認識論」的基本內涵。具體而言就是：

第一，對於「知識的由來問題」，張東蓀認為，在知者與所知中間，有自然條理、感相、概念、設准、含義（先驗名理基本律）以及直觀上的先驗格式（時

6　張東蓀：《認識論》，124-125頁，上海，世界書局，1934。

空、主客）等許多具體複雜的環節。「知識乃是感相與格式及設准等『合併的產物，離了感相無知識，離了格式亦無知識，離了設准亦無知識。但有感相，則其後必有條理。」[7] 這是張東蓀一九三四年對多元認識論的概述，因沒有將經驗上的概念和名理上的含義明確包括進來，所以這一概括顯得比較粗糙。在此後的《多元認識論重述》中，他又作了較完整的概述：我們的認識「實在是一個最複雜的東西。其中有幻影似的感相；有疏落鬆散的外在根由；有直觀上的先驗格式；有方法上先假設的設准；自然而然分成的主客，有推論上的先驗名理基本律，更有由習慣與行為而造成的所謂經驗的概念」[8]。這些環節間的關係是互相平行的，沒有層次的遞進，所以，認識就是由這些並列的因素構成的。

第二，關於「知識的性質問題」，他認為，知識是由許多要素混合而成，不是「為了行動而始生的」。多元認識論「雖采唯用論之說」，但他不同意實用主義「以知識為行為的工具」的觀點。認為「知識固然與行為不能分離，甚且為行動所限制，但知識的自身卻不是為行動所產，亦專為行動作工具。我主張知識與行為有密切關係，而不承認行為可以吸收知識」[9]。

第三，關於「知識標準的問題」，他認為，「相應」說、「符合」說與「效用」說三者可以調和。相應說「只限於知覺的知識」，即一種知識要成為真理，必須在知覺上能夠推知其背後有個相應的外在根由存在，知覺能夠與之發生相關變化。符合說指一種認識如果能與已有的知識系統相符合則為真理。效用說是指「一種知識要成為真理，必須對於人們的行為是有用的」。張東蓀主張把這三個標準合併起來，即「凡一個真理必是在所對上是相應的；在系統上是符合的；在未來上是有用的。倘使只有一個標準適用，則這個真理便不完全」[10]。

張東蓀的「多元」認識論，主要是關於「知者」與「所知」兩端中間的認識理論。他反對把人的認識簡單化，認為人的認識包括各個複雜的環節，並綜合康

7　同上書，123頁。
8　張東蓀：《多元認識論重述》，《張菊生先生七十生日紀念論文集》，101頁，上海，上海商務印書館，1937。
9　張東蓀：《認識論》，126頁。
10　張東蓀：《認識論》，126頁。

得主義、實用主義的理論對各個環節進行了系統深入的分析，對促進人們對認識問題的研究具有積極意義。他反復強調認識的各個環節（因素）是相互並列的，並因此反對康得關於從感性到知性再到理性層層遞升的觀點，這是多元認識論的顯著特點，也是張東蓀自認為發展了康得認識論之處。此論曾傳播到國外，產生過一定影響。

（二）架構論和層創進化論的宇宙觀

多元認識論是張東蓀哲學體系的起點和核心。在系統闡述了該理論後，他又進一步指出：「認識的多元論以條理認為真的外界，則勢必謂外界只是空的架構，而無實質。於是在本體論上便成為『泛架構主義』。」[11]

張東蓀的宇宙觀主要包括兩層內容：一是說明宇宙沒有本質，而只是由各種關係組成的層層套合的總架構，即所謂「泛架構主義」；二是說明宇宙作為這樣一個架構又是由簡到繁進化的，而複雜到某種程度便因締結的樣式不同而突然創生出新種類，即所謂的「層創進化」。

第一，宇宙只是空架的結構（泛架構主義）。張東蓀認為，包羅萬象的宇宙萬物大致可以歸併為五項：物質、心靈、生命、時間和空間。他對這五項逐一進行了分析後，認為只有物理而無物質，有生理而無生命，有心理而無心靈，一切都是架構而無實質。宇宙無一具有實質，都只是由各種關係組成的空架的結構，整個宇宙在總體上是「無數結構的總稱」。由此，他概括了「架構論」的宇宙觀：「我們的這個宇宙乃是無數架構互相套合互相交織而成的一個總架構；其中無數的架構間又時常由締結的樣式不同而突然創生出新種類來，這個新種類架構的創出，我們名之曰進化。……所謂總架構只是許多架構的互相重疊的總和而言，至於是否形成一個固定的總體，現在尚不敢速斷。……我覺得若空間不是絕對的，而是一個架構，則時間便為這個架構中的一個柱子。」[12]

---

11 同上書，126-127頁。
12 張東蓀：《哲學ABC》，104-105頁，上海，ABC叢書社，1929。

第二，宇宙架構的層創進化（宇宙進化論）。他認為，「進化」必須同時具有兩種規定性：一是要有新種類從原有架構中突然創生出來，二是這些先後創生出來的新種類必須表現為一個從低級到高級的過程。新種類的創生是指一個架構複雜至某種程度會突然添上一些新的成分，使原有的架構突然變成一個新的架構。宇宙從物質到生命再到心靈的突創，就是如此。他說：「我們從『物』的結構而進化到『生』的結構，從『生』的結構而進化到『心』的結構來看，其間顯然有些特點。就是物的互相依靠不及生的互相依靠來得緊；物的互相交感不及生的互相交感來得切；物的通力合作不及生的通力合作來得大；至於『生』之與『心』亦是如此。換言之，即由物到生，由生到心，這顯然的三級，其所以為增進的緣故即在通體合作的性質增加一級，其綜合統馭的範圍增大一層，其活絡自主的程度增進一步。」[13]可見，張東蓀所謂的「層創進化」，不僅指原有架構時常因締結樣式不同而突創出新種類，而且還必須是一個從簡單疏散到複雜緊密，由機械呆板到通力合作並不斷向前發展的過程。

（三）「主智的創造的」人生觀

依據架構論和層創進化的宇宙觀，張東蓀又提出了所謂「主智的創造的」人生觀。他認為，人生的目的是「把自己弄得圓滿完成」，即「人格的自己構成」。人格就是理智，它的構成不僅是「理智的有機化」，而且是「當下的理智」。由此，他提出了「主智的」人生觀：「著者相信把人生完全託付與理智乃是最相宜的人生觀。所謂完全託付理智就是凡事必以理智為指導。理智以為可則可之，以為不可則不做。」[14]理智可以改造生活，我們理想的生活便是開發理智，不斷改造人性。這種人生觀，不僅強調理智對人生的指導作用，而且強調人生應該奮發向上，有所創造，故又稱為「創造的」人生觀。同時，他主張對於人欲只能一方面移欲，一方面給予最小限度的滿足，因此它又稱為「化欲的」人生觀。張東蓀抬高理性、貶抑人欲，與宋明理學「存天理、滅人欲」的觀點有形似之處。但

---

13 張東蓀：《哲學ABC》，108-109頁。
14 張東蓀：《宇宙觀與人生觀——我所獻議的一種》（續），《東方雜誌》第25卷，第8期，1928。

「主智的」人生觀以層創進化論的宇宙觀為哲學基礎，將人生的目的歸於「把自己弄得更文化些」，強調人生的價值在於「其人對於宇宙人生的進化上所貢獻的影響大小廣狹」，因而主張人生應該是向上奮進的、創造的，這些都是合理的、進步的，充滿了近代理性主義、個人主義、創造主義精神，是其人生觀中的積極部分。但同時，也帶有明顯的「自我實現論」的傾向。

四、金岳霖的知識論

金岳霖（1895-1984），湖南長沙人，民國時期著名的哲學家和邏輯學家，受英國經驗論者休謨哲學思想和邏輯實證主義者羅素思想影響較大。他的哲學思想主要集中在《論道》和《知識論》兩書中。在《知識論》中，他從認識論入手，正面回答了休謨提出的問題，即人的知識何以可能的問題。他解決此問題的方法是所謂「意念的摹狀和規律作用」說，貫穿全書的主旨是「以得自所與還治所與」。

（一）「所與是客觀的呈現」說

金岳霖首先是從討論感覺與外界實在的關係入手解決知識論問題的。他認為，「有外物」這一命題，是知識論的必要前提。其含義有三：一是指被知的對象的存在不是知識和知識者創造的，即「被知的獨立存在感」；二是指對象的性質對知識者的官感而言是獨立的，即「性質的獨立感」；三是指「被知中的彼此各有其自身的綿延的同一性」。由此，他批駁了「唯主方式」，提出了「所與是客觀的呈現」說。他將官覺內容稱為「呈現」。認為「所與」具有兩面性，它既是內容，又是對象。就內容說，它是呈現，就對象說，它是具有對象性的外物的一部分，「內容和對象在正覺底所與上合一」。[15]作為內容，它是隨官覺活動而來

---

15 金岳霖：《知識論》，130頁，北京，商務印書館，1983。

去的；作為外物，它是獨立於官能活動而存在的。所與的呈現是客觀的，是同種中正常的官覺者都能得到的「客觀」。他的這一觀點，是在批判地總結認識史上各種不同學說對感覺問題的考察後提出來的，它較好地克服了舊唯物主義的樸素性，同時又避免了主觀唯心論和唯我論的結論，將前人對感覺問題的研究推進了一步。

（二）「意念的摹狀與規律作用」說

《知識論》的主旨「是說所謂知識是以常治變，以普遍治特殊，以抽象的治具體的」。要達到以常治變，就要有意念活動。借助抽象從所與中獲得意念，又以意念還治所與，變形成知識。所以，金岳霖對意念的本性和功能問題作了深入討論。

金岳霖認為，意念來源於感覺經驗，而這一過程就是意念對所與的摹狀。他說：「所謂摹狀是把所與之所呈現，符號化地安排於意念圖案中，使此呈現的得以保存或傳達。」[16] 在摹狀過程中，最重要的是「抽象」的作用。它是知識的最重要的工具，是知識形成的必要條件。[17]

他認為，意念還治於經驗的過程，就是所謂「規律」。他說：「所謂規律，是以意念上的安排，去等候或接受新的所與。」在用意念接受所與的過程中，雖然所與是具體的、特殊的，但此意念上的安排卻是抽象的，是以抽象的一套條件去接受具體的、特殊的所與。正因為意念有對所與的規律作用，他稱意念是「抓住所與底辦法」。[18] 即凡合乎某種條件的所與，我們都以某意念去安排和接受。

規律與摹狀是怎樣的關係？金岳霖認為兩者不能分離，也無時間上的先後。任何意念都是既摹狀又規律，沒有無摹狀的規律，也沒有無規律的摹狀，而作為意念之全說，是兩者的總和。意念既是對所與的摹狀，同時又是規律所與，意念

---

16 同上書，356頁。
17 《知識論》，364頁。
18 同上書，365頁。

的這種雙重作用，就是「以所得還治所與」[19]，它使知識稱為可能。金岳霖的這些觀點，闡明了知識的本性問題，既堅持了經驗論的傳統，即承認知識來源於感覺經驗，又突破了一般經驗論和實在論的界限，即承認概念對所與的規律作用，頗富思辨色彩。

（三）「符合論」的真理標準說

在真理評判的標準問題上，存在著三種有代表性的觀點，實用主義的「有效說」、實證主義的「一致說」和唯理論的「融洽說」。金岳霖對這三種觀點都進行了批判，主張經驗主義的「符合說」。他所謂的「符合」，是指「一命題與它所斷定的實在符合就是一命題有它底相應的實在，而該命題底命題圖案和它一一相應的實在。」[20]

金岳霖在確立命題的真假中，分別吸取了西方幾種真理論中的合理因素，並加以積極的改造，從而建立了一個將符合說、融洽說、有效說和一致說有機地結合起來的真理論。他認為：「融洽，有效，和一致都是符合底標準」，但「沒有一標準是充分的」。對此他認真研究了符合感與符合能否合一和如何合一的問題，提出了「標準的超時空化」說。所謂超時空化，就是「後來居上」，他承認標準隨著時間的推移而改進的事實。在時間的流逝中，以後來的融洽、有效和一致感核對總和校正從前的融洽、有效和一致。他說：「從前認為融洽的，照現在的標準看來也許無效；後來居上底意思是如此的。」[21]可見，金岳霖所謂標準的超時空化，是建立在知識進步的基礎上的。知識不斷進步，融洽和有效就越精細，融洽感和有效感就越強。所以，融洽、有效和一致與符合的三個標準，同時又是相互影響的。有效的命題和別的融洽命題而使我們感到一致；而且隨著思議中命題的增加，思議中的意念圖像範圍也加大，組織加精；對於客觀存在，感覺者的辨別能力加大。在此情形下，一致感這一成分增加，融洽和有效只是一命題

---

19 同上書，462頁。
20 同上書，917頁。
21 同上書，930頁。

的融洽和有效，它們同時是一意念圖案同客觀實在的融洽和有效。

總之，金岳霖是中國現代哲學史上對知識論問題進行系統研究並作出較大貢獻的哲學家，他從經驗論的立場出發，承認知識起源於經驗，同時又強調理性的重要，試圖調和經驗論和唯理論的對立。他提出了許多精闢的見解，極大地推動了哲學界對該問題的研究。

第三節·
現代新儒家哲學
的興起和發展

現代西方資產階級哲學大規模的輸入，極大地衝擊著中國傳統哲學。五四以後，以梁漱溟、張君勱為代表的一些哲學家，開始運用柏格森的唯意志論來改造中國儒家的心性之學，批評西方實證主義傾向，在「復興儒學」的旗幟下開始建構自己的「新孔學」和「新宋學」的哲學體系；二十世紀三〇年代以後，熊十力通過對中、西、印本體觀念的檢討，重建儒家的心性本體，奠定了現代新儒家哲學的形而上學基礎；馮友蘭運用西方的邏輯方法，改造並發揮程朱理學，建立了「新理學」哲學；賀麟則以新黑格爾主義哲學改造和發揮陸王心學，建立了「新心學」哲學。這樣，從二十世紀二〇年代到四〇年代，在民國哲學史上便出現了融合中西哲學，而以中國儒家哲學為基礎的新儒家哲學流派。

一、梁漱溟的新孔學

梁漱溟（1893-1988），廣西桂林人，近代新儒學的創始人。他的思想主要來源於中國傳統儒學中的宋明理學思想和西方現代哲學中的柏格森「生命哲學」，是用柏格森的哲學思想改造中國儒家哲學的產物，基本傾向是傳統的儒學。對此他後來說：「我曾有一個時期致力於佛學，然後轉向儒學。於初轉入儒家，給我啟發最大使我得門而入的，是明儒王心齋先生；他最稱頌自然，我便是由此而對儒家的意思有所理會。……後來再與西洋思想印證，覺得最能發揮盡致使我深感興趣的，是生命派哲學，其主要代表者為柏格森。」[22]

（一）生機主義的宇宙觀

梁漱溟把「生活」或「生命」視為宇宙的本體，由「生活」追溯到「意欲」，最後把「意欲」落實到「我」，建立了以「生活——意欲——我」為骨架的生機主義的宇宙觀。

一九三九年梁漱溟與其學生們合影

他認為，宇宙的基礎是「生活」，它本身沒有客觀實在性，完全從屬於「生活」本體。宇宙的統一性在於它的生命性，宇宙萬物都是由「生活」本體創造的。他說：「照我們的意思，盡宇宙是一生活，只有生活，初無宇宙。……宇宙實成於生活之上，托於生活而存者也。」他用生命主義哲學闡釋了儒家傳統思想，認為《易傳》所講的「生生之謂易」就是指「宇宙之生」，「生」是儒家最基本的觀念。為了論證這一宇宙觀的合理性，他對人類的生命活動作了神秘主義的解釋。他認為，生命的載體（「生活者」）可以歸結為「生命」過程，生命並不依賴於任何載體，只是一種神秘的流變過

---

22 梁漱溟：《朝話》，137頁，北京，商務印書館，1940。

程。這種生命的流變過程，便構成了宇宙的變化和運動，即「相續」和「無常」。

那麼，「生活」或「生命」的本質是什麼呢？梁漱溟認為是「意欲」。意欲通過人的小宇宙（眼、耳、鼻、舌、身、意）具體表現為每個人所面臨的「表層生活」，構成「殆成定局」的大宇宙。意欲，是人的「意欲」，它最後必然要落實在「我」上。而「人」就是主體的「我」，則「一切生活都由有我，必有我才生活」。這樣，宇宙的相續和無常便是作為主體的「我」活動後留下的軌跡，是意欲即「現在的我」努力奮鬥的結果。由此，他的宇宙觀進一步發展為「唯我論」。

這樣，梁漱溟從「生活」（「生命」）觀念出發，藉以說明宇宙的起源和演化實質，形成了以「生命——意欲——我」為骨架的、帶有鮮明唯心主義色彩的宇宙觀。這個宇宙觀，基本上繼承了中國傳統的陸王心學「吾心即是宇宙」的思想，同時借鑑了柏格森生命哲學觀點，是他糅合東西方哲學的結果。

（二）直覺主義的認識論

梁漱溟借鑑本能、智慧和直覺模式，使用唯識宗的術語，提出「三量」說的認識論。他把感覺稱為「現量」，把「理智」稱為「比量」，把直覺稱為「非量」，對感覺和理智的認識作用進行貶抑，把直覺視為認識「生命」本體的唯一途徑。

他認為，現量就是感覺，其行省需要兩個條件：一是「有影（親相分）有質（本質）」，「影」是主體形成的認識，「質」是作為客體的物件，認識主體作用於客體便會形成感覺；二是「影要如其質」，即主體形成的認識與對象本身構成對應（「如」）的關係。基於這兩個條件，不同的感覺可以認識對象的不同側面，卻無法認識對象本身，更不能把握對象的本質。所以，它的認識作用是很有限的。

比量智就是理智，其作用是「將種種感覺綜合其所同，簡別其所異，然後才能構成正確明了的概念」。它高於感覺得來的認識，然而，它非但沒有深入對象的本質，反而離本質更遠了。因為它得到的認識僅是「獨影鏡」的認識。理性認

識使人背離了生命的本體，打破了「我」與宇宙的和諧關係，殘害了人的本性，所以，他極力推崇「直覺」認識。

他認為，由感覺得到的影像和由理性形成的「死概念」都無法認識物件的本質，只有感覺與理性中間的「直覺」才能真正認識對象的本質。他說：「光靠現量和比量是不成功的。因為照唯識家的說法，現量是無分別，無所得的；一除去影像之外，都是全然無所得，毫沒有一點意義；如是從頭一次見黑無所得，則累若干次仍無所得，這時間比量智豈無從施其簡、綜的作用？所以在現量與比量中間，另外有一種作用，就是附於感覺——心王——之『受』『想』二心所……『受』『想』二心所對於意味的認識就是直覺。」用心靈實體（「受」「想」二心所）直接形成的認識作用就是直覺，它超越了主、客觀，將兩者結合起來，因此，它才是認識形成的根本原因。按照他的分析，直覺不僅是一種有情味的知，而且也是人的先天本能，同時又是一種「帶質鏡」的認識，更是體認人的「內界生命」的途徑。

梁漱溟的直覺主義的認識論，高揚直覺，目的在於為他的生機主義的宇宙觀尋找認識論上的依據。其思想體系就是建立在直覺主義基礎上的。但從總體上看，這套認識論曲解了人類的認識過程，把具體的認識活動抽象地分解為感覺、理智和直覺，把複雜的認識過程簡單化、直線化了；將直覺視為不受物質制約的、獨立的心靈實體，是違反科學的；高揚直覺，堅信只有直覺才能認識對象的本質，顯然是過分誇大了直覺的認識作用。

（三）梁漱溟的倫理思想

梁漱溟從生機主義宇宙觀出發考察人與人的關係問題，形成了一套以「生命」為道德根源、崇尚「尚情無我」人格、建立倫理本位社會的思想。

第一，關於道德的根源問題。他認為，本能是道德的根源和基礎，而本能就是「生命本性」的直接體現，因此「生命本性」就是道德的根源。他說：「動物都有互助的本能，」從這種本能才有社會，後來人類社會不過成於這個上邊，所

謂倫理道德也是有這『社會本能』望而卻步來的。」既然道德起源於本能,那麼道德判斷就不是理性的自覺,而只能靠直覺,只要是順乎直覺的行為便是合乎道德的。

第二,關於理想的人格問題。他認為,「尚情無我」是最理想的人格,孔子便是典範。「尚情」是指如何培養和發揮基於「生命本性」的道德性,具體表現為:一任直覺,以求「對」;履行人道以求「安」;回頭認取自身活動以求「樂」。所謂「無我」,就是排除理智對直覺的干擾,去掉「計算之心」,滅絕「有欲」,達到「我欲」「無我」境地。

第三,關於理想的社會。他把社會關係歸結為「情誼關係」,據此認為「以倫理為本位」的社會才是理想社會。這種社會是基於人們之間天然關係,由家庭推廣而形成社會組織,沒有對立的階級,只有職業的分途。這種理想的社會就是中國古代社會。

總之,梁漱溟用柏格森的生命哲學印證儒家傳統哲學,用直覺主義補充儒家的心性修養方法,用唯意志論充實傳統的倫理思想,試圖建立一套「不中不西、亦中亦西」的新哲學體系,開創了「以洋釋儒」新學風,成為現代新儒家的開山之祖。

二、熊十力的新唯識論

熊十力(1885-1968),湖北黃岡人,近代新儒學最富於思辨色彩的理論家,尤以新唯識論的闡發為特色。他的新唯識論主要是以本體論為基礎而建立的哲學體系。從思想來源上說,以中國傳統的佛家唯識宗哲學和儒家哲學為主體,參照西方現代哲學的一些觀點,如柏格森思想,由研究佛家唯識理論入手,通過對其進行懷疑、和重新闡發,最後歸於儒家思想。他的新唯識哲學,主要集中在《新唯識論》中。

（一）「體用不二」的本體論

他所謂的體，指宇宙本體，「用」指本體的功用或表現。他認為本心是宇宙的本體，宇宙萬物歸根到底都是本心的功用。他主要分「掃相」、「顯體」和「釋用」三個步驟論證這一核心觀點。

所謂「掃相」，就是破除一切「相」，為認識真實的本體作準備。他認為，無論是「物相」還是「心相」都不是真實的存在。人們之所以視之為真實的存在，不外乎兩點，一是「應用不計」，二是「極微計」。所謂「應用不計」就是「在日常生活方面，因應用事物的習慣，而計有外在的實境，即依妄計的所由而立名」。所謂「極微計」就是「於物質宇宙推析其本，說有實在的極微，亦是離心而獨在的」。他認為這兩種認識都是人們的偏見或「俗見」。從「物相」出發，將導致「粗俗」的唯物論，由「心相」出發，將導致唯我論。只有把兩者結合起來思考，才能尋求到宇宙真實的本體。

所謂「顯體」就是從正面提出「心為本體」的觀點。他認為物相與心相都是「絕對的真實（本體）顯現為千差萬別的功用」。[23]這個真實的主體就是「恆轉」，即是「變動不居、非常非斷」的流變過程。「恆轉」本體的最後落腳點是生命這種具體的運動形式上，由此，他提出了「本體即是生命」的命題。他認為本心具有三個特點：（1）本心是存在的主體，宇宙萬物由它派生；（2）本心是運動變化的源泉，它以生生不息的運動本性把萬物統一起來；（3）本心是認識的主體，它通過「識」顯現出「境」（外物）。由此可見，他的這套本體論體系中同時又包含了認識論思想。

所謂「釋用」，就是在提出「本心即是主體」命題基礎上，進一步提出「舉體成用」的命題。所謂「舉體成用」就是指本心不能離開宇宙，必須通過宇宙表現出來。其表現的方式，是「翕」、「闢」兩種勢用。由「翕」的勢用而形成物質宇宙，由「闢」的勢用又使物質宇宙復歸本體。這是「論」的宇宙論的基本思想。

---

23 熊十力：《新唯識論》，302頁，北京，中華書局，1985。

「翕」指本體收斂、凝聚而形成物質宇宙的趨勢和功用;「闢」指本體發散、剛健使物質宇宙復歸於本心的趨勢和功用。他就是用「闢」來解釋物質宇宙形成及其與宇宙「本心」關係問題的。他認為,翕的勢用形成不可再分的「動圈」即「小一」,「小一」是構成宇宙的基本單位,它的運動、便形成了物質宇宙。他說:「小一雖未成乎形,然每一小一,是一剎那頓起而極凝的勢用。此等勢用,即多至無量,則彼此之間,有以時與位相值適當而互相親比者,乃成為一系。……有相盪以離異,因別有所合,得成多系,此玄化之秘也。凡系與系之間,亦有相摩相盪。如各小一間之相摩盪者然。系與系合,說名系群。二個系以上相比合之系群,漸有跡象,而或不顯著。及大多數的系群相比合,則象乃粗顯。如吾當前書案,即由許許多多的系群。互相摩而成像,乃名以書案也。日月大地,靡不如是。」[24]宇宙就是由「小一」成「一系」而成「系群」,由「系群」摩盪而成的。

但是,在他看來,由「翕闢」構成的宇宙並沒有實在性,更不能脫離「本心」本體而存在。翕與闢是本體功能的兩個方面。宇宙之所以沒有「物化」而體現出活力,正是「闢」之作用使然。闢是本體在宇宙中的直接體現,是「本體的自性的顯現」,即「是本體舉體成用」。它使物質宇宙與「本心」保持一致,使其復歸於「本心」。這樣,從心物現象中抽象出「本心」本體,又從「本心」本體出發,通過「翕」的勢用建構出物質宇宙,通過「闢」的勢用把物質宇宙歸結於「本心」本體。這便是了「體用不二」宇宙觀的基本思想。

(二)「翕闢成變」的辯證法思想

熊十力認為,事物的矛盾,可以通過「翕闢」的矛盾運動得到體現。兩者既是相反的兩極,又有內在的統一性。他說:「我說翕和闢,是兩端,只形容其相反的意思,非謂其如一物體之有二端,其二端不可同處也。物體可分為上下,或南北等二端,其二端,是有方所之異,而互相隔遠的。今此云兩極端,則是兩種

---

24 同上書,490-491頁。

絕不同的勢用。……這兩種不同的動勢（翕和闢）是互相融合在一起，絕不是可以分開的。」[25]他用「翕闢成變」範疇表述矛盾的思想，比中國傳統哲學的乾坤、陰陽範疇精確，較為全面地反映了矛盾雙方既對立又統一的辯證關係，在一定程度上擺脫了中國古代辯證法的素樸性。「翕闢成變」是通過「有對」的矛盾運動變化的，即所謂「唯其有對，所以成變」。[26]

事物的變化一方面是「翕闢成變」，另一方面是「剎那生滅」。他說：「從另一方面說，變化是方生方滅的。換句話說，此所謂翕和闢，都是才起即滅，絕沒有舊的勢用保存著，時時是故滅新生的」。[27]這便是他所謂的「翕闢成變」說。他反復強調，生即是滅，滅即是生，「一切物才生即滅」，任何事物都是隨著心中的「剎那閃念」而即生即滅，沒有相對的穩定性。這樣，事物的頓變就是漸變的基礎，「所謂一切的漸變，確是基於剎那的頓變，而後形見出來的」。[28]這顯然與辯證唯物主義關於量變與質變的見解是不同的。

（三）「內聖外王」的人生論

由宇宙觀出發，他又提出了一套「內聖外王」人生觀。他認為，本體具有道德屬性，它自然應當成為人生價值的源頭，對此，他說：「吾人一切純真、純善、純美的行，皆是性體呈露」。[29]他的這種觀點沿襲了儒家的倫理思想，但他並不是將封建倫理綱常作為價值評判尺度，而是以「獨立」、「自由」和「平等」等近代西方資產階級價值觀念作為評判標準。他所謂的獨立，是指「盡己之謂忠，以實之謂信。唯盡己，唯以實，故無所依賴，而昂然獨立耳。」既保留了「忠」「信」等儒家倫理思想的色彩，但更多的強調「無所依賴」的主體人格。他所謂的自由，是指「各得自治，而亦互相比輔也。」主要是指道德上自我完善

25 熊十力：《新唯識論》，444頁。
26 同上書，315頁。
27 同上書，317頁。
28 同上書，343頁。
29 同上書，389頁。

的自由。他所謂的平等，指「以法治言之，在法律上一切平等」。他所謂的「內聖」，實際上是在舊的形式下的包含資產階級新觀念的「內聖」。

他指出，長期以來，儒學「內聖外王」並重的精神並沒有得到發揚，宋明理學過分強調「內聖」而忽視「外王」，致使道德價值「失其固有活躍開闢的天性」，使儒學「失其真」。因此，必須注重發揮「外王」精神，講求經世致用。為此，就要一方面發揮儒家傳統的自強不息精神；另一方面學習西方某些人生態度，如民主制度、進取精神、格致之學（自然科學）等，並將兩者加以調和。他說：「今謂中西人生態度，須及時予以調和，始得免於缺憾。中土聖哲反己之學，足以盡性至命。斯道如日月經天，何容輕議！……能觀異以會其通，庶幾內外交養，而人道亨、治道具矣。吾人於西學，當虛懷容納，以詳其得失。於先哲之典，尤須布之遏使得惜其臆測，睹其本然，融會之業，此為首基。」

既然本心是道德價值的源泉，那麼能否解除「染習」的蔽障、恢復本心的本然狀態，便成為實現「內聖外王」價值的關鍵。故此，他又提出，「斷染」是造成理想人格的唯一途徑。他認為，人的行為分為「淨習」和「染習」兩種。淨習是本心「顯發之資具」，是善，而染習是對本心的侵蝕，是惡。提起本心之法就是所謂「證量」、「保任」和「推擴」。所謂證量，就是直覺到「本心」本體，確立「體用不二」的宇宙觀；所謂保任就是經常保任本心的明覺狀態；所謂推擴，就是以「體用不二」宇宙觀為指導應物處事。

三、馮友蘭的「新理學」

馮友蘭（1895-1990），字芝生，河南唐河人。民國時期最有影響的哲學家之一。他的哲學生涯可分為兩個階段：一九三七年前，他主要致力於中國哲學史的研究，撰寫了兩卷本的《中國哲學史》，以西洋哲學為參照，闡釋和敘述中國哲學的發展歷程，在中外哲學界產生較大影響，成為一位著名的哲學史家。一九三七年後，他不滿足做一個哲學史家，而是要做一個哲學家。他融會中西哲學思想，撰寫了《新理學》、《新事論》、《新世訓》、《新原人》、《新原道》、《新

知言》，統稱為「貞元六書」，承接程朱理學的傳統，借用了中國古典哲學尤其是宋明理學的固有範疇，將自己理解和接受的西方新實在論哲學思想與宋明理學融合起來，建構了一個「新理學」哲學體系。

（一）理氣論的自然觀

馮友蘭在《新理學》和《新知言》中集中闡述了一種離現實最遠、最思辨的哲學，建構了新理學體系的形而上學本體論基礎。其基本觀點是通過對理、氣、道體和大全四個基本範疇的分析而展開的。其基本觀點是：理是事物所依照的本體；氣是事物所依據的條件；道體是事物運動發展的全過程；大全是哲學所說的宇宙。

第一，理是事物所依照的本體。理是整個新理學哲學體系的邏輯起點。他所謂的「理」，有四種規定性：一是指潛存於真際的抽象的共相；二是指超時空、超動靜的絕對；三是指先於實際世界的永恆的實在；四是事物的標準和極限。所以，理既不是客觀事物本身所具備的規律，也不是物質或精神的所謂純實在，而只能是脫離了物質及其規律的抽象共性，即精神性的東西。因此，事物是由理決定的，理是事物的主宰。他說：「說理是主宰者，即是說，理為事物必依照之而不可逃。某理為某事物所必依照而不可逃。不依照某理者，不能成為事物，不依照任何理者，不但不能成為任何事物，而且不能成為事物，簡直是不成東西。」

第二，氣是事物所依據的條件。他所謂的「氣」，具有四個規定性：一是氣是絕對的質料，此絕對的料又並非物質；二是氣是無名的混沌，不具備任何性質的物之具；三是氣是理的「掛搭處」，是理存在的載體；四是氣是事物所依據的「無極」，是物得以有形的無形條件。所以，氣是神秘的經驗材料，是理由真際見諸實際的契機，是事物存在所依據的條件。他認為，事物所依據的太極（理）與所依據的無極（氣），構成了事物存在的內在和外在條件。故此，理氣是不分先後的。

第三，「道體」是事物運動發展的全過程。理和氣如何有機地結合起來？他

認為是通過「道體」。他所謂的「道體」，具有三種規定性：（1）道體是動的宇宙，它在邏輯上先於具體的過程，所以，「總一切的流行謂之道體」。是脫離一切具體事物的純粹的動。（2）這種運動是不可思議的動，是「無極而太極的程式」，是氣實現理以成物的過程。（3）它是玄而又玄的眾妙之門，不僅是聯繫無極和太極的仲介，而且也是聯繫兩極與事物的仲介。

第四，大全是哲學所說的宇宙。他認為，它有幾個規定性：大全即總一切的有，是真正不可思議的觀念，是個神秘的絕對；它即是「哲學中所說的宇宙」。大全也稱宇宙，是指總一切的有，是一種觀念，並非科學中所說的物質的宇宙。但它全主宰著科學的宇宙。

這四個命題總括起來，便構成了新理學的理氣論宇宙觀：它從精神性的理開始，虛構出同樣是神秘的精神性的絕對的料（氣），通過道體把理和氣「而」（聯繫）起來，再用一個大全作為網子把它們都提起來。理作為共相、作為本體決定著作為殊相的事物。這是理氣論的最根本觀點，也是新理學理想人格論和社會歷史觀的基礎。

（二）四「境界」說

馮友蘭認為，人的理（性）在於人有覺解，對於宇宙人生有自覺的了解、理解和悟解，構成人生的意義，因了解的自覺程度不同，造成人的精神境界的差異。依據人對覺解程度的深淺，人的精神境界可以分為四種：自然境界、功利境界、道德境界和天地境界。

第一，自然境界的人「其行為是順才或順習」[30]，所謂順才是指按照人的生理和心理的自然要求而行事，所謂順習是指不自覺地因襲傳統行事。在此境界的人完全是一種近乎本能的行動，其覺解程度最低。

---

30 《三松堂全集》第4卷，551頁，鄭州，河南人民出版社，1986。

第二，功利境界的人，「其行為是『為利』底。所謂『為利』是為他自己的利」。[31]他認為，社會上大多數人都處於此境界中，是常人的境界。它的本質是為己。處此境界的人的人生目的是為己（「取」）；英雄與奸雄的境界是一樣的。此境界在主觀上是不可取的，但在客觀上並非對社會無益。他說：「功利境界中底人，惟恐不好名，如其不好名，則未必常作有益於人底事。」[32]

第三，道德境界的人「其行為是『行義』底。義與利是相反亦相成底。求自己的利底行為，是為利底行為；求社會的利底行為，是行義底行為。在此種境界中底人，對於人之性已有覺解。」[33]由此，他堅持「公利即義」觀點，認為重義的人必重他人之利和社會之利。人只要有一顆廓然大公的心，就是進入了道德境界。

第四，比道德境界更高的是天地境界。「在此種境界中底人，其行為是『事天』底。在此境界中底人，了解於社會的全之外，還有宇宙的全，人必於知有宇宙的全時，始能使其所得於人之所以為人者盡量發展，始能盡性。」[34]它是高於其他三種境界的最高境界；只有達到這種境界的人，才是具有真正理想人格的「聖人」。道德境界中的人，是以人性的自覺行人道；而天地境界的人，是以天理的自覺行天道。

這四種境界，從低級向高級發展的過程。無論是個人，還是社會，人的精神境界都是由低級向高級發展的過程，是由自私的小我向大公的大我自覺的過程。大我才是人之所以為人的真正主宰，「我」之主宰意識的不斷覺醒就是人生境界的不斷提高。

馮友蘭的「新理學」雖具有明顯的唯心論色彩，但在抗戰時期卻發生了較大影響。這除了他的哲學著作深入淺出、明白易懂外，還有兩點最為主要：一是它注重共相、一般，反映了抗戰時期注重民族國家至上、整體至上的時代需要；二

---

31 同上書，552頁。
32 同上書，596頁。
33 同上書，552-553頁。
34 同上書，553頁。

是從邏輯角度看，「他引入了西方哲學的方法論詮釋和重建中國哲學，使中國哲學在體系化、邏輯化方面大大推進了一步，它反映了在比較更完全的意義上融會中西的努力，因而也就從一個側面體現了中國現代哲學發展的客觀要求」[35]。

四、賀麟的「新心學」

賀麟（1902-1992），字自昭，四川金堂人。現代新儒學的著名代表，以建立「新心學」著稱。他的「新心學」是陸王心學與新黑格爾主義融合的產物。新黑格爾主義強調整體思維，把心視為「絕對實在」，同陸王心學「吾心即宇宙」的思想相近。賀麟把兩者結合起來，提出了「心為物之體，物為心之用」的本體論思想。新黑格爾主義承襲並發揮黑格爾國家和社會學說中保守專斷的思想，主張國家和社會至上，個人必須服從國家，這同陸王心學「扶持綱常名教」的觀點相似。賀麟把兩者結合起來提出新的「三綱五常」論。他繼承了王陽明「知行合一」論，並從心理學和生理學的角度加以論證，提出「自然的知行合一論」。賀麟的哲學思想主要集中在二十世紀四〇年代撰寫的《近代唯心論簡釋》、《文化與人生》和《當代中國哲學》等論著中。

（一）「心理合一」的宇宙觀

賀麟從論述「心」、「理」、「價值」等新心學的基本範疇出發建立其宇宙觀的。

第一，他從主體的角度論證心的實在性，提出「合心而言實在」，得出「心為物之體」的結論。他認為，心與物不可分的整體，但為了方便計，則靈明能思者為心，延擴有形者為物。兩者「永遠平行而為實體之兩面」。兩者的關係是：

---

35 鄭家棟：《現代新儒學概論》，242頁，南寧，廣西人民出版社，1990。

「心為物之體，物為心者用。心為物之本質，物為心的表現」[36]。心是主，物是用。為了論證心是唯一實在的主體，他完全否定了物的客觀實在性。心如何派生出物來？他解釋說：無論自然之物，還是文化之物，「舉莫非精神之表現，此心之用具。不過自然之物乃精神之外在化，乃理智之冥頑化，其表現精神之程度較低，而文化之物其表現精神之程度較高」[37]。

第二，「合理而言實在」，從客體的角度深化「合心而言實在」的命題。他從「心」的範疇引申出「理」的範疇。他認為，心有二義，一是心理意義的心，二是邏輯意義上的心，後者即是「理」。在新心學體系中，「理」是純粹的哲學範疇，他用「理」來解釋事物的客觀規定性，以外事物的客觀性就是認識的普遍性或共同性。他用「理」來解釋事物的本質規定性，認為本質是「心中之理」對事物作出的規定，事物的本質來自「理」。他還用「理」來解釋事物的時空規定性，認為時空是「心中之理」賦予事物的規定性，由此，提出了「時空即理」、「時空是心中之理」、「時空是自然知識所以可能的心中之理或先天標準」和「時空是自然行為所以可能的心中之理或先天標準」等四個命題來論證。這樣，他將事物的各種規定性都歸結為「心中之理」，從而得出了「理外無物」的唯心主義結論。

第三，從主、客體相互關係的角度論證心為本體的觀點，提出了「合價值而言實在」的命題。他認為，只有對主體有價值的東西才具有實在性。據此，賀麟得出了三個結論：一是心比物更具有實在性；二是理想比現實更具有實在性；三是儒家倡導的倫理規範本身更具有實在性。這個命題是新心學的獨到之處，但他把價值問題與本體論問題混淆起來，無疑是一種錯誤的思想方法。

（二）自然的知行合一觀

賀麟的認識論思想，主要是通過對「知行同是活動」、「知行自然合一」和

---

36 賀麟：《近代唯心論簡釋》，3頁，重慶，重慶獨立出版社，1943。
37 賀麟：《近代唯心論簡釋》，3頁。

「知主行從」等命題的闡述表達的。

第一，「知行同是活動」。所謂的「知」，是指一切意識的活動；所謂的「行」，是指一切生理的活動，賀麟抓住心理活動與生理活動密切相關這一點，把知與行等同起來，認為既然兩者都是「活動」，那麼就沒有質的區別，而僅是量的差別。知如何等同於行？他把知分為「顯知」和「隱知」兩個等級，沉思、推理及研究學問是「顯知」，本能的意識、下意識的活動是「隱知」，兩者間只有量的程度的差別。他又把行分為「顯行」和「隱行」兩個等級：動手動足的行為是顯行，靜思沉坐的行為是隱行，兩者間也是量的程度上的差別。由此，他得出結論：「最顯之行，差不多等於無知」，然而「最隱之行」常表現為「最顯之知」，所以，最隱之行與最顯之知是合一的。同時，「最隱之知，也差不多等於無知」，然而「最隱之知」常表現為「最顯之行」，所以最隱之知與最顯之行是合一的。可見，他是用心理學和生理學的「活動」概念偷換了哲學上的「知行」概念，通過對知行關係的抽象分析，導出了「知行合一」的結論。

第二，「知行永遠合一」命題。該命題是從「知行同是活動」命題演繹出來的。他說：「任何一種行為皆含有意識作用，任何一種知識皆含有生理作用。知行永遠合一，永遠平行，永遠是一個心理生理活動的兩面。」[38]知行如何合一？他從縱橫兩個方面作了說明。從橫向上說，知行同時發動，是一個整體的兩面。他說：「知是意識的活動，行是生理的活動。所謂知行合一就是這兩種活動的同時產生，或同時發動。在時間上，知行不能分先後。」[39]從縱向上說，知行平行。他說：「知行合一又是知行平行的意思。平行說與兩面說是互相補充的。單抽出一個心理生理的孤立活動來說看，加以橫斷面的解剖，則知行合一乃知行兩面的意思。就知行在時間上進展言，就一串的意識與一串的生理活動之合一並進言，則知行合一即是知行平行。」[40]他的知行觀承襲並發展了王陽明的知行合一說。他把王氏的合一說稱為「價值的或理想的知行合一說」，稱自己的知行觀是「自

---

38 賀麟：《近代唯心論簡釋》，59頁。
39 同上書，56頁。
40 同上書，57頁。

然的知行合一論」，是適用於一切有生之倫的絕對規律，可以印證、解釋和發揮「價值的知行合一說」，又可以彌補其不足。

第三，「知主行從」命題。賀麟認為，知行雖然是平行的，但就邏輯上看，知主行從。從體用關係上看，知為體而行為用。他說：「知是行的本質，行是知的表現。行若不以知為主宰，為本質，不能表示知的意義，則行為失其所以為人的行為的本質，而成純無力的運動。……故知是體，行是用；知是有意義，有目的的，行是傳達或表現意義或目的之工具或媒介。」[41]從目的和手段的關係看，知是目的而行是手段。他說：「知永遠是目的，是被追求的主要目標，行永遠是工具，是附從的追求過程。任何人的活動都是一個求知的活動。」[42]

賀麟從認識論方面提出的這些命題，用以貶低實踐在認識過程中的作用。他充分意識到了知的超前性，肯定人的特有的「知」對「行」的自覺能動性，這些分析是很深入和細緻的，對後人有一定的啟發意義。但他繼承了陸王心學「銷行以歸知」的思想，過分誇大了知在認識過程中的作用，帶有明顯的唯心主義色彩。

---

41 同上書，66頁。
42 同上書，67頁。

時代精神的精華：馬克思主義

　　五四時期，馬克思主義哲學在中國的傳播主要以介紹和傳播「唯物史觀」為主，李大釗、陳獨秀等人在這方面作出了突出的貢獻。二十世紀三〇年代便達到介紹辯證唯物主義哲學的高潮，並開始進行馬克思主義中國化的嘗試，以艾思奇、李達、毛澤東等人為主要代表，產生了中國化的馬克思主義哲學——毛澤東哲學思想，基本完成了馬克思主義中國化的歷史任務。

一、唯物辯證法論戰

　　二十世紀三〇年代，馬克思主義哲學逐漸成為中國哲學思想界的主流。新康得主義在中國的代表張東蓀驚呼：「這幾年來坊間出版了不少關於唯物辯證法的書。無論贊成與反對，而唯物辯證法闖入哲學界總可以說是一個事實。」[43]為此，他首先挑起了著名的「唯物辯證法論戰」。

　　這場哲學論戰主要分兩個階段：一九三一至一九三四年，主要是張東蓀為代

43　張東蓀：《唯物辯證法之總檢討》，《唯物辯證法論戰》，135頁，北平，北平民友書局，1934。

表的資產階級哲學思想與葉青為代表的假馬克思主義的論戰，論戰的主將分別是張東蓀和葉青，基本上屬於資產階級哲學內部的爭論，表面上是「非難」與「捍衛」唯物辯證法之爭，實際上都在程度不同地曲解和攻擊馬克思主義哲學。一九三三至一九三六年，馬克思主義哲學家艾思奇、鄧雲特（鄧拓）等人參加論戰，對張東蓀和葉青的觀點均進行了批判。

一九三一年九月十八日，張東蓀在《大公報》副刊《現代思潮》上發表了《我亦談談辯證法的唯物論》一文，對馬克思主義哲學的基本概念進行非難，挑起了二十世紀三〇年代唯物辯證法論戰。接著，他又發表了《辯證法的各種問題》、《動的邏輯是可能的嗎》等文章，一九三四年六月，他撰寫了長達三萬多字的《唯物辯證法之總檢討》，對馬克思主義的唯物辯證法進行總批判。十月，他又將批評馬克思主義哲學的文章彙集起來，以《唯物辯證法論戰》為名由北平民友書局出版，把唯物辯證法論戰推向高潮。

與此同時，託派分子葉青，偽裝成捍衛馬克思主義哲學來「批判」張東蓀。他先後發表了《哲學到何處去》、《動的邏輯是可能的》、《張東蓀道德哲學批判》和《張東蓀哲學批判》等文著，一九三五年，他仿照張東蓀的體例，將批判張東蓀的文章彙集起來，取名《哲學論戰》。這樣便形成了「唯物辯證法論戰」的兩大對立陣營。

張東蓀等人觀點主要為：第一，認為馬克思主義哲學並沒有什麼新的意義，只不過是把黑格爾的辯證法「顛倒了一下」，「馬克思辯證法所以錯誤到不可救藥，其原因一半在於黑格爾本身。換言之，即黑格爾本身就有錯誤和糊塗處；馬克思不過再加一些新的錯誤罷了」[44]。第二，認為辯證現象並不是天下萬物所共有的，所謂辯證法的「變」只是「邏輯的變，而不是空間的變、時間的變、與事物的變」。第三，認為哲學是不能有黨派性的。「哲學之所以能存在，完全是靠著思想自由。無思想自由即無哲學。使『哲學』與『黨派』二字聯綴成一句，即等於取消哲學而只留黨派」。第四，認為馬克思主義哲學的「否定之否定」規律

---

44 張東蓀：《唯物辯證法論戰》，144頁。

是一種「歷史定命論」，反對用它來解釋人類歷史發展。第五，認為世界上不存在辯證法所說的「矛盾」，否認對立統一規律是辯證法的核心。他認為「對待」、「負面」和「矛盾」三詞的含義是不同的，對待是指有對偶的東西相待而存，負面是指除了這個東西本身外其餘的一切，矛盾是指兩個命題不能同時皆真而言。

葉青等人，主要販賣的是託派和當時蘇聯哲學界唯心主義機械論的觀點，主要為：第一，提出所謂「新物質論是觀念論和物質論的統一」，新物質論是觀念論與物質論調和的結果。第二，提出所謂「哲學消滅論」，認為黑格爾以後只有科學而沒有哲學，宗教——哲學——科學是三種「歷史的知識體裁」。第三，把馬克思主義辯證法還原為黑格爾的「三段論」：「正——反——合」。第四，主張所謂「外鑠說」，認為內因與外因可以無條件轉化。

當時，馬克思主義的哲學家也參加了唯物辯證法論戰，不僅批判張東蓀等人公開對唯物辯證法的非難和攻擊，而且揭露和批判葉青等人的偽馬克思主義的謬論，闡明真正的馬克思主義唯物辯證法的觀點。

一九三三年十二月，鄧雲特在《新中華》第一卷第二十三期上發表《形式邏輯還是唯物辯證法》，率先對張東蓀的觀點進行了批判。一九三五年五月，艾思奇在《讀書生活》第四卷第二期上發表《關於〈形式邏輯與辯證邏輯〉》；十月，又發表《幾個哲學問題》，此後又發表了《論黑格爾哲學的顛倒》，主要對葉青的反對觀點進行了批判。

針對張東蓀對唯物辯證法的攻擊，鄧雲特指出，唯物辯證法是自然、人類社會和思維的一般規律的一般運動和發展的法則，辯證法是從諸現實的歷史運動變化的諸現象中獲得的，「一切本來是對立統一的，矛盾的運動與變化的，因循發展的。一切事物絕對不是『不可測』的」。針對張東蓀和葉青將馬克思辯證法與黑格爾辯證法混為一談的錯誤，艾思奇認為，馬克思主義辯證法與黑格爾辯證法有質的不同，是對黑格爾哲學進行唯物主義改造的結果，既拋棄了他的唯心主義，又要「改正那被壓歪在黑格爾哲學裡的辯證法」的結果。針對張東蓀哲學無黨派性的觀點，艾思奇從正面闡述了馬克思主義關於一切哲學都按照對思維和存在的關係問題的不同回答而劃分為兩大陣營的基本觀點，論述了哲學的黨派性原

則。批判了張東蓀把哲學當作「千古不決」的玄學的論點。針對葉青的「哲學消滅論」，艾思奇認為哲學並沒有消滅，它永遠有自己獨立研究的物件和領域，當然也絕不會再像以前那樣，成為超乎科學以上的玄學。針對葉青的「外鑠論」，艾思奇堅持馬克思主義哲學關於「內因是第一性、外因是第二性」觀點，認為內因是一切事物發展的根本動力。

這場關於唯物辯證法的論戰，持續了較長的時間，涉及的問題也很多，在當時哲學界影響很大。此時正在成長中的中國馬克思主義哲學家，在非常艱苦的條件下，努力宣傳並捍衛馬克思主義哲學的純潔性，保障了馬克思主義哲學的健康傳播。

二、艾思奇與馬克思主義哲學的大眾化

馬克思主義哲學的中國化，主要包括兩方面內容：一是形式上的中國化，即馬克思主義哲學的大眾化和通俗化，使其普遍地變成為中國人民所喜聞樂見的中國氣魄和中國作風，普遍為人民大眾所接受，變為中國人民所易理喻的形式；二是內容上的中國化，即在內容上以中國革命和實踐的內容豐富和發展馬克思主義，也就是馬克思主義哲學內容的豐富化和發展化，從而產生出具有中國特點的中國式的馬克思主義哲學。

二十世紀三〇年代，唯物辯證法在中國思想界得到廣泛傳播，為使一般民眾易於理解和掌握這些深奧的哲學原理，馬克思主義哲學大眾化和通俗化的任務便迫切地提到了日程。艾思奇、沈志遠等人成為馬克思主義哲學大眾化和通俗化的著名代表。

一九三四年十一月，艾思奇在《讀書生活》雜誌上發表了第一篇專為大眾寫的「哲學講話」——《哲學並不神秘》，此後，他在該刊上每期寫一篇文章，到一九三五年十一月，共發表了二十四篇，後來集結成書，名為《哲學講話》，又名《大眾哲學》。艾思奇在這本自稱「入門的讀物」中，開宗明義提出「哲學並

不神秘」，哲學與日常生活的關係是密切的。他用當時群眾熟悉的事例，揭示哲學的真面目。他說，在現實生活中，人們遇到失業或困難，有人想自殺，有人相信命運，有人奮鬥求生，就是因為各人思想的根底不同，哲學思想就是人們的根本思想，是人們對於世界一切的根本認識和態度；為了正確認識事物，我們就要有意識地懂得最正確的哲學——馬克思主義哲學。這樣，艾思奇的每次「講話」，都使用通俗易懂的文字，把馬克思主義哲學的基本原理，溶化在人們日常習見的、淺顯的事例和熟知的諺語、故事中，像拉家常一樣，娓娓寫來，步步深入，引人入勝。比如，《一塊招牌上的種種花樣——觀念論和二元論》、《用照相作比喻——唯物論的認識論》、《不是變戲法——矛盾的統一律》等，採取談話講故事的體裁，使抽象的觀念具體化、趣味化，把哲學從玄妙的宮殿裡，拉到了日常生活中，使人們初步懂得了什麼是唯物論、唯心論、辯證法、形而上學等哲學道理；在《七十二變》中，用孫悟空的七十二變比喻本質與現象的關係；在《雷峰塔的倒塌》中，生動而深刻地論述了從量變到質變的規律。

艾思奇的《大眾哲學》

正因如此，這本書一出版，便贏得了眾多的讀者，成為一本膾炙人口的暢銷書，立即風行全國。從一九三六年到一九四八年十二月，竟印行了三十二版。李公樸讚揚說：《大眾哲學》「是用最通俗的筆法，日常談話的體裁，溶化專門的理論，使大眾的讀者不必費很大氣力就能夠接受。這種寫法，在目前出版界還是僅有的貢獻。」又說：「尤其值得特別一提的是這本書的內容，全是站在新哲學（即馬克思主義哲學——引者）的觀點上寫成的。新哲學本是大眾哲學，然而，卻沒有一本專為大眾而寫的新哲學著作。」「這一本通俗的哲學著作，我敢說是可以普遍地做我們全國大眾讀者的指南針，拿它去認識世界和改造世界。」其後，艾思奇陸續出版了《如何研究哲學》、《實踐與理論》、《哲學與生活》、《知識的應用》等通俗哲學讀物，為馬克思主義哲學在中國的廣泛傳播，作出了巨大貢獻。

為了進一步推動馬克思主義哲學中國化，一九三八年四月，艾思奇首先提議發起馬克思主義哲學中國化運動。他認為，馬克思主義的通俗化「在打破從來哲學的神秘觀點上，在使哲學和人們的日常生活接近，在日常中也指導人們注意哲學思想的修養上，是有極大意義的，而這也就是中國化現實化的初步」。然而，「通俗化並不等於中國化、現實化。因此它也沒有適應這激變的抗戰形式的力量」。所以，「現在需要一個哲學研究的中國化、現實化的運動」，提議發起馬克思主義中國化和現實化運動。一九三八年十月，毛澤東在中共六屆六中全會上正式發起了「馬克思主義在中國具體化」運動，要求中國的馬克思主義者把馬克思主義理論與中國的實際結合起來，用馬克思主義立場、觀點和方法解決中國實際問題，以創造中國的馬克思主義。為推動這一運動的開展，艾思奇、劉少奇、張聞天等人率先回應。艾思奇發表了《論中國的特殊性》、《抗戰以來幾種重要哲學思想評述》等文章，系統地闡述了馬克思主義中國化的科學內涵和實質，對馬克思主義中國化作出了一定的貢獻。

三、李達與馬克思主義哲學教科書體系的中國化

　　一九三六年，李達寫出了《社會學大綱》一書，對馬克思主義哲學、尤其是辯證唯物主義哲學作了系統而深刻的論述，代表著二十世紀三〇年代中國馬克思主義哲學家對辯證唯物主義哲學理解的較高水準。《社會學大綱》的特色，在於介紹和闡述馬克思、恩格斯哲學思想的同時，尤其注意說明和發揮列寧的哲學思想，而且綜合和吸收了二、三十年代蘇聯學者的哲學研究成果和思想資料，表達了作者自己哲學研究的收穫。

　　第一，比較全面地論述了列寧關於辯證唯物主義與歷史唯物主義不可分割的思想，堅持

李達像

將二者合併在一起作為一個有機的統一的馬克思主義哲學科學體系，而不是分割開來闡述，這是李達建構的辯證唯物主義哲學體系的顯著特點。

第二，認為唯物辯證法是關於自然、社會和人類思維的一般發展規律的科學，是一種科學的發展觀，有著嚴密的科學體系。他依據列寧關於對立統一規律是辯證法的核心和實質的思想，說明了在辯證法的諸多規律中，對立統一規律、品質互變規律、否定之否定規律是辯證法的三個根本規律，其中尤以對立統一規律為最根本的規律；他用對立統一規律去說明辯證法的其他規律，又在原則闡述其他規律和範疇中，將對立統一規律具體化。這樣，他便以對立統一規律為核心，從不同層次、不同側面去研究和說明辯證法，從而把辯證法的嚴密體系展現出來。

第三，依據列寧的理論指導，說明和發揮了對立統一規律的學說。他說：「對立統一法則，是辯證法的根本法則，是它的核心。這個根本法則，包含著辯證法的其餘法則——由質到量及由量到質的轉變法則、否定之否定的法則、因果性的法則、形式與內容的法則等。這個根本法則，是理解其他一切法則的關鍵。」由此，他對對立物的統一與鬥爭的意義及關係、「拮抗」的含義及對抗性矛盾與非對抗性矛盾的關係、矛盾的特殊性和普遍性等作了詳細闡述。

第四，全面闡述了認識與實踐的關係，說明馬克思主義的認識論是能動的革命的反映論；是辯證法、邏輯學和認識論的統一。並提出了認識運動的公式，即「實踐——直接的具體——抽象的思維——媒介的具體——實踐」，認識就是採取這樣的圓運動而發展的。他斷言：「所以認識的這種圓運動是一個歷史的發展過程，是由相對真理到絕對真理去的發展過程。」

第五，認為認識的過程是由物質到感覺、由感覺到思維、又進而發展到知覺和經驗的過程，這是認識的感性階段；而建立於感性、經驗上的思維，則是更高的階段。感覺是最初的契機，思維是最後的契機；前者是直接的知覺，後者是媒介了的知覺。人類的認識過程，是在時間基礎上由感覺起到思維為止的認識過程。但這兩個階段既不是個別的獨立的認識，也不是獨立的兩個階段，而是「互相滲透」、互為條件的。感覺上給予的東西，在思維中也是沒有的。思維是由感

覺發展來的，思維的過程，是感覺明晰化的過程。思維要靠感覺提供材料，感覺要靠思維的抽象作用才能將事物的本質、規律與現象區分開來。所以，感性認識與理論認識是「互相滲透」的。

總之，李達通過自己對辯證唯物主義哲學的系統而持久的研究，在《社會學大綱》中非常詳細而深刻地闡述了馬克思主義哲學的體系、原理和原則。

如果說艾思奇所寫的《大眾哲學》，主要偏重於馬克思主義哲學的大眾化和通俗化的話，那麼，李達所著的《社會學大綱》，則偏重於馬克思主義哲學內容上的中國化，是他根據自己的理解和研究對辯證唯物主義與歷史唯物主義的基本內容作全面的論述，其論述的全面、系統、深入和準確，是過去馬克思主義哲學家們所未達到的。這是中國人自己寫的第一部馬列主義的哲學教科書。它是中國馬克思主義哲學家依據中國實際進行「中國化」的改造、消化後取得的優秀成果。基本實現了馬克思主義哲學教科書體系的「中國化」目標，奠定了中國馬克思主義哲學教科書結構和體系框架。

四、毛澤東哲學思想的形成與發展

毛澤東（1893-1976），字潤之，湖南湘潭人。中國共產黨的創始人之一和傑出領袖，也是近代著名的思想家和馬克思主義哲學家。他的哲學思想是在革命鬥爭中逐步形成的，具有特別鮮明的實踐性。一九三〇年五月，毛澤東寫了自己的第一篇具有中國特色的馬克思主義哲學著作《反對本本主義》。在該著作中，毛澤東提出了一個著名的科學論斷：「沒有調查就沒有發言權。」他把調查研究納入認識論，在系統闡述調查研究這一唯物辯證法的工作方法過程中，批判了本本主義的唯心主義實質，在中共歷史上首次提出了從實際出發、理論聯繫實際的唯物主義思想路線，為馬克思主義哲學與中國革命實踐相結合的產物——毛澤東思想的形成和發展奠定了基礎。

一九三七年七月，毛澤東發表了《實踐論》這篇重要哲學著作。《實踐論》

從馬克思主義的認識論的高度，對中國革命的經驗進行了概括和總結，對中共黨內一度存在的主觀主義和教條主義的思想根源進行清算，形成了「辯證的知行統一觀」。

首先，它闡明了實踐的觀點是馬克思主義認識論的首要觀點。毛澤東把實踐明確規定為「社會實踐」、「變革現實」和改造客觀世界的活動，既指明了「人類的生產活動是最基本的實踐活動，是決定其他一切活動的東西」，又說明了實踐的多樣性，認為「社會實際生活的一切領域都是社會的人所參加的」。他強調了實踐在認識論中的地位和作用，認為實踐是認識的基礎和來源，「一切真知都是從直接經驗發源的」實踐是認識發展的動力，它推動著認識由低級向高級發展，「離開實踐的認識是不可能的」。實踐是檢驗真理的唯一標準和目的。他說：「只有人們的社會實踐，才是人們對外界認識的真理性標準」，認識世界的目的是為了改造世界。

其次，它以實踐為基礎，論述了認識發展的辯證過程。毛澤東發展了馬克思、恩格斯、列寧關於認識發展的辯證過程的思想，提出了從感性認識到理性認識，又從理性認識到實踐的兩次飛躍說。他認為，第一次飛躍是從感性認識到理性認識，實現這一飛躍的條件是既有十分豐富的符合實際的感性材料，又要經過將這些材料加以「去粗取精、去偽存真、由此及彼、由表及裡」的改造製作工夫。這一飛躍，是認識的真正任務，但認識運動並未到此為止，還必須把理性認識再運用到實踐中去。第二次飛躍就是從理性認識到實踐，這樣才是認識發展的全過程。對此，他概括說：「認識從實踐開始，經過實踐得到了理論的認識，還須再回到實踐去。認識的能動作用，不但表現於從感性的認識到理性認識之能動的飛躍，更重要的還表現於從理性的認識到革命的實踐這一飛躍。」實現這一飛躍也必須經過一個中間環節，把「是什麼」轉變為「怎麼做」，實現改造世界的目的。

最後，它揭示了認識真理的道路，概括了認識運動的總規律。毛澤東發揮列寧關於認識發展「無限地近似於一串圓圈」的思想，將認識運動的總規律概括為：「實踐、認識、再實踐、再認識，這種形式循環往復以至無窮，而實踐和認

識之每一循環的內容，都比較地達到高一級的程度，這就是辯證唯物論的全部認識論，這就是辯證唯物論的知行統一觀。」由於客觀現實世界的變化運動永遠沒有完結，人們在實踐中對於真理的認識也永遠不會完結，所以，認識真理的道路是一個不斷從相對真理走向絕對真理的過程，馬克思主義並沒有結束真理，而是在實踐中開闢了認識真理的途徑和道路。

一九三七年八月，毛澤東發表了《矛盾論》這篇重要哲學著作，又從哲學的高度對中國革命的實踐經驗進行科學的總結和概括，形成了「辯證的矛盾統一觀」。

首先，該文以對立統一規律為核心，論述了唯物辯證法和形而上學兩種宇宙觀的根本對立，揭示了唯物辯證法的基本特徵。他繼承和發揮了列寧關於對立統一規律是辯證法的核心的思想，認為對立統一規律是宇宙的根本規律，是唯物辯證法最根本的規律；指出形而上學的宇宙觀是用孤立的、靜止的和片面的觀點去看世界；唯物辯證法是用全面的、聯繫的和發展的觀點看世界；強調矛盾是事物發展的源泉和動力，事物內部的矛盾性是事物發展的根本原因，外因只是變化的條件，外因通過內因而起作用。

其次，該文以矛盾的普遍性為指導，分析了矛盾的特殊性，解決了兩者的關係問題。他根據中國革命實踐的需要，明確把矛盾的普遍性與特殊性作為對立統一規律的一項內容來論述，豐富了唯物辯證法的理論寶庫，對於完成馬克思主義普遍真理與中國革命的實際相結合有著重要實踐意義。他指出，矛盾的普遍性是指矛盾存在於一切事物的發展過程中，並與每一事物發展的過程相始終；它是事物的共性，是無條件的、絕對的和普遍的。矛盾的特殊性就是矛盾的個性，它可以概括為三種類型：一是從各種矛盾之間互相依存的關係來看，各種物質運動形式以及各種事物的矛盾都帶有特殊性；二是從事物發展上看，每一物質運動形式在其發展的不同過程中、同一過程的不同階段上，矛盾也有特殊性；三是從矛盾內部來看，在事物同一發展過程中，矛盾雙方各有其特殊性。矛盾普遍性與特殊性的關係，就是共性與個性的關係，共性包含於個性之中，無個性即無共性；同時，共性與個性在一定條件下可以互相轉化。毛澤東強調：「這一共性個性、絕

對相對的道理，是關於事物矛盾問題的精髓，不懂得它，就等於拋棄了辯證法。」

再次，該文論述了主要矛盾與次要矛盾、矛盾的主要方面與非主要方面相互轉化的原理。他認為，在許多矛盾中，有主要矛盾與非主要矛盾之分，主要矛盾規定或影響其他矛盾的存在和發展；在一對矛盾中，有主要方面與非主要方面之分，矛盾的主要方面決定事物的性質。抓住了主要矛盾，一切問題就可迎刃而解；抓住了矛盾的主要方面，就能把握事物的性質。所以，他強調：對於主要矛盾和非主要矛盾、矛盾的主要的方面和非主要方面的研究，是革命政黨正確地決定其戰略戰術方針的重要方法。同時，主要矛盾與非主要矛盾、矛盾主要方面與非主要方面在一定條件下又是可以轉變的，而這種轉變會直接導致事物性質的變化，所以，更值得注意。

最後，該文還具體論述了矛盾雙方的同一性、鬥爭性及其關係，進一步揭示矛盾在事物發展中的作用。毛澤東著重發揮了列寧關於同一性的相對性和鬥爭的絕對性的思想，認為有條件的相對的同一性與無條性的絕對的鬥爭性相結合，構成了一切事物的矛盾運動。他通過對矛盾鬥爭形式的分析，提出了對抗與非對抗兩人類矛盾，認為矛盾和鬥爭是絕對的，但解決的辦法有兩類，一是採用對抗的方式，主要解決對抗性矛盾；二是非對抗的方式，主要解決非對抗矛盾。兩類矛盾是可以在一定條件下相互轉化的，所以，當用不同方式解絕不同性質的矛盾時，應採取正確的方針政策，促使矛盾向有利方面轉化。

《實踐論》與《矛盾論》的發表，是馬克思主義哲學在中國運用和發展的一個里程碑。它從多方面豐富和發展了馬克思主義哲學，表明一種符合新的時代需要、帶有鮮明中國民族特色的馬克思主義哲學已基本形成。毛澤東總結了中國革命的經驗，對教條主義進行了批判，特別充實和發展了馬克思主義的認識論和辯證法，是毛澤東哲學思想成熟和系統化的標誌，也是馬克思主義哲學中國化進程的重大突破。

抗日戰爭爆發後，以毛澤東為代表的中國馬克思主義者更加自覺地將馬克思主義哲學用於指導現實的革命活動，並依據豐富的實踐經驗發展馬克思主義哲

學，進一步推動了馬克思主義哲學中國化的發展，毛澤東哲學思想逐步成熟，並為全黨所公認。

　　毫無疑問，毛澤東哲學思想，既是對馬克思主義哲學體系的繼承，又是對它的豐富和發揮。它的基本理論特徵、基本原理和範疇，與馬克思主義哲學是一致的，是馬克思主義哲學在中國的運用和發展。但它又是對中國傳統哲學思想、特別是中國古代樸素的辯證法和認識論思想的批判繼承，是對中國革命實踐經驗的總結和概括，因而具有鮮明的中國特色。它的形成和發展，標誌著馬克思主義哲學中國化歷史任務的基本完成。

第六章

走向世俗：
民國的宗教世界

　　二十世紀初期，傳統宗教必須順應社會的進步和科學的發達而革新發展已成為一種世界性潮流，與世界各國有著錯綜複雜密切聯繫的中國亦深受其影響。變亂的社會、無助的民眾及其需求，再加上教內有識之士的順應時勢和積極努力，都導致民國的宗教日益走向世俗化，去圖存發展。

第一節 ·
入世達變
的宗教傾向

「若人生的問題一日不能完全解決，吾人性中有一部分非得宗教不能滿足，則中國絕不能無宗教」[1]。

民國時期，儘管面臨著科學等新思潮的衝擊，但很多宗教界的有識之士都是懷著上述信念積極地維護本教、發展本教，並積極參與當時的主要社會活動，使民國宗教呈現出明顯的「入世達變」傾向。

佛教人士入世的目的，按他們自己的話講，是「住持現代佛教，建立現代佛學，化導現代社會」。為此他們在行動上努力革新振興佛教：改教制、組團體、辦佛徒、建學校，並熱心參與社會公益事業。在思想上認真學習、研究西學新學，努力使佛學與當時的主要社會思潮接軌，化解新思潮對佛學的衝擊，減輕其對佛學生存的威脅。他們認識到「除自集團體，自謀增進，自圖發展外，絕無振興整理之希望」[2]。他們呼籲：「不可忽略了時間與空間變遷重要性」，「不可違背了時代歷史」，「不生存便是毀滅」[3]。為說明佛教入世的正確性，佛界人士還

1　張欽士：《國內近十年來之宗教思潮》，北京，京華印書局，1927。
2　范古農：《告全國佛教徒》，《佛學半月刊》第5卷，第21號，1935。
3　成德：《整興佛教應有的新認識》，《佛教公論》復刊，第17期，1947。

撰文反駁佛教是出世的傳統認識。

伊斯蘭教的入世，雖不像佛教那樣反復強調其入世的明確遠大的目標，但也是為了生存發展。伊斯蘭界有「促進回民社會的現代化」之說，並成立了中國伊斯蘭青年會等組織，但伊斯蘭教人士一直特別重視的入世活動是發展伊斯蘭教教育以及「提倡生產」。因為在當時的伊斯蘭教有識之士看來，「救愚救貧」是伊斯蘭教面臨的兩大重要問題。他們指出多數教徒「雖多能誦古蘭經，然僅能諷誦耳，不知其義也」。這就需要施以正規的伊斯蘭教教育，改正其「爭教不爭國」、「今世是漢人的，後世是穆民的」等錯誤觀念，發揮回民團結、勤勞、勇敢等美德，積極參與社會工作。而提倡生產可以解決教徒生活困難、教會資金不足、教育經費缺乏等問題。他們認為伊斯蘭教應「以發展教育為救愚之根本，而以提倡生產為濟貧之良方」，這樣才能爭取回民利益，提高伊斯蘭教的地位。

基督教原本有入世的傳統，在民國社會它因時而變，更多地建學校、設醫院、出書籍、辦雜誌，積極參與各種社會活動，為的是擴大影響，廣招各階層信眾，以使基督教成為中國社會的中樞力量。它號召信徒盡最大努力勸人入教，宣傳「上帝有幫助人得救的能力」[4]，勸化一個人入了教，就可以使他的靈魂得到拯救，並一度大有收穫。至於原因，基督教人士自己也很清楚，「絕大多數的教友是既愚且貧又病的。因為他們信教之初，或是有了病，無錢延醫吃藥，走投無路，只好來求耶穌來醫他們」[5]。基督教各教會還積極致力於社會慈善救濟事業，幫助那些需要救助的人，活動方式有施捨財物、領養棄嬰等。同時，還成立「中華民國拒毒會」、「道德會」、「養真社」、「改良會」等組織，從事破除迷信、戒煙禁賭、勸導妓女從良等改良社會的工作。這些社會活動都產生了良好的影響，以致連一些佛教徒也讚賞說：「耶教並沒有高深的教理，他之所以能生存世界上，且成為三大宗教之一，完全是依靠它對於社會慈善公益的事業努力，而博得人們的同情……他們這種為教為人博愛的心田和護教熱忱毅力的精神，實在值得我們採取的。」[6]

4　謝頌羔：《諸教的研究》，272頁，上海，上海廣學會，1935。
5　《中國基督教全國總公會公報》第20卷，第5期，1948。
6　《海潮音》第16卷，第8號，1935年8月15日。

除上述一般性的入世舉措外，各教人士還積極參與政治。因為宗教界有識之士認識到要順利改革振興宗教，進而創造「一種良好之社會，或優美之世界」，還得依靠政治力量。

佛界人士指出，人間淨土可以由人力去創造，但實行起來需要兩個重要步驟：第一，「須用政治的力量為實際施設」，即用政治手段開路，掃清社會上的沉渣障礙，為下一步的建設創造良好的條件；第二，「應依佛法的精神為究竟歸趣」，因為政治的能力、成績有限，「要將此有限變為無限，非求之佛教不可」[7]，只有依靠法力無邊的佛教，人間淨土才能最後建成。在這種思想指導下，抗戰爆發前，僧尼就欲參加國民大會代表的選舉，抗日戰爭勝利後不久，又提出佛教徒應「問政而不幹治」、「議政而不幹治」[8]，即可以做議員但不可做官，也確有佛教界人士當選為「國大」代表。

佛教界人士還涉足政治思想領域。一九二八年南京國民政府成立之後，佛教界就紛紛撰文，稱讚三民主義。「今三民主義者，能提取中國民族五千年文化，及現世界科學文化的精華，建立三民主義的文化。……故佛教亦當然依此而連接以大乘十信位的菩薩行，而建設由人而菩薩、而佛的人生佛教」[9]。為了說明佛教教義與三民主義有密切聯繫，一些人還把二者作了對比，認為佛家的平等主義與三民主義中的民族主義互為表裡；無畏主義，與民權主義相契合；改良心地主義，與民生主義彼此互助。

佛教界有識之士之所以「高抬」三民主義，主要目的在於取得官方的支援，以維持佛教的生存與發展。因為當時的社會環境、世事人心對佛教界並不利，帶著各種理由反對佛教的人甚多，佛教界人士自己總結的社會人士的反佛理由就有十條之多：違反儒道；破壞禮俗；危亡國本；崇拜偶像；滋生無用遊民；浪費財物；妨礙身心；不合時代潮流；不切實用；不重實際。此外，自清末以來的「廟產興學」風潮延至民國不僅沒有止息，反而時有大興之勢。一九二八年，第一次

7　太虛：《創造人間淨土》，《佛教評論》第1卷，第2號，1931。
8　太虛：《僧伽與政治》，《覺群週報》第1卷，第1期，1946。
9　《現代佛教》第5卷，第5期，1932。

全國教育代表大會在南京召開，國立中央大學教授邰爽秋提出了「廟產興學」議案，主張沒收全部廟產充作教育基金。後又組織成立「廟產興學促進會」，遂於社會上掀起軒然大波。直到一九二九年十二月，國民政府公布「監督寺廟條例」，規定「寺廟財產及法物為寺廟所有」，這一風波才告平息。可見，當時官方的支援與保護，對於佛教事業的存在與發展確實相當重要，這也難怪佛界人士要「高抬」三民主義了。

回族人士也「根據三民主義要求中國回族之自由平等」。[10]並列舉孫中山《建國大綱》第四條「……對於國內弱小民族，政府當扶植之，使之能自決自治……」國民黨第一次全國代表大會宣言「民國黨敢鄭重宣言，承認中國以內各民族之自決權」；國民政府行政院命令「國民政府基於此次政綱，對國內各民族各宗教，素來扶植保護，不遺餘力，回教人民，為中華民國重要之成分」等內容以為參政之依據。[11]

伊斯蘭教人士參與政治活動的各種思想傾向如下：中國回民有五千萬，應有成比例的政治權利，政府制定法律時，應考慮回民的實際情況，不能忽略；回胞應學習行使民權，參加選舉和一切政治集會，「糾正過去爭教不爭政的舊觀念」；分清政治思想與宗教信仰，不要把二者混為一談，「也不要把宗教作為政爭的工具」，「不要因政治而毀壞宗教」。[12]

對於民主政治的運作，他們也有自己的見解，認為首先應培養其實行時必備的各種條件。「條件為何？即樹立國民經濟基礎，提高國民法治精神，培養國民基本道德及普及國民各級教育是也」。[13]

基督教人士礙於該教的外來特性，沒有明言要參與各種政治活動，但實際上，基督教與民國政治的關係，遠比佛教、伊斯蘭教緊密。基督教對政界的影響要大於佛教、伊斯蘭教。孫中山、蔣介石、馮玉祥、宋子文等人都信耶穌基督，

10　《中國回民青年會臨時全國代表大會宣言》，《回民青年》第1號，1946。
11　達烏德：《中國回族運動》，《回族青年》第1卷，第1期，1932。
12　《回民青年》新2號，1947。
13　謝松濤：《論民主政治之路》，《回民青年》新2號，1947。

對基督教的活動也較為支持，教會事業得以接二連三地創辦，這是基督教注重在上層社會各領域擴大影響、發展自己的結果，更何況它背後還有歐美的支持。

基督教、伊斯蘭教、佛教等教人士還積極參加抗日戰爭，這是他們煥發愛國心，順應抗日時勢而達變自身的結果。九一八事變後，抗日漸成時代潮流，積極入世的宗教人士主張「國聯」應對日本「加以有力之裁制，以絕人類之亂源」[14]；強調宗教徒也是國民的一部分，也應肩負起守土抗戰的責任；抨擊不辨是非，助紂為虐的日本宗教徒「只知有日本的國家，而不知有世界的全人類」，「已成為日本軍閥的鷹犬」。[15]

七七事變後，基督教、伊斯蘭教、佛教等宗教界人士在行動上都曾組織救護隊、掩埋隊分赴戰地服務，組團到海外揭露日人欺騙宣傳，布施募款勞軍，甚至從軍、參加地下工作或遊擊隊，冒著生命危險掩護抗敵將士，對國家民族，有相當貢獻，並「使敵人陰謀詭計不攻自破，使敵人挑撥離間的夢想，完全成為泡影」。

在抗日理論方面，伊斯蘭教界人士指出，抗戰勝利，需要三個條件，「（一）堅忍奮鬥把敵人趕走；（二）以消耗戰促成敵人的崩潰；（三）靜候更有利的國際形勢的到達，以世界的力量解決暴敵。」而要實現這三個條件，就得堅持兩個原則，即自力更生和堅忍耐心，打消速勝的心理，做長期的努力。

論到抗日思想上的入世達變，則以佛教界為典範。

在一般人看來，佛教講究出世修行、戒殺生，而抗日救國則是入世行為，是鼓勵殺死殺傷敵人的，兩者有矛盾之處，人們為此呼籲佛教徒在國家危亡之時應「放下法器，舉起屠刀」。佛界愛國人士順應時代大潮，對傳統佛教理論進行了修正，指出「佛教本身，固無人我是非之分，但在世間之中安立佛教，自不能無情理也」。[16]世間的佛徒，也屬人類，而人類既有國家民族，當然要求能自由獨

---

14 隨緣：《停戰協定》，《現代佛教》第5卷，第5期，1932。
15 象賢：《忠告日本佛教徒》，《現代佛教》第5卷，第5期，1932。
16 法舫：《三屆泛太佛青會將在偽滿開會》，《海潮音》第18卷，第4號，1937。

立。所以佛教徒為保全國家民族的自由獨立，抵抗強掠，解除外力壓迫，完全屬於合理正當的行為，這也符合做人的道理。《護國般若經》教諭佛教徒，當所屬的國家有內亂和外患，國家需要保護時，佛教徒必須起而護國，護國之法，當「內聚眾力，外集多援」。中國三萬萬佛教徒抵抗日本對本國的侵略，就符合佛教「護國」的基本教義，也符合《護國般若經》的教導。中國一方面要自力更生；另一方面要聯合維持正義的國家，共同制裁日本，這樣就能取得徹底的勝利。愛國佛教徒最後指出，若不在現世降伏日本這一凶魔，佛教徒們就無法成佛，中國「若不能抗戰以達到最後之勝利，即不能建國而反為強寇所滅亡」[17]。

愛國佛教徒接著闡釋了「殺敵」與「戒殺生」的問題，認為二者並不矛盾，中國要想不被吞併或分割，則對於「外來的強鄰侵逼，尤非武力抵抗不為功」[18]。佛教徒是反對殺任何生物的，「但當侵略者破壞國家傷害人民時，則任何人皆負有抵抗之義務，為正義而引起戰爭慘殺，雖甚遺憾，然實不得已之事」[19]。

一些青年愛國僧人更是積極應時達變，一心殺敵護國。他們指出國家已到了生死存亡的關頭，已不允許愛國青年徘徊不前，青年僧人必須暫時告別「清修」生涯而去從軍，認為「以沸騰的熱血傾洗國族的恥辱，於情理上實屬應分，並與佛戒不相違背」。並引佛經教導為證，「於諸有情，應攝受者，能攝受之；應恐怖者，能恐怖之」，「見惡劫賊，為貪財故，欲殺多生，我寧殺彼墮那落迦，以憐憫心而斷彼命，由是因緣，於菩薩戒，無所違反，多生功德」。他們進一步闡釋說，對於日本軍閥的瘋狂，我們只能用武力去恐怖它，驅除它，這正是菩薩救世的行為。對於日軍肆意的燒殺搶掠，我們不得不選擇戰爭，為國家民族的自由正義而鬥爭，「以悲心入軍陣」，「以憐憫心而斷彼命」，制止日本強盜的貪心，挽救中國民眾的生命財產，這正是積善行德。

這些青年愛國僧最後大聲疾呼：「僧青年同志們，大家攜手上前線，為著悲心的激發，為了正義與自由，為了爭取民族的生存，為了光大佛教的前途，為了

---

17 太虛：《成佛救世與革命救國》，《海潮音》第20卷，第2號，1939。
18 太虛：《佛教和平國際的提議》，《人海燈》第4卷，第5期，1937。
19 天慧：《美記者訪問佛教領袖記》，《海潮音》第26卷，第5期，1945。

解脫人類的痛苦，不惜自我的犧牲，消滅日本軍閥，實現和平安樂的世界。走！」[20]

總的說來，民國宗教界的入世達變，是一種積極的主動求變，並不全然是外力逼迫的結果。它正說明了民國宗教界人士對現代宗教發展規律——參與社會的進步活動而變革發展——的適時把握和對由此而來的宗教與社會關係的重視，這種把握和重視的意義是應當肯定的。

它使民國宗教真正成為一種「人間宗教」。它關心世事，參與人們的各種活動，並在其中發揮積極作用，這有利於擴大自身的影響，有利於其各項事業的發展。

它還有利於民國人士辨證地看問題，直觀地認識宗教與迷信的不同本質。因為某種文化的內質，只有在其實踐活動中才最易使人弄清，對其進行靜止的研究，很容易得出片面的結論。通過對社會上宗教與迷信活動的比較，多數人始知二者有著很大的不同。首先，宗教有不把相對的視為絕對的，如不把受限制的東西或人視為絕對權威、視為神靈的一面，而迷信則把相對的東西或人視為絕對權威、視為神靈，並要求人們盲從盲信。其次，宗教有增長智慧、助人為善，使人道德水準提高的一面，而迷信助長愚昧、邪念，使人的素質全面下降。最後，宗教有使人超脫名利，精神境界提高的一面，而迷信使人迷戀私利，連求神拜佛都帶著功利動機。

---

20 繁輝等：《我們是一支降魔生力軍》，《海潮音》第26卷，第2期，1945。

佛教的革新與
佛教文化的活躍

民國建立以後，佛教由政府統管統護一變而為「信仰自由」、「自主自理」，失去了政府的保護，又外臨軍隊、新派人士甚或各級行政機構的侵奪寺產等一系列的侵害行為，其生存環境已變得艱難。而此時的佛教界，仍是教派林立，相互攻訐。天臺、賢首、淨土、禪等傳統八宗總的說來因循舊習，只圖自保，不思進取。太虛、歐陽漸等佛界有識之士則順應時勢，對有清以來的舊佛教進行大的變革，努力建設現代化的「人間佛教」，其影響也很大，使革新發展成為民國佛教的最大特徵。

一、「復古革新」與「納新革新」

民國伊始，直至二十世紀三〇年代中期，佛教界有識之士對佛教進行了變革，取得了一些成效。但由於沒能解決教徒良莠不齊、素質過於低下等問題，導致革新未竟全功。當時革新運動的領袖之一太虛在總結這次革新時曾指出：「內不容於腐化僻化之舊僧，外被牽迫於民眾之輕蔑於僧，於是除少數之高蹈遠舉者，多有反僧而從俗變化其生活者也。有此俗之僧奪與僧之俗變之二端，餘十年

來有計劃有組織有紀律之佛法救世運動，乃為之根本摧破」。[21]太虛此言有些偏激，事實上正是佛界的革新具有成效，才使民國的佛教文化脫胎換骨，日趨繁榮。

民國初年，佛教革新開展之前，中國佛教呈現如下狀態。

首先，是清末延續至民國初年的佛教的衰敝不堪。這種衰敝在教理上表現為「講教者唯知有法華楞嚴而已，修持者唯知彌陀一句，話頭一個而已。解陋行淺，於斯為極」。[22]在佛制佛事佛徒上表現為「試經之例停，傳戒之禁馳，漸致釋氏之徒不學無術，安於固陋」，以致世人這樣評價佛徒，「他們只是贅瘤似的釘在已經鋪了一段鐵道，或是已經堆起一道圍牆的人們身上，教他們再去勞力，勞作了來養他們。他們安分的，吃了睡，睡了吃，像豬似的等待死的來到。不安分的，還要鬧出一些不安分的行為。這個最大的贅瘤便是和尚、尼姑」，「現在的和尚道士……只是一些公開的騙子、體面的乞丐、變相的吸血蟲，和阻止時代車輪前進的妨礙者」。[23]這使佛界有識之士一方面不得不出面辯解，「社會的人們呵！你們勿誤認現在住居庵寺觀院的幾千幾萬個光頭—除了少數極少數的真正皈依我佛的和尚外—就是佛教的信徒。現在住在庵寺觀院的光頭，我看他們都不是佛教徒，都不是皈依釋迦牟尼的。你看釋迦所主張的理論他們有實行的嗎？你看現在和尚，終日不是念佛號和念咒語，便是吸煙飲酒。他們所討論不休的題目，有許多是釋迦牟尼所極不願討論的；他們所恬然做去的事，有許多是釋迦牟尼所禁止人做的。所以我大膽說現在的和尚，不是皈依釋迦的，另是方外遊民罷了」；另一方面也使他們痛切地認識到，再不及時革新、整頓佛教，佛教就要衰亡了。他們經常引用賈誼《過秦論》中的幾句話來提醒全體佛界人士急起革新自身，「亡六國者，六國也，非秦也。亡秦者，秦也，非天下也」。[24]

其次，清末楊仁山復興佛教的思想已得到廣泛認同。楊氏經營金陵刻經處

21 太虛：《十五年來海潮音之總檢閱》，《海潮音》第16卷，第1號，1935。
22 顯教：《中國佛學界最近思潮之觀察》，《海潮音》第6卷，第3期，1925。
23 《中央日報》副刊，第137期，1935-01-18。
24 黃懺華：《對於現在一般僧眾的觀察》，《海潮音》第16卷，第2號，1935。

五十年，刻經約三千卷，其中包括很多宋元以後在中國佚失的重要佛教著作，這就大大促進了佛教思想的傳播。楊氏還積極興辦佛教教育事業，他創立的「祇洹精舍」，「佛學研究會」培養了很多「高才」，後來成為民國佛教革新運動領袖人物的太虛、歐陽漸都曾做過他的學生。

民國建立以來佛教還不斷受到科學等新思潮的衝擊。科學影響力之大，使太虛等有識之士不得不宣稱佛教徒也應該以科學為本，並身體力行，提倡學習科學，努力使佛學與科學接軌，並順應科學的進步而革新發展，以摒除「迷信」的惡名。他說：「現在是科學發達的時候，專尚物質文明，無論什麼必須考驗其有否真憑實據之存在。所以因神而設及不可審實的宗教均難存立。」但佛教並非因神而設，佛祖釋迦牟尼只是「生於人世之一有情，而非所謂神祕之神道類。不過人格偉大、智慧圓滿、道德超拔、慈悲深厚之一人」。他之所以被人們稱頌，是因為他發現了宇宙人生的真理，這和科學家因發現事物的定理而被人們讚揚是一個道理，因此說佛教是無造物主無靈魂說的無神宗教。總之，「余之所取於佛教者，乃佛教之最上層究竟義耳。若通盤論之佛教，實兼有多神一神無神之性質者也，但就佛教之最上層乘與究竟義而論，實不可以尋常之宗教性質限之。其發揮無神之真理，最為透徹」[25]。

民國佛教界的上述現狀，使有識之士迫切要振興佛教，使佛教適應時代潮流、趨向現代化。歐陽漸和太虛都為此奮鬥了一生。只是前者致力於佛教學術研究的現代化，而後者著力於僧伽制度的現代化。

民國的佛教革新，主要有兩部分組成：一是歐陽漸倡導的以原始印度佛學、唐代唯識學來革新唐末以來中國傳統舊佛學的「復古革新」；一是太虛領導的吸收現代新文化、新體制，革新舊佛制、舊佛事、舊佛徒的「納新革新」。

歐陽漸提倡學習和研究印度佛典，特別是俱舍、瑜伽、般若、涅槃這四類，認為這樣才能「先得佛之知見，念念皆一切智智」。他通過研究，指出從印度瑜

25　太虛：《無神論》，《佛化週刊》，第121期，1929-09-08。

伽行派發展而來的唐代法相唯識學實際上分為法相、唯識兩學。「蓋彌勒學者，發揮法相與唯識二事也，初但法相，後創唯識。……是法平等曰法相，萬法統一曰唯識，二事可相攝而不可相淆，亦複不可相亂」。[26]

這就打破了認為法相和唯識是一種學的傳統觀念。歐陽漸的看法得到了一些人的贊同，如章太炎就評價說：「謂其識足以獨步千祀」。

對於中國傳統佛學精華所在的禪、天臺、賢首（華嚴）宗，歐陽漸則提出了批評。指出中國的禪宗已非印度的法理嚴密的禪學，中國禪宗動輒主張廢棄文字，置經論於不顧，只為口頭禪，導致了佛法真義逐漸隱沒不彰。他對天臺、賢首兩宗，則進行了根本否定，其方式，是先斷析兩宗的理論依據《楞嚴經》和《大乘起信論》是「偽說」，然後再順理成章地否定兩宗。他說：「賢首、天臺欲成法界一乘之勳，而義根《起信》，反竊據於外魔。蓋性體智用樊亂淆然，烏乎正法？」[27]並認為唐代唯識學已將這兩宗斥破，「一切覊陰蕩滌盡」，人們更不應該相信兩宗的偽說。

歐陽漸的大弟子呂澂撰文指出，天臺、賢首兩宗主要的偽說是「性覺說」，而實際上，佛教真正的本義是「性覺說」[28]。他還認為，中國傳統佛學禪、天臺、華嚴、淨土、密宗都是建立在這種錯誤的「性覺說」基礎上的，因而都沒有多大價值。「我國佛法自奘師一系中絕以來，正統沉淪，經千餘載。其間雖然禪密台淨之繼起而盛，然於佛法精神背馳日遠」。

歐陽漸等人論證了什麼是真佛學，什麼是偽佛學，指出信仰前者的佛徒才是真佛徒，反之則是偽佛徒。他說：「中國內地，僧尼約略總在百萬之數。其能知大法，辨悲智，堪住持稱比丘不愧者，誠寡若晨星。其大多數皆遊手好閒，晨夕坐食，誠國家一大蠹蟲，但有無窮之害，而無一毫之利者。」認為如果對這百萬

---

26 歐陽漸：《辨唯識法相》，《內學雜著》，支那內學院蜀院，1942。
27 歐陽漸：《楊仁山居士傳》，《學思文粹》第10卷，1947。
28 「性覺說」認為眾生的本心是宇宙萬物的本源，其本質是清淨的，妄念煩惱是心所產生的，其本質也是清靜的。眾生只要覺悟了這一點，就會止息妄念煩惱，恢復本心清淨。「性寂說」認為眾生的本心本來清靜，是不會為騷動不安的、偶然發生的煩惱所動搖的，二者並非同類，只要去除妄見，就會去除煩惱得到解脫。

僧尼進行精細嚴格的審查，真正合格的佛徒「至多不過數百人」。其餘的假佛徒，他建議把他們清理出去，讓他們還俗，去當農民，去工廠做工，去經商，或者去讀書。

太虛等人的佛教革新，主要體現在佛制佛事佛徒方面，核心是「整理僧伽制度」。

「整理僧伽制度」是太虛在一九一五年提出來的，以後太虛及其領導下的革新人士一直圍繞它從事佛教革新活動。以至於後來他的「大將」印順和芝峰乾脆說：「現在中國佛教的情狀呢？不是當先『律』、『禪』、『教』、『淨』那樣的爭見了，據說是在『新』、『舊』之爭。其實曾有什麼在學理上運用方法的『新』、『舊』之爭呢？沒有。乾脆地說句吧：新的只是主張『整頓僧伽制度』，舊的呢要『一切守舊』。」[29]

太虛在解釋這樣做的原因時說：「辛亥革命成功，中國既成立了共和立憲的國家，僧伽制度也不得不依據佛制加以適時的改變，使成為今此中國社會需要的佛教僧寺」。換句話說，建立人間佛教，並促使佛制佛事佛徒趨向現代化，是太虛整理僧伽制度的主要動機。

太虛的這一動機，可以從他給《海潮音》和《現代僧伽》兩個刊物確定的宗旨中看出來。他給兩者確定的宗旨分別是「發揚大乘佛法真義，應導現代人心正思」；「團結現代僧伽，住持現代佛教，建立現代佛學，化導現代社會」。

「整理僧伽制度」，就是改革佛界叢林制度。第一步是建立新式佛法僧團，作為全國各地叢林的模範，以及全國僧徒的「綱紀」，使後者學習遵行，從而改善整個佛教叢林，並提高全體僧徒的素質。然後把中國所有的佛寺歸入大乘的天臺、華嚴、淨土、禪等八宗管理，再把八宗的最高管理機構「持教院」組織聯合起來，成立一個中國佛教最高管理機構「佛法僧團」。再把居士團體吸收進來，使佛教成為現代的有系統有組織的宗教。

---

29 《現代佛教》第5卷，第5期，1932。

需要指出的是，整理僧伽制度的做法，明顯地是在仿效天主教的方式。當然，也參考了一些日本寺院的組織形式。在中國佛教教派林立，互不統屬互相攻訐，教徒品質又普遍低下的情況下，它實行起來難度極大，這一點為後來的實踐所證實。太虛自己也很快認識到，沒有政府的支持，對僧伽制度的整理工作難有大的進展。但當時中國內外紛亂的形勢，使蔣介石無暇他顧，儘管他支持太虛並與其私交甚篤。抗戰勝利後，在太虛的敦促下，國民政府終於成立了全國佛教整理委員會，制訂並公布了整理全國佛教的計畫和章程，並請太虛主持實行。不久內戰爆發，太虛又在一九四七年病逝，整理工作宣告停頓。實踐上的艱難，並不意味著太虛整理僧伽制度運動的完全失敗，在某種程度上它又是成功的，因為它的精神，使佛教組織、佛教事務、佛教教徒適應時代、趨向現代化的精神，在當時獲得了佛教界的普遍贊同。

　　總之，在太虛這一派改革者看來，佛教改革，重在制度的除舊布新，而其關鍵，又在於舊教徒的改造或清除以及新教徒及其組織的培養和建立。他們主張對守舊但還堪造就的舊佛徒進行教理教制和新學方面的教育，使其變新，而對於混飯吃、已不堪造就的舊佛徒則可「寬許還俗以除偽」。太虛明確地講：「已出家的人，不能守僧人的規則，盡可聽其還俗，以彌此濫雜之弊」。

　　總結起來，歐陽漸和太虛的佛教革新，既有相同點又有不同點，就不同點而言，前者是「復古革新」，後者則是「納新革新」。

　　歐陽漸等人大力提倡古代的印度佛學，以斥破中國傳統佛學，前者是復古，後者是革新。復古是為了正本清源，還佛學本來面目，革新是為了順應時代。不正本清源就沒法使佛學去除痼疾，順應時代；不順應時代就會一味因循保守，難以去對佛學正本清源。因此，在歐陽漸等人的佛教革新思想中，復古與革新是有機結合，交相為用，互為調劑的。

　　太虛等人引西學新學入佛來改革舊佛教，前者是納新，後者是革新。納新是為革新提供理論依據，革新使納新的成果得以應用。二者在太虛等人的改革思想中交互為用不可取捨。太虛在解釋《海潮音》的宗旨「發揚大乘佛法真義，應導現代人心正思」時，明確指出現代人心「即現在周遍人世的新思潮是也」。他雖

然表面上說要以大乘佛法的大義做新思潮「正思維的標準」，但強調的是大乘佛法的「真義」。這個「真義」首先得是「應」即適應、應和新思潮的，然後才談得上指導後者。太虛之所以這樣含蓄，顯然是經過了深思熟慮，意圖是減輕吸收新思想入佛，用以革新舊佛教理論的阻力。

對於歐陽漸和太虛佛教革新的這兩個不同特徵，當時的一些人士也有所認識。他們把這次革新運動稱為中國歷史上第三次佛教整興運動，肯定它是「對於千餘年殘局之反動，而以復古為其職志者也」，是復古與革新巧妙結合的產物。

歐陽漸與太虛的佛教改革，有兩個相同點：他們都把清除偽佛徒作為佛教革新事業的重要內容，視其為革新成敗的關鍵，並做了大量的工作；都注意把西方的科學方法引入佛學研究領域，使「近代之佛學，不重談玄說妙，而在實事求是」。

民國的佛教革新，雖然其目的，即對外挽回佛教佛徒的聲譽，對內整興圖存，促使佛制、佛事、佛徒現代化沒有完全達到。但革新仍有其值得肯定的積極意義。它至少在三個方面發揮了重要作用：一是有助於教外人士在思想上減輕對佛教的誤解，並萌發其對佛教革新事業的關注。二是使很多佛界人士認識到了提高佛教品質的重要性和緊迫性。當時，連守舊派的代表人物印光也認識到了「哲人日希，法範日凋，法門無人，外侮常侵。改寺興學，時有所聞。直至今日，危乎其危！若不整頓，立見傾頹」。這就不僅有助於當時佛教革新的主流改革僧伽制度的開展，而且推動了多項佛教事業順應時代的發展而日益現代化。三是開拓了佛徒的視野，解脫了佛徒思想的桎梏，促進了佛教文化的繁榮。

二、活躍的佛教文化

民國佛教文化的繁榮，主要體現在以下五個方面。

（一）各派佛學的百家爭鳴

歐陽漸是唯識學巨擘，他以印度的瑜伽系佛學為準繩，推崇虛妄唯識宗，但對華嚴、般若、涅槃諸學也有深入的研究。《竟無內外學》二十六種是其代表性著作。太虛是出家新派的首領，其思想融貫中西學，崇尚真常唯心系，著有《道學論衡》、《楞嚴攝論》、《楞嚴研究》、《起信論研究》、《覺社叢書》、《佛乘宗要論》、《唯識新論》、《維摩詰經講義》等佛學書籍。月霞是華嚴宗的代表，對傳統華嚴系佛學如杜順的法界觀及法藏、澄觀的著作都有研究，經常赴各地講授華嚴典籍《楞伽經》、《維摩經》、《華嚴經》，有《維摩經講義》等書存世。弘一將南山律宗發揚光大，對佛家戒律之學研究最精，著有《四分律比丘戒相表記》、《南山律在家備覽要略》等佛籍。諦閑組織觀宗學社、弘法研究社弘傳天臺宗教義，著有《圓覺經講義》、《大乘止觀述記》、《教觀綱宗講義》、《金剛經新疏》等。諦閑弟子倓虛、道階、默庵也積極地宣講天臺宗。印光為淨土宗第十三祖，在他的大力弘傳下，該宗在佛教界影響很大，皈依弟子遍及海內外。著有《淨土決疑論》、《印光法師文鈔》等。禪宗的代表人物虛雲積極主持南華、雲門等道場，宣講禪學，力圖保持該宗的影響。各派人士還紛紛創辦自己的刊物，宣傳自己的教義思想，當時著名的佛教刊物有《海潮音》[30]、《佛化新青年》、《佛學月刊》、《佛學叢報》、《覺群週報》、《中國佛教季刊》、《現代佛教》、《正信》、《世間解》、《覺有情》、《佛海燈》、《佛化週刊》、《人間覺》、《圓音月刊》等幾十種。

（二）現代佛教團體的組建

一九一二年，敬安、道階等僧人發起成立了中華佛教總會。一九二九年，中國佛學會成立，太虛為會長，不僅吸收佛徒參加，而且吸收不信佛但又研究佛學的人士參加。該會定期舉辦佛學研究會、座談會。一九三〇年，太虛、圓瑛、諦閑等人在上海召開全國佛教會議，成立中國佛教會，以之為全國佛教的最高機構，但不久新舊兩派失和，該會名存實亡。總的說來，民國時期，全國、各省區

---

30 民國最著名的佛教刊物，創刊於1920年1月，太虛、唐大圓等人曾為其編輯。該刊內容豐富，中外、新舊佛學一併介紹，尤大力倡導佛教革新。1949年4月在內地停刊，共出版30卷。

都建立過佛教協會等現代團體，起了一些作用，但未能發揮大的功用。

南京金陵刻經處研究部合影

（三）佛教教育的現代化

民國佛教界受西方、日本新式教育的影響，開始對佛教徒進行現代學院式教育。全國各地，由出家僧和居士創立的佛學院為數不少，最著名的是歐陽漸創立的支那內學院和太虛創立的武昌佛學院。支那內學院一九二二年成立於南京，辦學宗旨為「闡揚佛學，育材利世」。設教學、研究、述譯、考證等學科，及刻經、宣傳、藏書等事科。學校成立頭五年，著重於教授學生法相、唯識要典；倡導居士可以住持佛法，奠定居士道場之基；編印唐代唯識學著作。一九二八至一九三七年著力於整理佛典，編《藏要》三輯，共三百餘卷，收佛典五十餘種。一九四〇年編印《精刻大藏經》，一九五二年停辦。共培養學生數百人。

武昌佛學院成立於一九二二年，開設有法相唯識學、傳統佛學、中國哲學、西洋哲學等課程，一九三二年學院設立了世界佛學苑圖書館，藏書二二四二八種。學院的學生可以自由地研習各派佛學教義和科學、哲學、外文等新知識，並

將其融會貫通，以期養成學通中西、富有革新精神的新一代佛教人才。武昌佛學院因其獨特的辦學風格而很快名震全國，成為僧學子們的嚮往之地，為僧學教育開創了一個新局面。在太虛、歐陽漸等人的帶動下，各地佛學院紛紛成立，較有影響的有閩南佛學院、江南佛學院、法源寺佛學院、河南佛學院、漢藏教理院、華南佛學院、華嚴大學、極樂寺佛學院等。這其中有的為革新派創立和主持，有的是由月霞等守舊派建立的。

佛教界還派人赴德國、日本、印度、斯里蘭卡等國留學，學習古印度佛學、密宗、小乘佛學及梵語、巴厘語等。其中學成回國並較有成就的有持松、顯蔭、王弘願等人。

上海還成立了佛學書局，專門印行佛學書籍。佛學熱使其他非專業書局也紛紛印行與佛有關的著作，如丁福保的《佛學大辭典》等。

（四）佛學研究的興盛

1. 佛界舊派對佛學的研究　具體而言，是指禪、天臺、華嚴、淨土、律諸宗人士及其團體對傳統佛學的研究。他們研究成果頗豐，出版了一批專著。研究範圍，涉及《大乘妙法蓮華經》、《楞嚴經》、《金剛經》、《維摩詰經》、《阿彌陀經》、《地藏經》、《梵網經》、《心經》、《四十二章經》和《大乘起信論》等。

2. 太虛新派的佛學研究　太虛的弟子中，法舫研究小乘佛教，大勇研究密宗，至於印順，在印度大小乘佛學的澄清疏解方面，當時少有人能與之並駕齊驅。他把大乘佛教分為性空唯名、虛妄唯識、真常唯心三系，認為性空唯名系最權威、最究竟，這就與其師太虛的觀點有根本的不同。印順的觀點得到了世界佛教研究界的認同。印順著述頗多，有《般若經講記》、《大乘起信論講記》、《佛法概論》等四十餘部佛學、佛學史著作。

3. 居士的佛學研究　這又以歐陽漸、呂澂、王恩洋、韓清淨等人為代表。呂澂精通日、英、梵、藏、法、德等多種外語，對印度古佛學、中國傳統佛學、藏學等都有深入的研究。著有《中國佛學源流略講》、《印度佛學源流略講》、《因

明綱要》、《西藏佛學原理》、《新編漢文大藏經目錄》等。王恩洋研究唯識學，著有《佛法概論》、《八識規矩頌釋論》等書。韓清淨是北京三時學會的主持人，也是唯識學大師，撰有《瑜伽師地論科句披尋記叢編》等。另外，梁漱溟年輕時篤信佛教，曾以居士的身分對佛教進行過研究，我們在這裡順便加以介紹。梁漱溟認為佛學即佛教、佛法，都是指「釋迦牟尼佛（Sakyamuni）一代所說之教法」。而佛的意思是覺悟，「自覺覺他，覺行圓滿，故名為佛」。他覺得「佛法」的稱呼最合適，因為佛的教法既有別於通常宗教，又不屬於學術一類，因此「稱之為佛教或佛學皆覺未適，故余恆稱之為佛法。然佛法實宗教也」。對於有人提出的佛法即哲學的看法，梁提出反對，認為佛法不是哲學，但佛法中確實包含有哲理，哲學家可以搜集、研究之，但不能把佛法視為哲學，佛法是一種最高級的宗教，也即「圓滿的出世法」。

揚州普通僧學堂合影

　　梁漱溟接下來就對「宗教」的意思進行了解釋，「所謂宗教的，都是以超絕於知識的事物，謀情志方面之安慰勖勉的」。梁的話用通俗一些的語言來講，就是：宗教，就是用人類現有的知識以外的事物，謀求使人類的情感、心靈獲得安慰勉勵的東西。「超絕」的意思，是「在現有的世界之外」。梁漱溟認為，宗教

對於人類「是有他的必要，並且還是永有他的必要」，「宗教無疑是人類在其文明史上所有的一偉大作品……宗教殆且與人類命運同其終始」[31]。梁這樣講，是因為他覺著人類的生活多是靠著希望來維持的，而宗教可以維持人類的希望。而且，宗教對於人類社會還起著「統攝團結」、「統攝馴服」的作用，使人們因一個共同的信仰而凝聚在一起。

而佛教這種宗教，在梁漱溟看來，除具有一般宗教的上述特點外，還有兩個重要特徵，一是「出世間」，二是「救拔眾生」。梁漱溟講，其他宗教倡言救世，都是為了謀求人類的生存發達，其範圍只限於人類，而佛教倡言救世，則不限於人類，而是遍及眾生。佛不以人間為樂土，而倡導「涅槃」出世，進入聖界，且六道眾生皆拔脫輪回之苦，同入極樂世界。他強調說：「佛教者，以出世間法救拔一切從生者也。（眾生或稱有情，一切含生者之謂也）故主出世間法而不救眾生者非佛教，或主救眾生而不以出世間法者非佛教」[32]。這裡又引申出一個問題，即梁漱溟對大乘佛教和小乘佛教的看法。因為他不止一次說過：小乘講出世，只重個人修得「涅槃正果」，因此「偏而未圓」；而大乘提倡出世又入世，「不舍眾生」，「利濟群生」，因此「圓滿圓融」。按照他所講的佛教的兩個獨特而重要的特徵，小乘教顯然與「救拔眾生」這一條不符，梁倒沒有因此否定小乘教是佛教，而只講它是「原始佛教」，但大小乘佛教在他心中的地位是不言而喻的，很顯然，他是推崇大乘佛教的。

對於佛教教理，梁漱溟在《印度哲學概論》一書中有詳細的說明、論述，對其具體內容，我們在這裡不作介紹，而主要來談一下梁漱溟自己對佛理的一些獨特看法。

他認為佛教教義中的「阿賴耶識」說，是「證覺本原」之說，它能使人「究」出世間諸苦的根源；使人明白「無性」也即真實自性是人的本心本性，是人一切痛苦快樂和世間萬物的「元」，也即產生的根源。

31 《人心與人生》，《梁漱溟全集》第3卷，688頁，濟南，山東人民出版社，1990。
32 《與張蓉溪舅氏書》，《梁漱溟全集》第4卷，489頁，濟南，山東人民出版社，1990。

而「阿賴耶識」說不能靠推理、常識得知，它是不可思議的，「不原於見聞覺知」，而只能靠人的覺性直接感知。之所以如此，是因為「阿賴耶識」說是世界的「元始問題而究竟問題也」。那麼，在梁漱溟的眼中，「阿賴耶識」到底指什麼呢？他講，「阿賴耶識」，即「《起信論》云：『不生不滅，與生滅和合，非一非異，能攝一切法生一切法』者是也」。這也就是說，在梁看來，「阿賴耶識」是《大乘起信論》上所說的一切眾生都有的同一種東西，這種東西不生不滅，集生滅於一體，能夠統攝萬物生成萬物。

4. 學術界對佛學的研究 在這方面較有成績的有熊十力、梁啟超、陳垣、湯用彤、胡適等人。熊十力曾師從歐陽漸學習唯識論，但後來由佛入儒，創立了新唯識論。該論的主要內容是「離心無境」說。熊十力認為傳統唯識學主張「唯識無境」，是把「識」與「境」截然分開了，實際上二者是「體」與「用」的關係，是互為依存的。因此應該說「離心無境」，即萬物是通過人的本心顯現出來的，離開了人的本心，萬物就無從顯現。反之，人的本心的種種作用也只能通過外在事物得以顯現。人的本心，就是指人類與天地萬物所同具的本體，也即包括人在內的天地萬物的本體。「境」則指物的現象和心的現象，也即萬事萬物，萬事萬物是一種「真有」，只不過不離開人的本心而獨立存在。他說：「唯識為言，但遮外境，不謂境無。以境與識同體不離，故言唯識」[33]。而不是指的什麼「唯識無境」。

這樣，熊十力就給了佛學中的唯識學新的詮釋。他接著解釋說：「唯者殊特意，非唯獨義」，唯識學講的不是什麼只有識，沒有萬事萬物；唯識學真正的主張是：識是一種特殊的本心，它是宇宙的本體，萬事萬物不能離開它而單獨存在。

這樣，熊十力就通過重新解釋佛學原理而建立於一種新佛學理論。

熊十力的新佛學還包括他的佛教哲學說。他講：「佛家哲學，以今哲學上術

---

33 熊十力：《新唯識論·唯識》初版本，杭州，浙江圖書館，1932。

語言之，不妨說為心理主義，所謂心理主義者，非謂是心理學，乃謂其哲學從心理學出發故」[34]。在宇宙論方面主張，「三界唯心」、「萬法唯識」，主張萬事萬物都不離開人的本心而獨立存在；在人生論方面，它以人心去除污染，求得清淨，使人能達到智慧境界，去苦得樂為人生的最高祈望；在本體論方面，它主張人的本心就是宇宙的本體；在認識論方面，它認為真理的獲得，始於解析之法，再通過證會的過程，最後止於想像揣度。

對於佛學的價值，熊十力也有所論述，他講：「佛家於內心之照察，與人生之體驗，宇宙之解析，真理之證會……皆有其特殊獨到處。即其注重邏輯之精神，於中土所偏，尤堪匡救」[35]。

梁啟超對於佛學研究，做了很多開創性的工作。他在研究中，堅持歷史學的考據、辨偽方法；注意地理學與佛學的關係；注重整理、研究佛典，特別是原始佛典；把目錄學引入佛學研究，強調佛教經錄的價值。其研究成果頗豐，著有《飲冰室佛學論集》等。

陳垣對於佛學的研究，主要在佛教史方面。著有《中國佛教史籍概論》、《明季滇黔佛教考》、《清初僧諍記》等書。他見微知著，明察秋毫，在學術界頗受推崇。

湯用彤著有《漢魏兩晉南北朝佛教史》、《隋唐佛教史稿》、《印度哲學史略》等書，在佛教史研究上享有很高的地位。

胡適運用西方及乾嘉的治史方法研究禪宗，對禪宗史頗有研究，對禪宗人物、典籍也很了解，考證出了《六祖壇經》是偽經。但他沒有自己的對於佛教大義、佛教整體特徵等的宏觀認識，而之所以會如此，按耿雲志的話來講，就是「他的著眼點和用力處不在佛教的教義和禪宗的禪法透解，而重在揭示歷史」。胡適本人後來則乾脆說：「我必須承認我對佛家的宗教和哲學兩方面皆沒有好

---

34 熊十力：《佛家名相通釋》，北京，中國大百科全書出版社，1985。
35 同上。

感……禪宗佛教裡 90%，甚或 95%，都是一團胡說、偽造、詐騙、矯飾和裝腔作勢」。[36]

（五）佛學與西學的交涉、交融

在這一問題上，有關各方也是百家爭鳴。在佛學與科學的關係上，既有「科學為本論」，又有「佛學超科學論」、「佛學統攝科學論」；在佛學與民主、自由、平等、博愛等新思潮的關係上，佛界人士一方面肯定後者的價值；另一方面又指出其不足，並在對比了佛家和世人的民主、自由、平等、博愛觀後，總結指出：佛家所說的民主、自由、平等、博愛，要比世人所言高明得多。世人所言「根於權利，故其所豫期者，不必能實現，而先已召亂」，而佛家所言「根於心性，故其果報也，得涅槃大樂；而其華報也，善人滿地，世成吉祥」。因此人類要獲得真正的現代政治文明和精神文明，只有「宏揚佛化，隨順佛心」；在佛教與基督教的關係上，當時佛教與基督教基本上是和平相處、各求發展的，但由於雙方所處的外在環境相同，內部存在的教徒素質不齊、因人損教等問題相近，所面臨的順應時代、改革圖存、振興自身等任務相似，因而也有所交流，甚至發生爭執辯論。兩教各有一些人撰文，對比評論雙方的教義、思想。總結起來，共有四種代表性論點，即「佛耶相同論」、「佛耶相異論」、「佛耶同異兼具論」、「佛耶取長補短論」。儘管大家意見不一，但有一點是佛界多數人士承認的，即基督教有三個長處值得佛教界學習：不離世間，建設人間宗教；以革命的精神來闡發教義；屬行社會慈善公益事業。

作為補充，我們還想介紹一下民國時期的民間佛教文化。當時禪宗、淨土宗在民間最為流行，因為這兩宗的說教和成佛方法最簡宜。觀世音菩薩、地藏菩薩、阿彌陀佛和彌勒佛是一般民眾最崇信的佛教神靈。

民眾拜佛的主要形式有燒香、叩頭、吃素、念佛、上供、施捨、許願還願及

---

36 潘平編：《胡適說禪》，北京，東方出版社，1993。

自發參加各種佛教節日，如陰曆四月初八的佛誕節、二月十五的佛涅槃節、七月十五的盂蘭盆節等。這些活動因人因地而稍有不同。如吃素，有的人長年吃，有的人則分期吃。一些人吃「觀音素」，「自二月朔持齋，至是日（十九日）……六月、九月朔至十九日，皆如是」[37]。

吃素、念佛、上供多是在信徒家中進行，而燒香、叩頭、施捨、許願、還願等大一些的佛事活動則多在寺廟中進行。當時寺廟把這些居士分為三六九等，對於官員、富人，多由方丈親迎，並好吃好住好招待，親陪上香，親受施捨。而這些人每次到寺，也刻意講排場、擺闊氣、為顯示自己，也每每出手大方，施捨寺廟銀錢，特別在還願時更是如此。對於一般信徒，「則是任其來往，稱為是『隨喜群眾』，只有寺內一般執事招待」[38]。

信徒到寺廟叩頭、燒香、拜佛，一般是遇到了大事、難事。他們認為觀音菩薩心腸最軟最好，所以重點參拜觀音。信徒們「群往（寺院）拈香頂禮，尤以婦女為盛。多有聯集觀音會，釀資為禮神用費，熱鬧極盛」[39]。

寺廟中的和尚、尼姑從事的社會性質的佛事活動主要是為有錢的信眾做水陸佛事、吉祥道場或薦亡道場，總稱水陸道場。地點可在寺廟內，也可在信徒家。水陸道場費用大，用人多，一辦就是七天，「迎神請鬼，普濟孤魂，晝夜不斷，經聲佛號，鐘鼓齊鳴，法器齊奏，真是別有洞天」[40]。花錢舉行這種佛事活動的信徒，有的是為了追悼逝去的親人，使其超升西方極樂世界；有的是為自己延年益壽，求福免難。

最熱鬧的佛事活動多發生在佛教節日裡。除隆重的紀念活動外，還要舉辦打七、念佛、念經、拜懺、祝願等活動。因為是佛的節日，所以信徒們格外虔誠，紛紛向寺廟捐錢捐物，還要舉行儀式。最隆重的儀式叫「十供養」，又名「十獻」，即獻香、獻花、獻燈、獻果、獻茶、獻寶、獻如意、獻衣等。其中以「獻

37 胡樸安：《中華全國風俗志》下篇卷三，45頁，上海，廣益書局，1923。
38 《文史資料選輯》第20輯，207頁，北京，中國文史出版社，1990。
39 胡樸安：《中華全國風俗志》下篇卷七，14頁，上海，廣益書局，1923。
40 《文史資料選輯》第20輯，203頁。

寶」為最表誠心。所獻之寶，計有金元寶、金戒指、金手鐲、翡翠飾品、玉石飾品、銀具、珍珠、瑪瑙等，至於金錢布施就更多了。

第三節 ·
致力於「中國化」的基督教

民國建立以後，中國政府一再聲明對各種宗教一視同仁，基督教在中國遂有了驚人的發展。以新教為例，一九〇六年，教團有八十二個，宣教師有三八三三人，信徒十餘萬人。一九一三年，宣教師就增至五三九四人，信徒則達二四五九五九人。到了一九三五年，全國新教教會有七二八一個，信徒達百萬餘人。[41]而天主教徒在一九三六年約有二八十萬人。[42]天主教、新教各教團，除積極傳教外，還致力於各種社會事業，如辦大學、中學、小學、幼稚園、孤兒院，設醫院、書局、救濟所等。據一九三七年的統計，是年教會男子中學有一百所，女子中學有九十五所，男女合校的中學有五十四所，共計二五九所，學生五萬餘人。教會大學有十五所，為上海的聖約翰大學、震旦大學、滬江大學，北京的燕京大學、輔仁大學，濟南的齊魯大學，南京的金陵大學、金陵女子學院，蘇州的東吳大學，成都的華西協和大學，杭州的之江大學，武昌的華中大學，福州的福建協和大學、華南女子文理學院，廣東的嶺南大學。教會書局有一三〇家，僅一九三五年

---

41 邵玉銘：《二十世紀中國基督教問題》，57頁，臺北，正中書局，1980。
42 顧長聲：《傳教士與近代中國》，322頁，上海，上海人民出版社，1981。

就出版基督教叢書四千餘種，教會期刊也為數眾多，抗戰前中文雜誌有二一一種，英文雜誌有二十七種，合計總數為二三八種。教會醫院及診療所一九三七年達二七一家。另一方面，中國的自治教會，也逐漸增加並不斷發展，終至遍及中國各地，還遠及海外，使中國基督教呈現出日益「中國化」的新局面。

民國時期基督教不斷「中國化」，確實是該教的一大特點。由於當時中國半殖民地化的現狀以及其他一些不利因素，直到一九四九年這一進程也未完成。談到導致這一歷史現象產生的因素，很多學者都把它歸結為反帝愛國運動的必然結果。而實際上，基督教的「中國化」，是中國民眾鬥爭和外國傳教士及其領導機構適應中國形勢的變化轉變策略的雙重結果。這一進程的速度、規模、深入程度都受兩個因素既妥協又鬥爭的具體情況的影響，二十世紀五〇年代初基督教最終徹底的中國化，則是以實力為後盾的第一個因素完全壓倒了後一個因素的結果。

一、天主教的「中國化」策略

民國建立以後，中國民眾的民族意識日益高漲，民主、平等、自由等現代思想也日漸深入人心。面對這種形勢，羅馬天主教會作出了中國教區的天主教本土化的決定，以求得天主教在中國的繼續生存和發展。一九一九年，教皇本篤十五世明令，「由於天主教對任何國家來說都不是外國的，因此，每一個國家應當培養它本國的神職人員」[43]，中國的天主教會必須儘快起用中國人做神職人員。一九二二年，新教皇庇護十一世繼位不久，就派剛恆毅為教皇特使出使中國，具體實施天主教「中國化」的計畫。

一九二四年，剛恆毅在上海主持召開了中國教區第一屆主教大會，提出必須迅速使天主教會中國化。大會決定重劃中國教區為十七個大教區，即山東、山西、河南、陝西、河北、東北、內蒙古、湖北、湖南、四川、江西、浙江、廣

---

43 德禮賢：《天主教會在中國》，65頁，上海，商務印書館，1934。

東、福建、蘇皖、黔桂滇、甘肅教區。大會還強調必須加速培養、提拔中國籍的主教。

一九二六年，在梵蒂岡聖彼得大教堂，教皇庇護十一世為來自中國的六名神甫舉行「祝聖」儀式，提升他們為主教。這六人是胡若山、朱開敏、趙懷義、孫德楨、成和德、陳國砥。一九三三年，教皇再次為崔守恂、李容兆、樊恆安三位中國神甫「祝聖」，任其為主教。到一九三六年，做主教的中國天主教人士已達二十三人。

與此同時，在梵蒂岡的堅持和有意培訓提拔下，中國教區的中國籍神甫和修女的人數也大大增加。民國初年只有數百人，到了一九三三年，已達到五千餘人。

在天主教中國化的過程中，羅馬教皇十分注意取得中國政府的支持。在北洋軍閥時期，教皇的特使剛恆毅就與曹錕等人有密切的往來，對其表示擁護，以換取其對教會在中國利益與行動的保護。在蔣介石執掌中國政權並在宋美齡的影響下他皈依基督教後，儘管蔣並非天主教徒而為新教教徒，但教皇庇護十一世仍感高興。一九二八年八月，庇護十一世向中國教區下了聖諭：

……聖父的旨意是：希望天主教各修會對中國的和平、幸福和進步作出貢獻。按照我先前於一九二六年六月十五日頒發的檔，現在重申：天主教宣告、教訓和勸導它的教徒們要尊敬和服從中國合法組成的政府，要求天主教的傳教士和教徒們在法律保護下享受自由和安全。

作為傳教事業的領袖聖父命令：中國各教區的主教們，要組織和發展天主教的行動，以使男女天主教徒，特別是可愛的青年教徒，通過祈禱、良善的語言和工作，對和平、社會幸福作出應有的貢獻，把福音的神聖而有益的原理常使人們知道，使中國更加偉大，並協助主教和神甫們傳播基督的恩澤，用基督的慈善事業增進個人和社會的福利……[44]

---

44 《教務雜誌》，1929。

天主教會對蔣介石的支持和其「中國化」的政策，也確實換來了蔣對教會的重視和保護。考慮到民國兵荒馬亂的現實，這種保護的意義是不言而喻的。當時，軍隊占駐寺院和道觀是很常見的現象，而教堂因為有國民政府明令禁止駐軍，嚴禁軍隊騷擾，教會的財產和日常教務活動都基本能得到保證。

二、新教及其「本色教會」

　　新教教會在華教務策略的轉變，始於一九二二年新教各差會在上海召開的「全國基督教大會」，大會提出了「本色教會」的主張，對其含義，大會的宣言作了闡釋，「我們對於西來的古傳、儀式、組織、倘若不事批評，專作大體的抄襲，卑鄙的摹仿，實在不利於中華基督教永久實在的建設……吾中華信徒應用謹慎的研究，放膽的試驗，自己刪定教會的禮節和儀式，教會的組織和系統以及教會布道及推廣的方法。務求一切都能輔導現在的教會，成為中國本色的教會」。[45]在這一策略指導下，「本色教會」的倡導者們，如中華全國基督教協進會的誠靜怡等人主張基督教由中國人「自養」、「自治」、「自傳」，要使中國基督教從形式、人事、思想上逐步實現中國化，一方面發揮中國信徒的作用，使其擔負更多的責任；另一方面消除掉基督教是洋教的惡名。他們建議蓋中國建築式樣的教堂，也過中國的傳統節日，用中國民族曲調唱讚美詩，採用適合中國國情的婚喪禮儀，培養中國籍主教神甫等。他們的努力取得了一定的成效，中國出現了民族化的教堂建築、宗教繪畫、宗教音樂、宗教儀式。各教會大學的校長也換成了中國人。基督教學者趙紫宸、吳雷川、韋卓民等人還撰寫出版了論述基督教與中國文化關係的著作，力圖溝通基督教文化與儒家文化，使二者相融合。但由於事實上教會的利益與外國在華的整體利益是緊密相連的，列強在華利益既不能由中國人「自有」，其教會也就不可能讓中國人真正自主，因此整個民國時期，中國教會始終未實現「三自」目標，基督教也未擺脫洋教之名。

---

45 《基督教全國大會報告書》，1922。

天主教和新教「中國化」策略的出臺，是與中國民眾的愛國民主鬥爭的日益高漲有較為密切的聯繫的。除了人們熟知的五四運動、五卅運動、非基督教同盟運動等對外國在華教會產生過巨大影響的愛國鬥爭外，基督教界中國教徒的鬥爭也起了一定的作用。

三、中國基督教自立運動

民國基督教界中國籍教徒的鬥爭，最有代表性的是中國新教教徒進行的「中國基督教自立運動」。

早在一九世紀七〇年代，廣東基督教徒陳夢南就提倡中國教徒應自主傳教，自理自立，並發起成立華人宣道會，為中國基督教自立運動之始。民國成立後，中國教徒建立的自立教會越來越多，一九二〇年有八十多所，一九二四年有三三〇多所，一九四〇年有六百多所，抗戰勝利後則達到一千餘所。不僅遍及河北、河南、湖北、湖南、四川、浙江、江蘇、山東、福建、廣東、遼寧、陝西、山西等省，而且遠播馬來西亞、新加坡、印尼、韓國、日本、美國等地。其中較有名的有「教會聚會所」、「中華基督教會」、「福音堂」、「真耶穌教會」等。[46]

民國的基督教自立運動，具有強烈的愛國色彩，其矛頭直指各國強加於中國的各項不平等條約，要求廢除這些不平等條約。如一九二五年，王治心發起成立中華基督徒廢除不平等條約促進會，開展廢約運動，就受到了各自立教會的廣泛支持。他們堅持認為外國人把持的中國教區各教會「不是為愛基督而來，更不是為愛華人而來」，因此堅決要求收回教權，脫離外國教會，中國教區各教會真正獨立自主。他們也提出了「三自」主張，但內容確是「自有」、「自理」、「自享」，這就遠較「本色教會」的「三自」徹底。後者根本未涉及教會所有權問題，只求與外國教會平等、均權。而後者理直氣壯地提出了中國教會中國人所

---

46 邵玉銘：《二十世紀中國基督教問題》，82-84頁，臺北，正中書局，1980。

有，並付諸實踐。

中國的基督教自立，在民國時期的發展並非一帆風順。相反，在半殖民地的中國，其經歷一波三折，頗為坎坷。蔣介石當政後，礙於和英美的關係，對宗教自治並不熱心，又恐其有革命之嫌曾加以防範，這給基督教的自立帶來了負面影響。一九二七年中國自立教會就曾達到六百多所，但到了一九三五年只剩下二百多所，只是在抗日戰爭時期民族情緒高漲，才又趁勢而起發展了起來。

四、基督教文化與本土文化的「交融」

由於上述因素，民國基督教文化越來越呈現與中國本土文化交融結合的特點，這首先反映在教會的名稱上，紛紛加上了「中國」、「中華」等字眼。如長老會、公理會、倫敦會合併在一起，統稱「中華基督教聯會」，信義會改稱「中華信義會」，浸禮會改稱「中華浸信會聯會」，監理會、美以美會、循理會、循道會、美道會合併，統稱「中華衛理公會」。

在教義上，則力圖與儒家說教、佛家思想相契合。與儒家的交融方面，最顯著的例子在於新譯本《聖經》不僅引用儒家經典中的「上帝」、「神」來稱呼基督教的造物主，而且《聖經》中的倫理道德說教也可經常與儒經相參證。舉例而言，「愛人如己」與「己所不欲，勿施於人」、「愛仇敵」與「報怨以德」、「用詭詐之舌求財的，就是自己取死，所得之財，乃是吹來吹去的浮雲」與「不義而富且貴，於我如浮雲」、「我們知道神不聽罪人，唯有敬奉神遵行他旨義的，神才聽他」與「獲罪於天，無所禱也」等都很類似，皆可互相參證。民國學者林悟真在其《宗教比較學》、周憶孚在其《基督教與中國》等書中都對基督教與儒學的關係做了論述。教徒聶雲台則乾脆主張「基督教儒教化」，完全用儒家思想來說明基督教。

對基督教與佛教的教義，很多基督教人士也力證二者相同。他們指出，《阿彌陀經》說西方有個極樂世界，耶穌也說有個極樂天堂；佛教認為「往生」分為

九品，基督教也宣傳天神分為九品；《阿彌陀經》說因果報應主要在死後證驗，今生積善行德在來世才可得到真正的福報，耶穌也說不在人間行善，死後就不能升入天堂；佛教主張按時念佛名號，求佛接引，並以此為修證方法，基督教也把早晚祈禱上帝做為基督徒修行的方法；佛教講「即心即佛」，耶穌則說：「上帝就在你的心中」，這都說明兩教教義並無不同。一些基督教徒甚至據此主張「基督教佛教化」，把西洋的基督教完全中國宗教化了，張純一等人是其代表。在他看來，真正的基督教「即是一部分之佛教」[47]，真正的基督徒，也就是佛徒。因此雖然他後來兼信了佛教，但也並未因此就全盤否定基督教、公開宣布自己不再是基督徒。他認為中國現行的基督教決非真基督教，因為中國現行的基督教是由西洋傳教士傳入的，而「西人來吾國傳教者，毫無宗教的真學識；其程度又在不知基督真教義之馬太、馬可、路加下遠甚；又不通中國文字，故所傳者，絕非真基督教，純是沿訛謬傳之洋教」。中國的基督徒在他看來，自然也就不是真正的基督徒，「今之自命為基督徒，實則處處反背基督」[48]。

他接著就指出，真正的基督教「確是大乘佛法」；耶穌「確是菩薩摩訶薩。故其大慈大悲，救苦救難的心，無異觀世音菩薩」；而上帝「即佛教之真如，與眾生之心。無內無外，平等不二，即知人人都是上帝，只被肉體埋沒耳」[49]。最後，他講，正因為基督教只是佛教的一部分，因此「其法門遠不及佛教圓滿，其條理遠不及佛教邃密」，也正因為如此，真正的基督徒即佛徒，而佛徒並非都是基督徒。

當時，持「基督教佛教化」論的基督徒，除張純一外，還有一些人，比如有個署名鵬南的人，寫了一篇文章《敬告奉耶教諸兄弟姊妹書》，我們從該文中可以看出他也屬於這一類基督徒。

他在文中自述自己出身於基督徒家庭，從小就篤信基督教，從不敢違背上帝和耶穌的旨意。長大後離開江南去外地供職，接觸了佛教，研究了佛學，發現

---

47 張欽士：《國內近十年來之宗教思潮》，408頁，北京，京華印書局，1927。
48 同上書，409頁。
49 同上書，408頁。

「佛教具有圓融無礙之真理」，而相比之下，基督教所揭示的真理就比較有限了。這樣自己雖然還未脫離教籍，仍以基督徒的身分向教會繳納年捐、雜項捐、特別捐，但內心已自認是佛弟子了。

他反復申明自己雖然已在思想上「由耶入佛」，但並不否定基督教，對基督教並無惡感，只是覺得佛教教義更高明。「並非耶教全非，不過如大學與中學之比例耳。佛教則為真實之大學，吾輩既入中學，何不更進而升入大學。中學知其端，大學得其全，熱心宗教者，誰不欲造乎極致。倘終身耶教者，決無登峰造極之日」[50]。

在他看來，基督教教義得宗教之「端」，講的是宗教的基礎知識；佛教教義得宗教之「全」，講的是基礎知識之上的高級內容。信奉學習了佛教，才能獲得宗教的全貌，登上宗教認識的最高峰。既然如此，基督教就應該向佛教看齊，就應該佛教化。

民國基督教的儀規，也多多少少受到了中國佛教、道教的影響，而有些中國特色了。如上海寶興路教會就曾採用佛教祈拜方式，在禮拜時燃香、跪誦經文。當時，經過變革有些中國化了的儀軌有以下這些：天主教徒通行「七聖事」，即領洗、堅振、告解、聖體、終傅、神品、婚配。而新教徒即狹義的基督教徒則主要從事兩種聖事：洗禮和聖餐（聖體）。

---

50 《海潮音》第2卷，第1期，1921。

第四節·
其他宗教
的興衰

　　道教和民間宗教，在民國時期也各具特色，且在社會中下層較有影響。二者皆依具體因素時衰時興，然尚無一定規律可循，始終不乏信眾，但也無大的發展。

一、衰落中的道教

　　民國的道教各派，除個別派別如全真道外，普遍不太活躍。民國道教徒的活動主要有放戒、做道場等。全真道在北京、武漢等地曾舉行過六次左右的放戒活動，支持者有總統黎元洪、各省省長、將軍、督辦、商會會長等人士。對這些放戒活動，道教徒認為世人還是需要的，並聲稱「道教今後應與社會發展相結合」[51]。

　　總的說來，民國時期的道教不很景氣，一些道觀成了專門賺錢的場所，很多道士以為信徒做功德來謀生。而信徒們舉辦的道場活動，一為企求登仙；二為娛

51　卿希泰：《中國道教》第1冊，71頁，北京，知識出版社，1994。

樂享受。在日益世俗化的道教活動中。一向秘不外傳的道教內修祕術，也逐漸流向社會。

民國道教的教義，仍為道、德、玄、一、無為、清靜、寡欲、不爭、坐忘、抱樸、九守等，與清代並無多少不同。其戒律仍為「五戒」、「八戒」、「十戒」，內容與佛教戒律基本相同，是從佛教戒律沿襲而來。此外還有清規，即對違犯戒律的道士的懲處條例，主要有跪香、勸離、逐出等。

民國百姓信奉的道教諸神有玉皇大帝、城隍、老子、灶神、土地、閻羅、財神等。這些神靈約分三類：想像中的至高無上的神，如「昊天金闕至尊玉皇大帝」；歷史人物之神，如被尊為「太上老君」的老子；民間傳說之神，如財神。我們在這裡只能擇要做些介紹。

1. 城隍　當時民間多傳城隍之在陰間，亦如縣令之在人間，因此清代縣令多禮敬城隍。但民國時期的縣長多少都有些現代科學知識，去祀城隍者寥寥無幾。普通百姓則對城隍參拜如前，日期多在每月十五，儀式多為上供品，然後對著塑像三跪三叩。

2. 灶神　神像為一男一女，被供於廚房中。清代是每月十五拜灶神，到了民國，人們只在陰曆臘月二十三這一天祭灶神了。民間盛傳這一天灶王爺上天彙報各家情況，因此百姓多以米糖、草豆供灶神及其所乘馬匹，使其能愉快升天「言好事」。

3. 土地神　在當時只被欲興土木蓋房建院者參拜，其地位較之以前可謂大大下降了。土地神並無神像，只有神位，人們參拜時，暫將神位置於庭堂，名曰「謝土」，「此外無特別祀典」。

4. 閻羅廟　在各個村莊都有，不過大小規模不一。誰家死了人，就於第三天到閻羅廟哭告，名曰「報廟」。

5. 財神　是最受歡迎神，俗名趙公明，被各商家供於正廳中，每年正月，是財神的祀期。民間有些家庭，也供財神。

當時道教界也自辦了一些學校，如上海的仙學院、成都青羊宮蠶桑學校等，給學道的學生講授道教教義和《正統道藏》等道家典籍。陳攖寧等道教人士還自辦了一些刊物，如《揚善半月刊》、《仙學月刊》等。

民國道教的研究，雖不似佛教那樣繁榮，但也有一些成果。在道藏、經文方面，有翁獨健的《道藏子目引得》、曲繼皋的《道藏考略》、陳國符的《道藏源流考》、楊鐘鈺的《覺世寶經中西匯證》和《太上寶藏中西續義》、鄔雲程的《格言彙編》等；在教義、儀軌方面，出版了鎮江清心堂止水壇所編的《靈犀寶錄》、陳讓之的《入道階梯》、逍遙子的《修真指南注介》、劉估眾的《沖庸》等著作；在道教史方面，則有陳垣的《南宋初河北新道教考》、傅代言的《道教源流》、傅勤家的《道教史概論》和《中國道教史》、許地山的《道教史》等。

二、各種民間宗教

民間宗教則有廣義和狹義之分，我們在這裡介紹的是狹義的民間宗教，即秘密宗教[52]。在民國人士看來，秘密宗教指的是「一種秘密流傳在我國民間的非知識階級之間的宗教」[53]。而其稱謂，在當時則多種多樣，非常不統一。民間常稱之為「教門」或「道門」，學者們則稱之為「秘密社會中的宗教」[54]，「下等宗教」[55]，「低級宗教」[56]。官方照例稱其為「邪教」、「左道」或「歪道」。

民國時期的秘密宗教，主要有一貫道、理教、菩提善途、同善社、悟善社、黃天道、皈一道、一心天道龍華聖教會、黃卍字會道院、藍卍字道院、世界紅卍字道院、先天教、清淨門、道德社、救世新教、聖賢道等。

---

52 廣義的民間宗教在當時已包含佛教、道教、伊斯蘭教、基督教。一則諸教由民間自我組織、管理、活動，政府並不直接幹預。二則其影響在民間較大。
53 李世瑜：《現代華北秘密宗教》，華西協和大學中國文化研究所，1947。
54 王治心：《中國宗教思想史大綱》，上海，中華書局，1933。
55 梁啟超：《評非宗教同盟》，《東方雜誌》第19卷，第8號，1922。
56 此為當時社會學學者慣用之稱呼。

從手頭掌握的材料看，一貫道、理教、菩提善途、同善社、悟善社傳播範圍較廣，一度遍及大江南北，延續時間也相對較長。而其他秘密宗教多是在某一區域流行，時間也長短不一。我們在這裡，就以一貫道、理教、同善社為例，概要介紹一下民國的秘密宗教及其興衰。

（一）一貫道

一貫道的創立人是張光璧（？-1947），字天然，山東濟寧人。他自稱得道於路中一，又謂路得道於劉清虛，並承認劉的傳教年代是民國初年，而自己是在民國十七年「奉天承運」，在民國二十五年「大展宏圖」。這樣一來，雖然一貫道眾自稱己教創自於未有天地之先，但實際上一貫道的源流大抵如下：民國初年——隱秘形成期；一九二八至一九三六年，張天然領導的創成期，一貫道正式成教；一九三六至一九四五年，極盛期，在淪陷區尤其普及；一九四五年以後是其衰微期[57]，二十世紀五〇年代初期在人民政府的大力打擊下，它最終以反動會道門的角色絕跡。

「一貫道」的意思，按其道徒的解釋，「一」是指「無極之真，先天之妙，至神至明，亦名之曰理」[58]。「貫」即貫徹一切之意。「道」指世人「必走的大路」[59]。這樣，「一貫道」就是指「生天育地之大道，尤為人生應行之常理」。在一貫道道徒看來，「總之天地萬物，未有能出乎一貫之道者」。

一貫道的教義較為繁雜，伸縮性也較大，糅合了一些儒家的倫理思想，道教的宇宙觀，佛教的因果輪回理論，佛、道等教的神靈和術語，以及世俗的種種迷信，而尤為崇拜無生老母，篤信三教歸一。其基本教義如下。

1. 無生老母　全名叫「明明上帝無量清虛至尊至聖三界十方萬靈真宰」，又

---

57 由於在抗戰時期，一貫道在整體上與日偽相互勾結利用，因此抗戰結束不久，就被國民政府取締制止了，此為其衰微的一大原因。
58 無線疑人：《一貫道新介紹》，北平，北平崇華堂，1940。
59 郭廷棟等：《一貫道疑問解答》，天津，天津崇德堂，1947。

名無極老母，明明上帝，簡稱老母[60]。她是創造宇宙的主宰，常住「無極理天」。世人都是她的兒女，但因不明白「大道」，才常常迷失道路，不能擺脫生死輪迴的痛苦。無生老母最為仁慈，為世人「哭化真大道」，使其皈依正教一貫道，並使教徒最終歸向「無極理天」。

2. 三期末劫　一貫道產生後，通常是隱而不現的，自有天地以來，只會在三個時期顯現，即青陽期、紅陽期、白陽期。三期之末都會有劫運降生，青陽劫應現於伏羲時代，紅陽劫應現於周代，白陽劫應現於現代，每次劫降世界受危害，一貫道都會顯現拯救世人。現在白陽劫已降，將會有罡風掃世，世界將回到混沌狀態，而後天地再造。要躲過此劫，只有加入一貫道。

3. 九六原子　世界創立初期，人畜不分，茹毛飲血，無生老母就派九十六億佛子，號稱「原來子」，簡稱「原子」，「臨凡治世界，講明三綱與五常；三從四德教婦女，溫柔謙雅要端莊」。但後來這九十六億原子被物欲所迷，已失去本性，所以老母決定召回他們。經過青陽和紅陽期之末，只渡回了四億，這次白陽期末，老母大開普渡要喚回九十二億原子，但依然很難。

4. 三曹普渡　「三曹」指「氣天」中的仙佛，「象天」即人間中的眾生及地府中的幽魂。無生老母降一貫道於人間，普度眾生，又借人的力量超度「氣天」中的仙佛和地府中的有緣亡魂，使三者同歸「無極理天」。此之謂「三曹普度」。仙佛也要被超度，是因為在一貫道徒看來，仙佛是由人修成的，其所居住的「氣天」也有始終，為一二九六〇〇年。所以仙佛仍有墜入輪迴之苦，遭受罡風大劫的可能，仍不能享受到「無極理天」的永恆與幸福，因此仙佛也得被超度。

5. 五教歸一　儒教、佛教、道教、耶教、伊斯蘭教都是因時而設，應運而生，代天宣化，挽救人心的。儒教講究「執中貫一」，佛教講究「萬法歸一」，道教講究「抱元守一」，耶穌教講究「默禱親一」，伊斯蘭教講究「清真返一」。他們都以「一」為本源，是由一貫道的「一」理而化成的，因此說五教歸一。統

---

60 無生老母作為被崇拜者，最早出現在明朝正德年間的白蓮教中。教眾相信她是天上不生不滅的古佛，她要度化世上的兒女免遭劫難，返歸天界。

由張天然一人領受天命，統帥真正的道統。

6. 修持　首先要修習內功，「使自己之一切行為均皆合乎理，清心寡欲，以求其放心的工夫，即為內功」。其次要修習外功，「勸善成人，使眾生普度，人人向善，行濟人利物之事，存拯災救世之心，先正己而後正人，此種功德，即為外功」[61]。此外還要吃素戒煙酒。至於色欲，一貫道並不禁絕。

飛鸞宣化、三寶、解經法、解脫法、空身空心空性空法等也是一貫道的教義。

一貫道的儀規較為整嚴，總結起來有以下幾方面內容。

1. 法船或法航　是一貫道的壇場，都由私人秘密設立。各地都有總壇場，統一管理該地各壇場，壇主定期聚會於總壇商議道務。在各總壇之上，還有設在南京建業路的華中總壇和設在北平西城興化寺街的華北總壇，此為張天然經常居住之所。壇場一般都有兩間或兩間以上的房間，內間用於陳設神位，一般為六個，供無生老母、彌勒佛、觀音菩薩、濟公、關帝、呂祖。另設幾案一個，太師椅兩把，八仙桌一到兩個，桌上陳列各種供品和香爐蠟臺等。地上放有三或六個黃色墊子，供人跪拜時用。此屋用於扶乩降神等活動。外間用於道徒聽講經訓、繳納功德費和休息。外間的陳設大同小異，有書櫃、桌椅、講臺、黑板、茶具、衣帽架，牆上掛有推背圖、善惡循環圖等。

2. 燒香、磕頭和獻供　道徒都在家中安設無極老母和各種神佛的牌位，每日三次燒香。燒香時，必須把手和臉洗淨，虔誠地跪下，雙手舉香與眉齊，用左手插香於香爐中，邊燒邊誦讀願懺文[62]。對於無極老母即明明上帝要燒五燭香，其他神佛三燭。磕頭是道中敬神的重要方式，磕前先作揖過膝，然後雙手回至胸前互握下跪，磕時頭著地或以手著地以代頭。禮節不同，對每個神所磕的頭的數目

---

61 郭廷棟等：《一貫道疑問解答》。

62 在一貫道徒看來，左手不持刀、不殺人，屬善，因此應該用左手燒香。願懺文為道徒拜神時使用的唯一經文，一般套用如下格式：×××，虔心跪在明明上帝蓮下，幸受真傳。彌勒祖師，妙法無邊，庇護眾生，懺悔佛前，改過自新，同駐天盤，凡係佛堂，顛倒錯亂，望祈祖師，教罪客寬，南無阿彌十佛天元。

也不同。行感謝點傳師授訣的謝恩禮時要磕一或三個，明明上帝享受三個，其他神佛各一個；行進出壇場或家設佛堂的參駕禮和辭駕禮時，要磕一、三或五個頭；行請仙佛降壇的接駕禮和送駕禮時，要磕一、三、五或十個頭；行燒香叩頭禮也叩頭一至十下，按諸神地位高低分別叩過。獻供按時節的不同，所獻供品的數目也不同。舉辦道場時，按鄉村、城鎮、都市地域的不同，分別呈獻五色、十色、十五色禮，供品多為水果、點心、素菜、糖果之類；舉行大典時，鄉村、城鎮、都市道徒分獻十五、二十、二十五色禮；在無生老母的紀念日，即陰曆三月、六月、九月、十一月的十五日則分獻十、十五、二十色禮。[63]

3. 點道　是收新道徒，傳授一貫道心法的禮節。共分七段：結緣香、獻供、請壇、明明上帝九五大禮、授三寶、降壇批訓、講道。其核心儀式是授三寶。第一寶叫「抱合同」，是一種指訣。第二寶叫「點玄關」，就是由點傳師用手向新道徒的眉間一指，謂之點開了玄關，死後靈魂就可以從這裡直升無極理天。而未被點玄關者死後靈魂從兩眼中散出，或四處遊蕩，或下地獄。第三寶叫「五字真言」，五個字是「無太佛彌勒」，是道徒將來進入無極理天的「口令」。[64]

4. 功德費和財施　新道徒入道時，必須交納一定的費用，以此考驗其是否心誠，初為一至三元，後為三至九元不等，謂之功德費。此費用由各壇壇主收齊後，統一交給總壇處理，用於印刷、布道、救濟貧困道眾等。財施指道裡舉辦善事時，向虔誠的道徒勸募。

5. 術語　為道徒之間嚴格使用的特定用語。舉例如下：

師尊——張天然

點傳師——領受天命的傳道者，可代張天然傳道

道親——道徒對彼此的稱呼，早入道者稱「老道親」，新入道者稱「新道親」

---

63 伍博士：《一貫淺說》，北平，北平崇華堂，1943。
64 郝寶山：《一貫修道須知》，北平，北平崇華堂，1936。

餘蘊——男道徒對無極老母的自稱

信士——女道徒對無極老母的自稱

三才——扶乩的三個小道徒，分天、地、人三種

大眾——舉行活動時對到場道徒的總稱

此外還有求道、齊家、領天命、前人、後學、引保師等。

（二）理教

理教又稱「在理教」、「理門」、「白衣道」，傳至民國時代，與明清時期相比最顯著的變化是其可以公開傳教而不被禁止。一九三三年，中華全國理教聯合會成立，成為全國理教的最高領導機構。分布在上海、北京、河北、江蘇、安徽、河南、江西、山東、東北三省的理教公所曾達三千個以上，男女信徒即「大眾」、「二眾」達幾十萬人。

民國時代的理教教義主要有以下內容：三教歸一，只拜觀音、羊來如和尹岩生兩位教祖，不供奉其他偶像；「八戒」，即戒殺、戒貪、戒淫、戒妄、戒惡、孝順、和睦、行善；默念「觀世音菩薩」五字「真言」，求福免災。

民國理教的儀規主要有：

1. 公所　一般有兩間或兩間以上的房屋，前堂供觀音，後堂供羊祖、尹祖。每月的初一和十五，教徒必須到堂中焚香禮拜。[65]

2. 擺齋　在理教的節日如夏曆臘月初八舉行的宗教儀式，不僅要燒香叩頭，還要當眾宣講各種教義。

此外，還有「點理」（吸收新教徒的儀式）和「放法」（選新教主的儀式）等。

---

65 王治心：《中國宗教思想史大綱》，上海，中華書局，1933。

（三）同善社

同善社由江朝宗發起，在民國初年的中上流社會較為流行。其教義主要是「三教歸一」，參習的典籍既有《華嚴經》、《金剛經》、《六祖壇經》等佛經，也有《大學》、《中庸》、《論語》、《孟子》等儒經，還有道家的《道德經》。教徒視釋迦牟尼、孔子和老子為神，在其佛堂裡同時供著三者的神像。該教的儀規也很嚴格，主要有叩頭、禮拜、靜坐等。在其全盛期，信眾頗多。同善社積極參與政治活動，後被政府禁絕。其殘餘在鄉間留存，後併入無為教[66]。

總的說來，民國年間的民間宗教有自己鮮明的特點。

首先，較之清代，其範圍已經擴大了，如佛教已成為一種民間宗教。此外，其秘密宗教的成分雖仍存在，但已有一定的公開性，至少可以公開傳教、舉行一些活動了。

其次，就其主體秘密宗教而言，雖然種類繁多，但其教義、儀規等內容有很多是彼此相似或相通的，總的說來多是明代開始傳下來的，影響了中國百姓四百餘年宗教思想和習俗的那些內容，如對無生老母、彌勒佛、濟公的崇拜，和扶乩、點玄關、授真言活動等。

另外，這些秘密宗教都不止受了一種思想的影響，而是或多或少地兼采儒、佛、道、回、基督等說教的內容，其教內典籍也五花八門。這使得各教派多主張「三教歸一」或「五教歸一」，儘管他們對各家思想並無真正透徹的了解。需要指出的是，當時「在國內幾乎做到了無上尊嚴的地位」的科學[67]，對秘密宗教也有一定的影響，以至於一些教派如一貫道一再強調己教「就理論言之則為哲學，玄而又玄；就具體研究，則又屬科學」。

最後，各秘密教派之所以能在民國時代此消彼長，生生不息，是由於當此亂世，人們需要宗教作為精神支柱。只是他們宗教情感雖濃，知識水準、組織能

---

66 大醒：《閒話「外道」》，《海潮音》第27卷，第5期，1946。
67 胡適：《〈科學與人生觀〉序》，《科學與人生觀》上冊，上海，亞東圖書館，1923。

力、科學觀念卻差，導致各教良莠混雜，有的還恣意妄為。低劣的品質使這些秘密宗教的生命力不可能持久，至二十世紀五〇年代初期，在中華人民共和國政府的大力整肅下，僅存的一些秘密教派也銷聲匿跡了。

第七章

舊儀已失，新軌未立：
倫理道德的變革

　　民國時代，是一個舊道德不斷削弱、改造，新道德日益興起的時代。新舊倫理道德一開始就針鋒相對，激烈交鋒，其結果是「舊儀已失，新軌未立」。舊道德在各方趨新勢力的打擊下已失卻原有地位，但仍受到北洋軍閥政府和國民黨政府統治者程度不同的垂青，在不少人的心目中和現實生活中苟延殘喘，並時有尋機再起之勢。資產階級、無產階級新道德則在與封建舊道德的鬥爭中不斷成熟、發展，得到越來越多人的認同。雖在民國時代始終未能剿滅舊道德，但已使新舊道德的更替成為不可逆轉的時代潮流。

第一節·
倫理的覺悟

　　民國初年，由於北洋軍閥等封建勢力的全力維護，封建道德仍很猖獗。袁世凱稱帝，張勳復辟可為其側面反映。當時到處氾濫的封建禮教道德，核心內容仍然是綱常倫理。

　　康有為、林琴南等復古派認為，中國國體變了，但立國之孔子之道即綱常倫理不能變。袁世凱一當上總統，就下令尊孔祀孔，確定「國民教育以孔子之道為修身大本」，康有為等人馬上組織孔教會，「請定孔教為國教」，要使「愚者亦皆知國體變而綱常未變」。

　　康有為等人所宣傳的綱常倫理，本質上完全還是舊的一套，即指忠孝節義、克己復禮和束縛廣大婦女的貞操節烈、三從四德等。

　　封建禮教的氾濫及其在各方面的惡劣影響，使陳獨秀等有識之士深感發動一場思想革命的必要性。於是反對封建舊道德的倫理革命，成為新文化運動的一項重要內容。他稱之為「倫理的覺悟」，認為這是批判封建傳統、學習西方先進文化的「吾人最後之覺悟」，為避免與前文重複，我們在這裡著重論述新文化人士對封建禮教中忠孝、貞操節烈等舊道德觀念的破除。

一、對「忠」、「孝」倫理的批判與改造

李大釗認為，道德是指便利一個社會存在的習慣風俗。古今社會有別，道德也就不同。因為道德總處在不斷的進化發展中，有些被自然淘汰，有些被人為拋棄。孔子之道並不適合在今天的社會中生存，「綱常名教並不是永久不變的真理。孔子或其他古人，只是一代哲人，絕不是萬世師表」。今人要過新生活，就必須摧毀舊禮教，建設新道德。陳獨秀明確指出，「忠孝節義，奴隸之道德也」[1]。吳虞、魯迅等人也對封建禮教進行了抨擊，稱其為「吃人的禮教」。吳虞還寫了《家族制度為專制主義之根據論》等文，對封建道德中的「忠」與「孝」進行了剖析，指出它們不僅代表了不平等的封建秩序，而且導致了家長專制和君主獨裁，早已成為中國社會發展的障礙。魯迅在《狂人日記》、《我們現在怎樣做父親》等文中也對「忠」、「孝」觀念進行了抨擊，痛斥「一個忠字，使臣的一方完全犧牲於君」，「一個孝字，使子的一方完全犧牲於父」。忠孝這類道德，都是一味收拾幼者弱者的方法，只能使壞人增長些虛偽，好人無端的多受些痛苦罷了。

由此，新文化人士提出了新的忠孝觀念，來取代舊的「君要臣死，臣不得不死；父要子亡，子不得不亡」的愚忠愚孝的道德。

他們指出，忠從國家意義上來講，是指忠於國家民族，忠於民眾，而非忠君，忠於政府，忠於某個人；從家庭範圍內來講，是指夫婦忠實於對彼此的愛情，而非妻子忠於為所欲為的丈夫，忠於沒有愛情的「父母之命，媒妁之言」的婚姻，因為「戀愛為結婚之第一要素」，愛情是「神的愛」。[2]

孝道的破舊立新，主要表現在家長權威的降低、子女地位的上升、喪儀觀念的變革等方面。

新文化人士首先對封建家長進行了抨擊，指出：「世上有一等人，論其尊

1 　陳獨秀：《敬告青年》，《青年雜誌》第1卷，第1號，1915。
2 　高素素：《女子問題之大解決》，《新青年》第3卷，第3號，1917。

嚴，則神聖不可侵犯。論其權威，則恆越於法律範圍以外。仗古人之妄言，陷人民於奴隸，填一己之欲壑，誤蒼生於無盡。革命家所不能推倒，社會黨所不能削平。其兇惡較諸羅馬教皇，專制魔王，有過之而無不及。特其轄境較後者為窄耳。噫！此何等人？吾國為父母者也」[3]。

封建家長制的主要理論基礎「生子之恩」也受到了批判。在封建禮教中，有「身體髮膚，受之父母」的說教，父母對孩子既有賜予性命之恩，就可以操攬孩子的一生，不僅可以賣兒賣女，而且可以「父要子亡，子不可不亡」。而實際上，「夫人之生也，冥冥之中，造化小兒不知預先作幾許安排、賣幾許心機，始藉男女之體以傳。男女傳種亦不過偶逢其會耳。當男女歡悅時，是否皆有此誠心，尚屬疑問」[4]。人生子的真正原因在於個人總免不了衰老死亡，需要以這種方式繼續生命，還在於人有一種本能，即性欲。「性交的結果，生出了子女，對於子女當然也算不了恩－前前後後，都向生命的長途走去，僅有先後的不同，分不出誰受誰的恩典」[5]。

生子既然是天性、本能，家長對孩子也就沒有什麼「生子之恩」，而撫養兒女又是父母必須盡的責任，這就從根本上否定了家長權威論的主要理論基礎，封建孝道遭到了沉重打擊。

新文化人士趁熱打鐵，提出了「幼者本位」論，「一切設施，都應該以孩子為本位」[6]，「本位應在幼者，卻反在長者；應在將來，卻反在過去。前者做了更前者的犧牲，自己已無力生存，卻苛責後者又來專做他的犧牲，毀滅了一切發展本身的能力」。因此應反對「長者本位的道德」，提倡「幼者本位的道德」[7]。

那麼，什麼是真正的孝呢？人既然是一種自然生靈，就應當尊從自然界的規律。「自然界的安排，雖不免也有缺點，但結合長幼的方法，卻並無錯誤。他並

3　《論吾國父母之專橫》，《新青年》第5卷，第6號，1919。
4　同上。
5　《教育問題》，《新青年》第7卷，第3號，1920。
6　《我們現在怎樣做父親》，《新青年》第6卷，第6號，1919。
7　同上。

不用『恩』，卻給予生物以一種天性，我們稱他為『愛』」。孝的範圍也應該擴大，不能只體現在子女對父母的奉養、承歡、送終、掃墓，造福二人上，子女更應該去服務社會，為廣大民眾盡孝造福。

父母死，子女厚葬守孝也是封建孝道的一個重要內容，它也受到了批判。特別是其中的吃喝、冥器、喝「血盆水」、剃頭蓄鬚等虛假、迷信、不衛生的內容更受到了抨擊。新文化人士提出「一方面應該把古喪禮遺下的種種虛偽儀式刪除乾淨；一方面應該把後世加入的種種野蠻迷信的儀式刪除乾淨」，建立一種「近於人情、適合於現代生活狀況的喪禮」。

在反對封建孝道的過程中，新文化健將胡適還以身作則，作出表率。

一九一八年十一月，胡適的母親去世了，新派舊派人士都緊盯胡適，看他是否真能將反對厚葬守孝的思想付諸行動。新派希望他頂住壓力，言行一致；舊派則等著抓把柄、看熱鬧。胡適趁此機會，作出了令新派振奮、讓舊派失望的選擇，在辦理母親喪事的過程中，大張旗鼓地反對封建孝道。

胡適先印了訃告，上寫「先母馮太夫人於中華民國七年十一月二十三日病歿於安徽績溪上川宅，敬此訃聞」，沒有「孤哀子泣血稽首」之類的虛假套話。

回家鄉後，他又發了一個通告，寫道：「本宅喪事，擬於舊日陋俗略有所改良。倘蒙賜吊，只領香一炷或挽聯之類。此外如錫箔、素紙、冥器、盤緞等物，概不敢領，請勿見賜。伏乞鑒原」。通告發出後，弔喪的親友果然不再送那些東西了。

同時，胡適沒有按例請和尚道士，受吊時也沒有號啕大哭。而傳統孝道則要求吊客哭吊，死者親人陪哭，吊客不去，哭聲不止；吊客一走，哭聲乃止，虛偽之極。

對於祭禮，胡適也做了大的改動，改為向靈位鞠躬，讀祭文，辭靈三部分，使原本需要七八天的祭奠，十五分鐘就完畢了。

二、貞操節烈道德權威的失墜

封建禮教強調婦女要三從四德，做貞節烈女。在民國初年，這種觀念仍很有市場，害人匪淺。舉例而言，一唐姓女子在丈夫死後，又是投河又是上吊，還先後絕食三次，並喝過毒藥，三個月後終於殉夫，命喪黃泉。另一女子年方十九，未及出嫁而未婚夫病亡，她馬上絕食七天，在家人力勸之下方才進食，但表示要為未婚夫服喪三年。當時，歐美各國以婦女參政為中心內容的婦女解放運動正蓬勃開展。在這種情況下，中國傳統的女子道德觀自然受到了新文化人士的嚴厲抨擊。

陳獨秀撰文指出，要確立現代文明，就必須反對孔教、禮法、貞節、舊倫理。在現代文明社會中，女子獨立、男女交往、寡婦再嫁、男女雜坐、叔嫂交談、婆媳平等都是很正常的事情。孔教規定的那一套，如「婦人者伏於人者也」、「男女授受不親」、「夫死不嫁」、「男女不同席不共食」、「嫂叔不通問」、「子甚宜其妻，父母不悅，出」等舊觀念舊做法，今天已經不適用了。孔子生活在封建時代，他提倡的道德是封建時代的道德，垂示的禮教即生活狀態是封建時代的禮教和生活狀態，在封建時代就已弊病百出，「更何能行於數千年後之今日共和時代、國家時代乎？立國於今日民政民權發張之世界而惟注意於少數貴族之舉動，雲為人倫日用，可乎？不可」[8]。

李大釗認為封建的夫婦倫理說教，其實質是幾個順從貞節的名詞，就使妻子的一方完全犧牲於丈夫，女子的一方完全犧牲於男子。婦女處於從屬的地位，不僅失掉了自己的個性和人格，連做人的基本自由權也失去了。而「現代民主主義的精神，就是令凡在一個共同生活組織中的人，無論他是什麼種族，什麼屬性，什麼階級，什麼地域，都能在政治上、社會上、經濟上、教育上得一個均等的機會去發展他們的個性，享有他們的權利」。婦女不僅在生活各方面應該與男人平等，而且應積極參政議政，「因為婦人與男子雖然屬性不同，而在社會上也同男子一樣有他們的地位，在生活上有他們的要求，在法律上有他們的權利，他們豈

8　陳獨秀：《孔子之道與現代生活》，《新青年》第2卷，第4號，1916。

能久甘在男子的腳下受踐踏呢？」[9]

　　胡適寫了《貞操問題》等文章，對戕害婦女的封建貞操觀進行了批判。他認為貞操不是個人的事，而是人對人的事；不是一方的事，而是男女雙方的事。男女尊重彼此的愛情，心思專一，不再愛別人就是貞操。而一些報紙卻大肆宣傳所謂的節婦烈女，政府的法律中居然也有對婦女烈節貞操的「褒揚條例」，這是對封建貞操觀的迷信，是野蠻殘忍的。「烈女不更二夫」、「餓死事小，失節事大」是「忍心害理，男子專制的貞操論」；烈婦殉夫最正當的理由也只能是夫妻間的愛情，而且帶有迷信色彩，以為死後夫妻可以團圓。以法律來褒揚殉夫的烈婦，「一些好名的婦人便要借此博一個『青史留名』，是法律的褒揚反發生一種沽名釣譽作偽不誠的行為了」[10]。總之，在當今這個文明時代，不應該贊成封建盲從的愚不可及的貞操觀，這是男子專制時代的風俗，不該存在於現今的世界。

　　在新文化人士的大力批判下，舊禮教、舊道德權威大跌，加上隨之而來的反帝反封建的國民革命的衝擊，孔教總會的厄運也到來了，「……北伐成功後，該會已無形解體，總會既經消散，各地更無支分會之組織」[11]。

9　李大釗：《戰後之婦人問題》，《新青年》第6卷，第2號，1919。
10　胡適：《貞操問題》，《新青年》第5卷，第1號，1918。
11　中國第二歷史檔案館：《中華民國史檔案資料彙編》第5輯第1編文化分冊（2），569頁，南京，江蘇古籍出版社，1994。

第二節 ·
從個人本位主義
到為人民服務

　　在新文化運動中，新派人士以民主、自由、個人本位主義等為武器，發起了一場資產階級倫理革命，對封建倫理道德進行了批判。隨著腐朽的舊倫理的衰落，資產階級新道德開始逐步時興，一些領域如婦女解放、婚姻家庭的文明化和現代化中，新道德都有較為明顯的體現，並發揮了積極作用。新文化運動的後期，在俄國十月革命的影響和五四運動的推動下，一些激進的民主主義者更從資產階級立場轉到無產階級立場，從提倡資產階級道德變為宣傳無產階級道德，共產主義道德觀也開始在中國孕育和發展起來。

一、資產階級新道德的內容

　　民國時期興起的資產階級新道德，按當時人的說法，即「今日因時制宜新道德」，也就是「適合於此日生活習慣最平正之法則」的新道德。它主要有以下四方面內容。

　　1. 思想自由人格獨立　新派人士指出，思想不自由，人的行為就會動輒受縛；個人人格不獨立，其人生就無快樂可言。「吾國數千年來之社會生活，莫不

受名教羈縻之苦。非先王之法言不敢道，非先王之德行不敢行。思想之不自由，莫甚於此……故吾人今日者，果欲創新生活，滌新道德，求為二十世紀之新國民，則必自實行其思想革命始。除昔日保守盲從之習慣，而礪今日自由意志之精神」[12]。個人只需要服從真理，至於荒謬的「名分」、「偽道德」、不良專制的法令制度，都可以唾棄和破壞。陳獨秀指出：「現代倫理學上之個人人格獨立，與經濟學上之個人財產獨立，互相證明，其說遂至不可動搖；而社會風紀，物質文明，因此大進。」兩者比較起來，人格的獨立更為重要，因為如「失個人獨立之人格，複無個人獨立之財產」。

2. 個人主義（Individualism） 陳獨秀認為，社會的文明幸福是個人造成的，也是個人應該享受的，滿足正當的欲望是個人生存的根本理由，所以努力創造幸福的個人主義是應當肯定的。在胡適看來，個人主義的道德有三種類型，一種是「假的個人主義」，就是「發達個人之利己心」，把個人幸福和快樂看得至高無上的為我主義（Egoism）。其性質是「自私自利，只顧自己的利益，不管群眾的利益」[13]。第二種是真的個人主義，也即個性主義（Individuality）。其特徵「一是獨立思想，不肯把別人的耳朵當耳朵，不肯把別人的眼睛當眼睛，不肯把別人的腦力當自己的腦力；二是個人對於自己思想信仰的結果要負完全責任，不怕權威，不怕監禁殺身，只認得真理，不認得個人的利害」[14]。第三種是「獨善的個人主義」，其性質是對現實社會不滿意，卻又無可奈何，只想跳出現實社會去尋找一種出世的理想生活。

3. 以平等博愛為核心內容的人道主義 在民國進步人士看來，人與人之間「彼此互相愛護，互相扶助，利則共用，禍則分受，排己我之私，行泛愛之實，以求得人類全體之最大幸福為目的」，就是人道主義。它的主要內容是平等與博愛，「平等者，視人類全體同等而無差別者也。博愛者，即實行利他之實，墨子所謂兼而愛之，兼而利之者也」。平等與博愛是密不可分的，人必須先有平等的

---

12 吳康：《論吾國今日道德之根本問題》，《新潮》第1卷，第2號，1919。
13 胡適：《非個人主義的新生活》，《新潮》第2卷，第3號，1920。
14 同上。

觀念，而後才會有博愛的行為；有了博愛的行為，才能確保平等的觀念，二者互為因果。陳獨秀非常讚賞人道主義中的「平等的博愛精神」，並主張把這種精神培養在中國人的血裡，將國人從冷酷、黑暗、汙濁的精神狀態中解救出來。

4. 求實精神　這是與舊道德中的虛偽相對立，而與新文化中的科學相一致的。蔡元培指出，「科學發達以後，一切知識道德問題皆得由科學證明」。陳獨秀認為，「若事之無利於個人或現實社會生活者，皆虛文也，誆人之事也。誆人之事，雖祖宗之所遺留，聖賢之所垂教，政府之所提倡，社會之所崇尚，皆一文不值也」，應屏棄虛偽的道德，樹立求實的精神。

二、獨立、平等的道德觀與婦女解放

新派人士以資產階級新道德為武器，積極促進婦女解放。他們先介紹了歐美婦女界的狀況。「今日新思想之勢力，彌漫磅礴，殆無往不是。狀態萬千之女子，或在家，或在市，或為人婦，或為人女，咸於不知不覺之中，有偉壯不撓之精神。寧願自食其力，不肯仰人鼻息；寧願獨身終生，不肯配偶失意。此種健旺之精神，可以於今日歐美社會之婦女觀之」[15]，號召中國的婦女也發揚獨立的精神，去求得自身的解放。

女子的人格獨立，被首先提了出來，「男女者，同類也，人格相同」。「女子者，國民之一，國家所有，非家族所私有，非男子所私有，具完全人格也」[16]。在當時，人格獨立被認為是具有「做人群裡獨立健全的分子的一種精神」。新派人士之所以提倡女子人格獨立，是因為「我們看不見幾個婦女，只望見奴隸。中國的女子早已變成——現在還是——奴隸」[17]。但既然男女都是人，就應當都去做人，履行人的條件，即都有自己的人格、自己的意志、自己的權利、自己的職

---

15 陶履恭：《女子問題》，《新青年》第4卷，第1號，1918。
16 高素素：《女子問題之大解決》，《新青年》第3卷，第3號，1917。
17 羅家倫：《婦女解放》，《新潮》第2卷，第1號，1919。

務。凡事靠他人，成功、失敗、榮辱都以男子為轉移，婦女就不會有自己的人格，就無法獲得自身的解放。

婦女的經濟獨立也很受重視，「蓋婦女經濟上苟不能獨立，即始終居於附屬的地位。所謂婦女解放者，僅為一二經濟上本來獨立之婦女解放，而與其他多數經濟上不獨立之婦女無涉」[18]。婦女怎樣獲得經濟上的獨立呢？時人認為須從解決職業問題入手。這裡的職業，「專指

民初赴京請願的婦女代表

得酬報的工作而言」[19]。母親替兒子縫補衣服，妻子替丈夫做飯，都不算有職業。婦女怎樣獲得職業呢？首先要有知識、有能力，同時還要打破封建迷信和舊禮教的束縛，敢於走出家門到社會上做事。民國初年，社會上還掀起一股婦女參政的熱潮。

以崇尚平等的人道主義來爭取婦女的平等教育權。男女須有平等的受教育的權利，這在婦女解放運動中已成為很多人的共識，因為大家認識到「女權愈發達，其教育愈趨於平等，將來之鵠的，必至兩相平等而後止，其趨勢可見者也」[20]。那麼，平等的教育權指的是什麼呢？「所謂男女教育平等者，非教育種類之平等，

乃教育人格之平等也」[21]。具體而言，它指的是男女在教育領域的待遇和機會平等。男子能受大學教育，女子也可以受大學教育；男子能授學位，女子也能授同等的學位；男子能得到教育方面的榮譽和權利，女子也能得到同樣的榮譽和權利。至於教育種類，有的適合於男子而不適合女子，有的適合於女子而不適合

18 同上。
19 三無：《婦人職業問題之學說及批評》，《東方雜誌》第17卷，第10號，1920。
20 梁華蘭：《女子教育》，《新青年》第3卷，第1號，1917。
21 同上。

男子，就不能強求一律，盲目平等了，「蓋所謂教育平等者，非此之謂也」。

留法勤工儉學女學生合影

三、婚姻家庭觀念的更新

資本主義新倫理對中國家庭的影響，首先表現在廣大婦女對夫妻平等的追求上，她們堅決反對一夫多妻和丈夫納妾。「男子納妾宿娼，實為藐視女子之人格」[22]，「多妻制度，實能使人群墮落」，認為「現在的社會，一夫一妻制最為合理」[23]。

其次，它表現在對父母與孩子人格、地位於等的強調上。新派人士指出，重長輕幼、重男輕女都是封建宗法觀念在作怪，是舊思想的產物，是不合理的，父母與孩子是平等的，彼此應以「愛」來維繫。

新道德對青年的婚姻觀也有一定影響。他們認為中國傳統婚制是不自由的，而現在是民主的時代，「德謨克拉西的時代，是自由平等大昌明的時代，我想現

---

22 沈兼士：《兒童公育》，《新青年》第6卷，第6號，1919。
23 《我們現在怎樣做父親》，《新青年》第6卷，第6號，1919。

在的婚制，也應該實行解放，使他不自由的變為自由」。

為了具體、生動地說明這一問題，我們引述一份民國時代的有關青年婚姻觀的調查材料，並從中抽取三個例子。

調查題目：婚姻問題。調查時間：一九二八年。

甲（北平人，28 歲）：（1）還沒訂婚，不管誰介紹都行，但必須經過我同意。（2）我心目中已有了一位最愛慕的女子，我二人的才貌性情很合適，但她家官癮太重，而我極端反對政治生活；她家富，我家平常，因此我倆雖然常在一起談話，但我一直未表達我的愛意。最主要的是我不能肯定她是否愛我。如果她對我感情很重，我便去設法運動她的家長。（3）我的家庭對於我的婚事不加干涉。（4）我如果能同我最愛慕的意中人結婚，我自然應該聽她的命令，另組小家庭也可，與父母同居也可。如果不能與心愛的人結婚而娶了別的女人，那麼婚後妻子住娘家，我住我家。（5）結婚後我對於妻子不加拘束。她仍可在社會上服務，仍可交結男女朋友，種種行動可以與沒有結婚前一樣。

乙（江西人，37 歲）：（1）我已結婚十七年了，是父母之命，婚前並未與她見過面。最初幾年感情還不錯，現在她脾氣日增，隔幾日便要吵罵一番，我初是忍讓，後來只得起而反抗。我覺得中國婚姻制度極須改良，否則冤家聚頭，有何安慰可言？只增人生之痛苦耳。（2）我對於婚姻制度主張婚姻自主，但須略得父母同意。先由親友介紹見面交談，再通書信，經過此種朋友時期半年或一年，然後訂立婚約。訂約後如一方有充分理由，可經法院裁決解除婚約。男方不要嫁妝，女方不要聘禮。雙方因重大問題，或性情不和，經調解無效後可以上訴法院離婚，但有兩個以上子女的夫妻，只能分居不能離婚。應實行一夫一妻，如無子女，可納一妾。（3）我的擇偶標準：女方須身體健康，不一定很漂亮；性情須溫和大方穩重，略有治家常識。（4）對於獨身主義，我實在是極端贊成。但此種主義實行起來不易，大家只有節制生育，少要幾個孩子，大概可以減少點痛苦。

丙（江蘇人，22 歲）：（1）婚姻可以由我自己決定，我想先探聽她的學問品

貌，再托親友介紹，經過交往互相合意後，再商之父母。（2）她的品貌要端莊，性情要溫和，年齡比我小幾歲，身體要強健可不要胖，學問有中學程度，最好信仰儒教。（3）我想在二十五六歲結婚，婚後與妻子另組家庭，以免姑嫂間不和，使父母生氣。婚後希望她在社會上服務。（4）對於離婚，我很贊成。夫婦情投意合，當然不必離婚；若是不和睦，整天不是相罵，就是相打，你視我為眼中釘，我視你為肉中刺，夫妻變成仇敵，那還不如離婚的好。（5）我不同意的婚姻，即使是父母強逼也不行，要知婚事好壞，一生悲樂存之。[24]

從上述調查材料中我們不難看出人格獨立、個人主義等資產階級新道德對世人婚姻觀念的影響，婚姻自主、離婚自由、夫妻平等已成為青年人的共識。但新道德對每個人影響的程度並不一樣，它隨著人們年齡、生活地域的不同而有所差別。其結果是多數青年的婚姻觀是新舊並存，只是以新為主罷了。

自由戀愛是青年婚姻觀變遷後的直接產物。在民國城市地區，自由戀愛越來越普及。此風一起，馬上就有指導怎樣談戀愛的書籍問世。《戀愛尺牘》一書還在報紙上做了廣告。「《戀愛尺牘》是男女社交之指導員，是未婚夫妻之恩愛物。本書所選各書頗為纏綿悱惻、懇摯動人之詞可供讀者之模仿，大有意想不到之妙言妙語……凡初入情場者不數函即可得到熱烈之情愛。欲求婚難以啟齒又恐有書不達意者，讀此書後可得到對方之慨允。綜之本書之旨，願天下有情人都成眷屬，祝世間好男女廣結良緣」[25]。

四、無產階級新道德的孕育

五四時期孕育起來的無產階級道德觀，具有以下兩個理論前提：

首先，認定道德屬於社會的上層建築，它的存廢是由社會的經濟基礎決定

---

24 《大公報》，1928-05。
25 《大公報》，1928-06-11。

的。李大釗撰文指出，按照馬克思主義原理，物質的經濟的構造是一個社會的基礎，而一切精神的構造都是上層建築，「物質既常有變動，精神的構造也就隨著變動。所以思想、主義、哲學、宗教、道德、法制等不能限制經濟變化物質變化，而物質和經濟可以決定思想、主義、哲學、宗教、道德法制等」[26]。比如，過去封建道德在中國社會上居於統治地位，是因為封建經濟的強大，而中國進入近代以來，由於外國經濟勢力的侵入，封建經濟的基礎在根本上動搖了，封建道德的地位也必然隨之變動，「跟著崩頹粉碎」。

這種新的道德觀，使一些人認識到，道德的改造要同社會制度的改造結合起來，「人的改造，當先改造社會制度，社會制度改造好了，個人的道德也會變好了……現在一般人斤斤於道德問題，卻不曉得打破惡社會制度、建設良好社會制度是直接痛快的解決辦法，捨本逐末，無怪道德問題無法解決了」。

其次，認定在階級社會裡，道德具有鮮明的階級性。李大釗認為，道德的階級性是隨著階級的產生而出現的，等到進入共產主義社會，階級消滅了，道德的階級性才會消失。而目前，無產階級道德與資產階級道德是不相融的，對無產階級來說，他們知道現在資本主義制度是使他們貧困的唯一原因，知道現在的法律是階級的法律，政治是階級的政治，社會是階級的社會，當然不會與資產階級有共同的倫理道德，正如「太陽出來了，沒有打著燈籠走路的人了」。毛澤東指出抽象的民主自由是不存在的，當今世界的大多數道德觀念都受著無產階級和資產階級兩大對立階級的影響，欲謀道德的改造，就必須改造階級、社會，而中國現行社會的改造，只能以階級革命的方式進行。「社會政策，是補苴罅漏的政策，不成辦法。社會民主主義，借議會為改造工具，但事實上議會的立法總是保護有產階級的。無政府主義否認權力，這種主義恐怕永世都做不到。溫和方法的共產主義，如羅素所主張極端的自由，放任資本家，亦是永世做不到的。激烈方法的共產主義，即所謂勞農主義，用階級專政的方法，是可以預計效果的，故最宜採用」[27]。

---

26 《物質變動與道德變動》，《李大釗選集》，261頁，北京，人民出版社，1989。
27 《毛澤東文集》第1卷，2頁，北京，人民出版社，1993。

以上，是五四時期具有初步共產主義思想的知識分子的無產階級道德觀，是符合馬克思主義的，至於無產階級道德的具體內容，當時還少有人論及。

五四時期開始孕育的無產階級道德，是中國人探索尋求到的又一種新道德。它由先進知識分子發軔傳播，由隨後出現的共產黨人承繼發展，至抗日戰爭中後期，以毛澤東《為人民服務》、《紀念白求恩》，劉少奇《論共產黨員的修養》等文章的發表為標誌，最終確立了「全心全意為人民服務」的核心內容。無產階級新道德步出孕育、形成階段，最終成熟確立起來了。

這種「全心全意為人民服務」的無產階級新道德，在民國時代具有自己鮮明的特色，它集中體現於共產黨人身上，其主要內容有以下幾點。

一是共產黨人和最廣大的人民群眾取得最密切的聯繫，一刻也不脫離群眾。「一切從人民的利益出發，而不是從個人或小集團的利益出發」[28]。要向人民負責，「每句話，每個行動，每項政策，都要適合人民的利益，如果有了錯誤，定要改正」[29]。對人民要做到鞠躬盡瘁、死而後已。

二是有民主的精神，勇於批評與自我批評。「一切革命隊伍的人都要互相關心，互相愛護，互相幫助」[30]，關心黨和群眾，關心他人，毫不利己專門利人。

三是反對自由主義、宗派主義。「一個共產黨員，應該是襟懷坦白，忠實，積極，以革命利益為第一生命，以個人利益服從革命利益」[31]，「為黨的統一，為黨的團結而鬥爭」[32]。

四是對於國家、民族、本階級、黨有無限的忠誠，「熱愛國家，熱愛人民，熱愛自己的黨，是一個共產黨員必須具備的優良品質」[33]。

---

28 《毛澤東著作選讀》下冊，北京，人民出版社，1986。
29 同上。
30 同上。
31 同上書，182頁。
32 《任弼時選集》，235頁，北京，人民出版社，1987。
33 《鄧小平文選》（1938-1965），30頁，北京，人民出版社，1989。

無產階級新道德在中國的逐漸社會化和大眾化，則是中華人民共和國建立以後的事了。

復興「固有道德」：
國民政府的倫理「建設」

經過五四新文化運動和國民革命，封建舊道德舊倫理受到了巨大打擊，時人感慨地說：「舉凡舊有道德，蓋已漸滅殆盡，不絕如縷」[34]。這雖有言過其實之處，卻也真實地反映了當時封建舊道德遭受唾棄的時代厄運。國民黨確立自己在全國的統治地位後，與封建勢力逐步妥協，因此對固有的封建道德採取了默許、引導、乃至重新提倡的態度，不過它使用了一些新的形式，吸收了一些新的內容，並非簡單地用「新瓶」來裝「舊酒」。

一九二七年南京國民政府剛剛建立，一些軍人就上書要求中央通令各省祭孔，認為近年祭孔的中斷，導致流言四起，人心不寧，老百姓思想混亂，以為講道德已經過時，這說明「一祭雖微，而關係固甚大也」，它事關孔孟學說的地位，「而孔孟學說實足以維繫人心，鞏固國本」[35]。

當時，蔡元培主持的大學院向全國各教育機關頒布了「廢止祭孔令」，認為孔子主張尊王忠君，與現代思想自由原則及三民主義相悖。軍人們對此更是極力

---

34 中國第二歷史檔案館：《中華民國史檔案資料彙編》第5輯第1編文化分冊（二），516頁。
35 中國第二歷史檔案館：《中華民國史檔案資料彙編》第5輯第1編文化分冊（二），515頁。

反對，以為提倡廢孔，會導致信義毀棄、廉恥淪喪，「種種道德，勢必皆隨之以俱亡」，共產黨就會乘虛而入，共產主義就會在中國大行其道。

中華總商會也致電國民政府，反對大學院通令各縣廢止祭孔，但其列舉的理由至少在表面上與軍人集團不同，他們強調這樣做違背了信仰自由的原則。

軍人與商人的態度，使國民政府感到孔子之道在中國仍有深厚的社會基礎，這使它不得不考慮應否把一些固有的道德倫理與三民主義融合在一起，來作為治理國家的主導意識形態和行為規範。於是，固有的舊道德在新的環境下有了某種重興的趨勢。

需要指出的是，此時國民政府欲圖重建「固有道德」，與北洋軍閥提倡以「尊孔讀經」為核心的道德復古，還是有所區別的，它在一些方面有所改良和提高。

舉例而言，一九二八年十一月，死灰復燃的孔教總會向國民政府主席蔣介石遞交呈文，要求政府明令全國學校「一律添習經學，以正人心，而存國脈」。並認為孫中山是崇拜孔子的，兩人思想在根本上是相同的，「孔子由小康進達世界大同，總理由三民主義而達世界大同，始雖殊，途終歸一」[36]。蔣介石將呈文交國民政府文官處，再轉至教育部回復。教育部在回函中明確指出，孔教總會雖對總理學說較為留心，但把總理恢復固有道德，以達世界大同之說與他們自己主張的學校讀經混為一談則是不對的。天下為公、世界大同重在實行，不在空言，袁世凱曾通令習經，而社會道德喪失如故就是明證。況且總理主張的固有道德，以忠孝仁愛信義和平為主；所說的世界大同，注重於學習外國之所長以自求強盛，以與各民族並立。而儒家經典，除忠孝仁愛信義和平的內容外，都不盡合乎時代的要求，其大同之說，也不完整。有鑒於此，不能強令全國學校一律讀經。蔣介石採納了教育部的意見。

到了二十世紀三〇年代，隨著國民政府訓政國策的實施，重建「固有道德」

---

36 同上書，522頁。

的步伐加快，進入了實質性的「建設」階段。

國民政府的倫理「建設」，是一九三四年隨著新生活運動的發動而正式開始的。是年二月，蔣介石在南昌宣布要發起一個全國範圍內的新生活運動，「使全國國民的生活都能普遍的革新」，「過一種合乎禮義廉恥的新生活」。七月成立了「新生活運動促進總會」，蔣介石親任會長。此次新生活運動以禮義廉恥、忠孝仁愛信義和平這四維八德為準則，強調要發揚中華民族固有德性，提高國民的知識道德，使國民都能重禮、尚義、明廉、知恥。

蔣介石宣揚說，「禮」即「信」，也就是誠實、準確；「義」即「仁」，就是博愛，對人類、對國家、對世界之愛；「廉」即「智」，指界限清晰、公私分明、能區分正邪；「恥」即「勇」，有羞恥心，勇於改正錯誤。後來，為了能使人們更易於弄懂並接受自己所詮釋的「禮義廉恥」，蔣介石將這四種道德進一步具體化，強調它們分別指「規規矩矩的態度」、「正正當當的行為」、「清清白白的辨別」、「切切實實的覺悟」。

在蔣介石的明令下，國民政府統治區開始大張旗鼓地宣傳「禮義廉恥」、「忠孝仁愛信義和平」，並把這四維八德作為中國人的固有道德而加以提倡。很快，國民政府各級官員的講話中、街頭牆上的標語中，都充滿了這些內容。

至於國民政府倫理建設的具體措施，主要有以下三方面。

1.頒定孔子誕辰紀念日及紀念辦法　一九三四年五月，蔣介石、汪精衛、戴季陶、葉楚傖聯名向國民黨中央執行委員會提議，「以八月二十七日為先師孔子誕辰紀念日，是否有當，請公決」[37]。國民黨中央委員會經決議，通過了這一提案，以每年八月二十七日為國定紀念日，並交國民政府明令公布。孔子誕辰紀念辦法由國民黨宣傳委員會擬定，其主要內容有：（1）紀念日期。（2）紀念日名稱。（3）孔子事略，原文為「先師孔子名丘，字仲尼，魯人。幼年即志於學，壯游四方，闡揚堯舜禹湯文武周公救世，致治忠恕一貫之道；晚年複刪詩書，定

37　中國第二歷史檔案館：《中華民國史檔案資料彙編》第5輯第1編文化分冊（二），530頁。

第七章｜舊儀已失，新軌未立：倫理道德的變革　　331

禮樂，贊周易，修春秋，垂法後世，為儒家之祖，歷代尊為師表。國父孫中山先生亦每推崇不止。先師生於民國紀元前二四六二年，卒於同紀元前二三九〇年，是年七十有三」。事略對孔子生平的介紹較為精當，指出了忠恕之道才是孔子的固有道德主張。（4）紀念儀式：全國放假一天，各界一律懸旗志慶，各黨政軍警機關、學校、團體分別集會紀念，各地高級行政機關要組織召開各界紀念孔子大會。（5）紀念宣傳要點：孔子生平事略、孔子學說、國父孫中山革命思想與孔子之關係。（6）紀念會順序，依次為全體起立，奏樂，唱黨歌，向黨旗國旗、總理遺像及孔子遺像三鞠躬，主席恭讀總理遺囑，主席講述紀念孔子的意義，與會者演講，大家齊唱《孔子紀念歌》[38]，奏樂，禮成。

2. 恢復祭孔，並於孔子誕辰日派中央代表赴曲阜主祭　一九三四年八月二十七日上午，國民政府代表葉楚傖，行政院代表褚民誼，立法院代表彭養光，考試院代表王用賓、林翔，監察院代表鄭壽荃，內政部代表傅汝霖，教育部代表雷震來到曲阜，至孔廟主持祭孔大典。山東省政府主席韓複榘，民政廳長李樹春，教育廳長何思源，曲阜縣長孫永漢等人陪祭。眾人在大成殿前肅立，殿正中為孔子碑像牌位，其前供有全羊全牛全豬三牲，供案上還陳列著十件周代禮器，殿外則有軍樂隊和古樂隊。祭禮開始，程式如下：葉楚傖獻花圈，中央典禮局柴祖蔭讀祝文[39]，眾人行三鞠躬禮，古樂齊奏，再行一鞠躬禮，禮成攝影。「祀典隆重尊嚴，實為最近二十年來所未有」[40]。

3. 改孔教總會為孔學總會，給以合法地位，並予以備案　一九三五年十二月，孔教總會向國民黨中央政府提交修正章程，呈請備案。由中央民眾訓練部牽

---

38 《孔子紀念歌》的歌詞為「大道之行也，天下為公，選賢與能，講信修睦，故人不獨親其親，不獨子其子；使老有所終，壯有所用，幼有所長，矜寡孤獨廢疾者皆有所養。男有分，女有歸。貨，惡其棄於地也，不必藏於己。力，惡其不出於身也，不必為己。是故謀閉而不興！盜竊亂賊而不作！故外戶而不閉！是謂大同！」

39 祝文將孔子說教與孫中山的思想結合在一起，以示二者相一致。祝文全文為「恭維先師，萬世儀型，明德新民，知化窮神，折中六藝，譬如北辰，天下為公，大同仰止，貫力致用，不必為己，唯我國父，弘喻此旨，心乎諸夏，左袵是懼，明愚強柔，民族之梁，親親仁民，示以義方，選賢與能，民權用張，既庶何加，日富與教，患在不均，民生策效，凡斯微言，合德相告，百世損益，於此洪造，邦家多難，民思威儀，崇德辨惑，禮以致辭，祗陳芳馨，宮牆在茲，同覺天民，神其格斯。」

40 《孔子誕辰曲阜祭典》，《時事月報》第11卷，第4期，1934。

頭，內政部、教育部各派代表對此問題進行了集體會商，眾人考慮到「在此全國尊孔，恢復固有道德，暨謀文化事業發展之際……胥有賴於孔氏學說之研究與發揚。關於世道人心，至重且大」[41]，就委託山東省黨部代為調查。山東省黨部在調查後認為，該組織因襲民國初年康有為等人組織的中國孔教總會，而自北伐成功後，中國孔教總會已無形解散，現在的孔教總會想恢復過去原貌，但現在其組織、性質、會務、聲譽都存在很大缺陷，因此不宜承認。三部在研究了調查報告後認為，孔教總會雖然存在很多問題，似乎應待其改進之後再予以承認，「唯在此國民政府明令祀孔之際，對研究與發揚孔學團體之組織，似不必過於嚴格」，於是決定准予備案，發給許可證書，只是孔教總會要改名為孔學總會，因為「以孔子學說比擬於佛耶各教之經典，而以教主地位尊奉孔子，實屬不倫」。不久，全國各地大大小小的孔學團體也都紛紛恢復、建立起來。

國民政府的上述措施，直接助長了封建傳統倫理的延續，無論是對資產階級的新道德還是無產階級的新道德的發展，都起到了消極妨礙作用。其前後政策的矛盾不一，也令人心生感慨。時人評論道：「自革命軍興，『打倒孔家店』之呼聲，傳遍全國，國民政府成立，且曾明令廢止孔祀，曾幾何時，向之主張廢孔者，今又厲行尊孔，撫今追昔，真令人百感叢生，覺人事變幻，殆有非白雲蒼狗所能喻者。孔氏有知度，亦與吾人有同感矣。」[42]

總結國民政府復興固有道德、進行倫理「建設」的指導思想與具體措施，應當說它所提倡的「固有道德」與純粹的封建道德畢竟有所不同，其更注重這些道德規範的抽象意義，而對其經常變動的外在形式及具體內容則多少還是有所揚棄。蔣介石在《新生活運動之要義》中就指出，禮義廉恥雖是古代和今天立國都必不可缺的道德準則，但隨著時間和空間的不同，「自各成其新義」。汪精衛在他於國民黨中央黨部舉行的孔子誕辰紀念會上發表的講演中也說，「道德的精神，是萬古不易的，而道德的內容條件是與時俱進的」[43]。

---

41 中國第二歷史檔案館：《中華民國史檔案資料彙編》第5輯第1編文化分冊（二），570頁。
42 《由慶孔到尊孔》，《國聞週報》第11卷，第35期，1934。
43 中國第二歷史檔案館：《中華民國史檔案資料彙編》第5輯第1編文化分冊（二），541頁。

但即使如此，國民政府所宣傳倡導的「固有道德」，在總體上仍具有濃重的封建性，這是由當時中國社會的性質和國民黨政權的性質所決定的。

亮點書系．中國文化通史 A1001019

中國文化通史・民國卷　上冊

主　　編	鄭師渠
版權策畫	李　鋒
發 行 人	陳滿銘
總 經 理	梁錦興
總 編 輯	陳滿銘
副總編輯	張晏瑞
編 輯 所	萬卷樓圖書股份有限公司
排　　版	菩薩蠻數位文化有限公司
印　　刷	維中科技有限公司
封面設計	菩薩蠻數位文化有限公司
出　　版	昌明文化有限公司

桃園市龜山區中原街 32 號

電話　(02)23216565

發　　行　萬卷樓圖書股份有限公司

臺北市羅斯福路二段 41 號 6 樓之 3

電話　(02)23216565

傳真　(02)23218698

電郵　SERVICE@WANJUAN.COM.TW

大陸經銷

廈門外圖臺灣書店有限公司

　　電郵　JKB188@188.COM

ISBN 978-986-496-172-6

2018 年 1 月初版

定價：新臺幣 500 元

如何購買本書：

1. 劃撥購書，請透過以下郵政劃撥帳號：

　　帳號：15624015

　　戶名：萬卷樓圖書股份有限公司

2. 轉帳購書，請透過以下帳戶

　　合作金庫銀行　古亭分行

　　戶名：萬卷樓圖書股份有限公司

　　帳號：0877717092596

3. 網路購書，請透過萬卷樓網站

　　網址　WWW.WANJUAN.COM.TW

大量購書，請直接聯繫我們，將有專人為您

服務。客服：(02)23216565　分機 610

如有缺頁、破損或裝訂錯誤，請寄回更換

國家圖書館出版品預行編目資料

中國文化通史. 民國卷 / 鄭師渠著.-- 初版.
-- 桃園市 ：昌明文化出版 ；臺北市 ：萬卷
樓發行, 2018.01

　　冊 ；　　公分

ISBN 978-986-496-172-6(上冊 ：平裝). --

1.文化史　2.中國

630　　　　　　　　　　　　　107001809

本著作物經廈門墨客知識產權代理有限公司代理，由北京師範大學出版社（集團）有限公司授權萬卷樓圖書股份有限公司出版、發行中文繁體字版版權。